VII pag.199.
bürgs der Guten Hoffnung in Africa
MONOMOTAPA
NOMOTA
INHAMBANA
Mogar
Zimbaoe od Mossapa
Agrisedo
Bassarat R.
CAFFERS
Arod R.
Ajuda Re.
Davagul
Rio de Spirito
PAE
Vollonta
Heykoms Nation
C. S. Maries
R. Marquis.
Bellegurus
Res. de Infantes
Chamtouers Nat:
Res. St. Lucia
PARS
TERRA
Houteniquas Nation
DE
Grosse Nama-
AFFARIS
NATAL
Res. de Natal
quas Nation
Gauros Nat.
Vbiquas Pop:
Re. Lagao
Dunquas Nation
Cap Primeiro
Damaquas Nat:
Sonquas Pop:
Re. S. Iohn od Iohan
R. St. Christophori
Hessaquas
Koop Nation
Choas
C. Anciste
Bay Hermosa
Waveren manns
Re. Pascadores
Nation
La Groa
Die Holländische Vestung auf dem Vorgeburg der Guten Hoffnung
1 Buiren 2 Leerdam 3 Oranien
4 Catzenellenbogen 5 Nassau 6 Capitain Hauss a Gouverneurs Wohnung
b Second Person c Gewölbtes Thor d Leuten: Wohn: e Schmiedes Werkstel
50
60
25
30
35

ALTE ABENTEUERLICHE REISEBERICHTE

M. Peter Kolb. Rector in Neustadt an der Aisch.
So weit als Kolbens Geist ihn in die Länder treibt,
so starck ihm Kůnst ůnd Fleiß den Himmel macht gewogen;
so wahr hat dieses Bůch, das er gelehrt beschreibt,
ihn der Vergeßlichkeit mit großem Růhm entzogen.
Seinem alten ůnd werthen Freůnd schrieb es zu Ehren M. Joh. Jacob
Hartmann, Senior an der Haůpt-ůnd Pfarr-Kirchen zu St. Laur: in Nürnb

Unter Hottentotten

1705-1713

Die Aufzeichnungen von Peter Kolb

Mit 27 Abbildungen

Herausgegeben
von
Werner Jopp

HORST ERDMANN VERLAG

Die Abbildungen sind den beiden 1719 und 1745 erschienenen Ausgaben von Peter Kolbs »Caput bonae spei hodiernum. Das ist: Vollständige Beschreibung des africanischen Vorgebürges der Guten Hofnung« entnommen.

Herausgeber und Verlag danken der Württembergischen Landesbibliothek Stuttgart für die Bereitstellung der Bildvorlagen.

CIP-Kurztitelaufnahme der Deutschen Bibliothek

Kolb, Peter:
Unter Hottentotten : 1705–1713 / d. Aufzeichn.
von Peter Kolb. Hrsg. von Werner Jopp. - Tübingen,
Basel : Erdmann, 1979.
(Alte abenteuerliche Reiseberichte)
ISBN 3-7711-0317-7

Umschlag und Einband: Karlheinz Groß
Satz und Druck: Becht-Druck, Ammerbuch-Pfäffingen
Bindearbeiten: Verlagsbuchbinderei Werner Müller, Stuttgart

INHALT

EINLEITUNG

Am 6. April 1652 landete der holländische Arzt Jan van Riebeeck mit einer Flotte von drei Schiffen im Auftrag der Holländisch-Ostindischen Kompanie am Kap der Guten Hoffnung. Er hatte genaue Weisungen der 17 Direktoren der Kompanie erhalten, in denen ihm befohlen war, ein Fort am »Frischen Rivier« nach einem mitgebrachten Plan als Wohnung für 80 Personen zu errichten. Außerdem sollte gutes Land für Gärten ausgesucht und ein Hospital für die Kranken gebaut werden. Im Tauschhandel mit den Eingeborenen sollten sie Vieh beschaffen, es war ihnen aber verboten, dabei Gewalt anzuwenden.

Seit dem Jahre 1616 war die Tafelbai bereits Stützpunkt der Segelschiffe, die im Auftrag der Holländisch-Ostindischen Kompanie von und nach Indien fuhren. Die Kapitäne mußten die Bucht anlaufen, Wasser und Verpflegung aufnehmen und unter bestimmten Steinen Briefe für die nachfolgenden Schiffe niederlegen.

1488 war das Kap der Guten Hoffnung von dem Portugiesen Bartholomëu Diaz entdeckt worden. Auf einer Reise an der westafrikanischen Küste südwärts, die ihn nach Indien führen sollte, kam er zu Anfang dieses Jahres auf der Südhalbkugel in einen Sturm und fand, als er nach Osten segelte, kein Land mehr. Er nahm nördlichen Kurs und erreichte erneut den afrikanischen Kontinent, dessen Küste nun nach Nordosten verlief. Am 3. Februar 1488 warf er in der Mosselbai Anker und war damit der erste Europäer, der Afrika umsegelt hatte. Auf der Rückreise entdeckte Diaz den Tafelberg. Diesem südlichen Kap gab er wegen des Sturmes, in den er geraten war, den Namen Cabo tormentoso. Der portugiesische König Johann II. jedoch änderte diesen Namen in Cabo de bona esperança (Kap der

Guten Hoffnung), weil er hoffte, auf diesem Wege Indien zu erreichen.

Dies gelang dann auch Vasco da Gama 1497/98. Er traf am 7. November 1497 in der St.-Helena-Bai, nördlich der Südspitze Afrikas, als erster Europäer mit den Hottentotten zusammen.

1503 landete Antonio da Saldanha, durch Stürme gezwungen, am Tafelberg. Er tauschte von den Hottentotten Vieh ein, bestieg als erster Europäer den Tafelberg und gab ihm diesen Namen. Die Bucht hieß dann fast ein Jahrhundert lang »Saldanhas Wasserplatz«. Erst 1601 nannte sie der holländische Admiral Spilbergen »Tafelbai«. Die Portugiesen erforschten das Land nicht, ihr Ziel war Ostindien.

An der Reise des portugiesischen Vizekönigs von Indien, Francisco d'Almeida, in den Jahren 1505/06 nahmen als Vertreter süddeutscher Handelshäuser zwei deutsche Kaufleute, Hans Mayr und Balthasar Springer, teil. Auf der Rückreise landeten sie in der Mosselbai, und Springer gab die erste deutsche Beschreibung über die Hottentotten. Der Vizekönig wurde schon 1510 wieder abgelöst, weil man fürchtete, daß er zu mächtig werden könnte. Auf seiner Rückreise kam es in der Tafelbai während eines Handels mit Eingeborenen zu Streitigkeiten, bei denen d'Almeida und 65 seiner Leute den Tod fanden. Von da an mieden die Portugiesen die Südspitze, zumal das Land unfruchtbar zu sein schien. Sie nahmen auf der Insel St. Helena Frischwasser auf und fuhren von dort ohne Aufenthalt bis Moçambique an der Südostküste Afrikas.

Nun hatte also im Jahre 1652 die Holländisch-Ostindische Kompanie vom Kap Besitz ergriffen. Unter den 181 Personen, mit denen van Riebeeck am 6. April 1652 das Kap erreichte, waren nur 8 Frauen. In der ersten Zeit hatte man sehr große Schwierigkeiten mit dem Bau der Festung, da keine Zugtiere vorhanden waren. Der Proviant wurde von den Inseln St. Helena und Madagaskar herbeigeschafft.

Die Hottentotten, mit denen die Europäer bei ihrer Ankunft zusammentrafen, waren nur Sammler und Fischer, während die viehzüchtenden Stämme erst im Frühsommer 1652 auf ihren Wanderungen das Kap erreichten. Von diesen erhandelte man 200 Stück Großvieh und 600 Schafe gegen Kupfer, Glasperlen und Tabak.

1655 faßte van Riebeeck den Entschluß, den Deutschen Johann Wintervogel in das Innere des Kaplands zu senden, damit dieser nach Edelmetallen suche, aber auch Vieh von den Hottentotten eintausche. Im März 1655 verließ Wintervogel das Fort und zog 150 Meilen weit nach Norden. Für den Tauschhandel hatte er 6 Pfund Tabak, 6 Pfund Kupfer und Glasperlen mitgenommen, außerdem Proviant für 3 Wochen. Am 3. April kehrte die Gruppe ohne Erfolg zurück. Das einzige, was sie berichten konnten, war das erste Zusammentreffen der Europäer mit einem Volk von geringerer Körpergröße: Es waren Buschmänner.

Im September des gleichen Jahres wurde eine neue Handelsexpedition in das Landesinnere ausgesandt, deren Führung der Korporal Wilhelm Müller aus Frankfurt am Main hatte. Er war einer der Männer, die mit Jan van Riebeeck im April 1652 in der Tafelbai gelandet waren. Er hatte längere Zeit in Ostindien gedient und wurde im September 1652 zum vorläufigen Korporal der Garnison in der Kapstadt ernannt. Mit neun Freiwilligen und dem Dolmetscher Harry verließ er im September 1655 die Festung, um Tauschhandel mit den Hottentotten zu treiben. An Waren nahm er 404 Pfund Kupfer, 24 Kupferketten, eine Rolle Tabak (45 Pfund), Tabakspfeifen und einige Kaurischnekken mit.

Gegen Ende des Jahres 1655 besaß die kleine Ansiedlung

am Kap der Guten Hoffnung 400 Rinder und 600 Schafe.

Die 17 Direktoren der Hölländisch-Ostindischen Kompanie beschlossen im Oktober 1655, daß sich entlassene Kompanieangestellte frei als Bauern im Kapland ansiedeln durften. Am 11. April 1657 wurde der erste Freibrief an Hermann Remajenne aus Köln ausgegeben, dem am 14. April und am 10. August des gleichen Jahres weitere Freibürger folgten.

Die Bedingungen unter denen sich diese neuen Bürger ansiedeln konnten, und die ihnen gewährten Vorteile waren folgende: Sie bekamen soviel Land als Eigentum, wie sie in drei Jahren bebauen konnten, mit der Verpflichtung, sofort Getreide auszusäen. In diesen Jahren waren sie steuerfrei. Außerdem war ihnen erlaubt, Viehzucht zu treiben; von der Kompanie bekamen sie Vieh, Munition, Saatgut und Ackergeräte zum Selbstkostenpreis. Ihre Produkte mußten sie an die Holländisch-Ostindische Kompanie verkaufen und durften erst vier Tage nach Ankunft eines Schiffes die Besatzung mit Nahrung versorgen. Sie mußten sich verpflichten, 20 Jahre auf ihrem Land zu wohnen, und konnten es nur mit Genehmigung des Rates verkaufen oder verpachten. Die Ansiedlung war nur verheirateten Männern holländischer oder deutscher Herkunft erlaubt. Ihre Frauen und Kinder wurden von der Kompanie nach Südafrika gebracht. Der Handel mit den Hottentotten war ihnen verboten.

Zwanzig Jahre nach Beginn der Besiedlung durch die Europäer wurde den Hottentotten der Kapdistrikt bis zur Saldanhabai abgekauft. Auf Grund des Vertrages vom 19. April 1672 standen ihnen Waren im Werte von 800 englischen Pfund zu. Der Hottentottenhäuptling Schacher erhielt jedoch nur Waren im Gegenwert von 2 Pfund, 16 Shilling und 5 Pence. Am 3. Mai 1672 wurde mit den

Chainouquas (ein Hottentottenstamm) ein ähnlicher Vertrag geschlossen, der den Holländern den Distrikt von Hottentotten-Holland bis zum Kap der Guten Hoffnung für Waren im Gegenwert von 800 Pfund überließ, aber auch hier gab man den Vertragspartnern nur Waren für 6 Pfund, 12 Shilling und 4 Pence.

Unter dem Gouverneur Simon van der Stel wurde die Besiedlung des Landes kräftig vorangetrieben. 1679 gründete er die Niederlassung Stellenburg und 8 Jahre später Drakenstein.

Durch die Aufhebung des Edikts von Nantes (1685) wanderten 1688 etwa 170 französische Hugenotten in das Kapland ein. Seit 1685 versuchten die Direktoren der Holländisch-Ostindischen Kompanie, die Besiedlung des Kaplandes zu beschleunigen. Sie bevorzugten besonders Bauern, denen freie Überfahrt und am Kap soviel Land gewährt wurde, wie sie bebauen konnten. Es durften sich auch Deutsche, deren Landesherren keine Seefahrt betrieben, am Kap niederlassen. Außerdem wurden in holländischen Waisenhäusern junge Mädchen als Frauen für die Siedler angeworben.

Ende des Jahres 1687 lebten bereits über 600 Siedler im Kapland; 3000 Stück Großvieh, 30000 Schafe und 400000 Weinstöcke waren ihr Eigentum.
Vier Jahre später wohnten dort etwa 1000 Bürger (Männer, Frauen und Kinder), die 286 Sklaven, 261 Pferde, 4198 Rinder, 48700 Schafe, 220 Ziegen und 585000 Weinstöcke besaßen.

Am 9. April 1652, also 3 Tage nach der Ankunft der Flotte Jan van Riebeecks in Südafrika, erließ der Kommandant eine Verordnung über die Beziehungen zu den Hottentotten, in der er befahl, die Eingeborenen liebenswürdig zu behandeln, damit die Holländer von ihnen Vieh eintauschen könnten. Jedermann solle sein Eigentum bewahren, »da das wilde Volk sehr keck, diebisch und gar nicht vertrauenswürdig ist«.

»Denn wir wünschen auf keinen Fall, daß irgendjemand sie ohne unser Wissen und Einwilligung verfolgt, schlägt oder durch bangemachendes Gesicht erschreckt«.

»Wer einem Wilden übel begegnet, schlägt oder stößt, ob er im Recht oder im Unrecht ist, erhält 50 Hiebe, und zwar in Gegenwart des Mißhandelten«.

»Allen aber ist jegliches Tauschgeschäft mit den Eingeborenen strengstens verboten, da diese sonst den Wert ihres Viehs überschätzen«.

Die ersten Hottentotten, die van Riebeeck traf, waren 50-60 Menschen, die sich Goringhaikonas nannten, von den Holländern aber den Namen »Strandläufer« erhielten. Sie hatten kein Vieh, sondern lebten vom Sammeln und Fischfang.

Im Sommer des Jahres 1652 kamen andere Stämme auf ihren Wanderungen zum Kap, um dort ihr Vieh zu weiden: die Goringhaiquas unter ihrem Häuptling Gogosoa und die Gorachouquas unter ihrem Häuptling Choro. Die Holländer tauschten von diesen Stämmen das erste Vieh ein und bezahlten mit Kupfer, Tabak und Glasperlen. Für eine Kuh zahlte man 3 Pfund Kupfer und 1/3 Pfund Tabak, für ein Schaf 1 Pfund Kupfer und etwas Tabak und für ein Lamm 1/4 Pfund Kupferdraht und ein wenig Tabak.

Als Dolmetscher verwandte der Kommandant einen Hottentotten mit Namen Harry, der eine Zeitlang auf einem englischen Schiff in Bantam gewesen war und einige englische Sprachkenntnisse besaß.

Die zunächst guten Beziehungen zu den Eingeborenen wurden bereits 1653 getrübt, als am 19. Oktober die

»Strandläufer« unter Führung von Harry die Viehherden der jungen Siedlung überfielen, einen Hirten töteten und die Herden bis auf 60 Schafe raubten. Van Riebeeck verbot den Soldaten, die Diebe zu bestrafen, er hielt es für richtiger, Nachsicht walten zu lassen. Auch Harry wurde wieder aufgenommen.

Im November 1655 erreichte ein Hottentottenstamm unter Führung des Häuptlings Gonnema mit 10 bis 12000 Rindern die Weidegründe am Kap, der Kommandant tauschte von ihnen 300 bis 400 Rinder und Schafe ein.

Wegen der steten Ausbreitung der Siedler seit 1657 wuchsen die Feindseligkeiten mit den Hottentotten. 1659 fanden sie ihr Weideland am Kap im Besitz der Europäer. Nächtliche Viehdiebstähle verschlechterten die Beziehungen noch mehr. Im Mai 1660 führte van Riebeeck Friedensverhandlungen mit dem Häuptling Gogosoa. Sie endeten mit dem Versprechen, künftig friedlich nebeneinander zu leben. Die Hottentotten sollten auf bestimmten Wegen zum Kap ziehen, um dort ihr Vieh eintauschen zu können.

Im Jahr 1673 begann ein Krieg zwischen den Europäern und den Cochoquas, den diese mit einem Überfall auf einige Siedler eröffneten. Auf verschiedenen Strafexpeditionen wurden 1600 Stück Großvieh und 4900 Schafe von den Hottentotten erbeutet. In dem folgenden Friedensvertrag von 1676 verpflichtete sich der Häuptling Gonnema, jährlich ein Tribut von 30 Stück Großvieh an die Garnison zu zahlen.

Nach dieser letzten Auseinandersetzung blieben die Beziehungen zwischen den Europäern und den Hottentotten friedlich.

DIE BESCHREIBUNG DER HOTTENTOTTEN

Ein glücklicher Zufall war es, daß die Entdeckung der Buchdruckerkunst mit beweglichen Lettern und der Beginn der Entdeckungsfahrten zeitlich zusammenfielen. So konnten die Erlebnisberichte aus fernen Ländern der Öffentlichkeit leichter und wirksamer als zuvor bekanntgemacht werden. Diese Werke über West- und Ostindien lieferten eine wichtige Unterlage für die koloniale Erschließung der überseeischen Gebiete. Sie wurden in Reisesammlungen herausgegeben und erschienen in Portugal, Italien, Frankreich, England und Deutschland. Die Berichte über Ostindien fanden in Deutschland besonders viele Leser, da man allgemein der Überzeugung war, dort leicht zu Reichtümern gelangen zu können.

Die Schiffe der Holländisch-Ostindischen Kompanie machten auf ihren Ostindienfahrten am Kap der Guten Hoffnung Station, um Proviant aufzunehmen. Den Soldaten und Matrosen war es während dieser Zeit erlaubt, an Land zu gehen und sich dort aufzuhalten. So findet man in den ostindischen Reisebeschreibungen fast immer einige Seiten über die Südspitze Afrikas und über die Hottentotten. Die Nachrichten gehen jedoch nur zu einem kleinen Teil auf direkte Beobachtung zurück, sie stammen sehr oft von den am Kap wohnenden Bürgern, die aber selbst wenig über das Landesinnere wußten. Außerdem machten sich diese »in dergleichen Fällen sogar ein Vergnügen daraus, dem neugierigen Fremdling unwahrhafte Nachrichten und Beschreibungen aufzubürden«.

Es ist deshalb nicht leicht, etwas Zuverlässiges über das ethnographische Bild bei den Hottentotten in der ersten Zeit der europäischen Besiedlung zu erfahren.

Nur wenige Reisende hielten sich mehrere Jahre am Kapland auf und hatten Gelegenheit, Sitten und Brauchtum der Eingeborenen genau zu studieren. Die Hottentotten waren jedoch zu Beginn des 18. Jahrhunderts zum Teil schon von der europäischen Zivilisation beeinflußt, was sich auch in diesen Quellen zeigt.

Die wohl ausführlichste und am meisten ins einzelne gehende Beschreibung stammt von einem Deutschen: Peter Kolb.

Er wurde als Sohn des Schmiedes und späteren Zolleinnehmers Andreas Kolb am 10. Oktober 1675 in Dörflas bei Marktredwitz geboren. Im Jahre 1688 erhielt er eine Freistelle im Alumneum der Lateinischen Schule in Wunsiedel, wo er Latein, Griechisch, Hebräisch und Arabisch lernte. Obwohl sein Vater 1691 starb, besuchte Kolb seit 1694 das Gymnasium in Nürnberg. Nur die aufmunternden Briefe seines Wunsiedler Rektors Simon Dürr ließen ihn dort ausharren. Er betätigte sich als Gehilfe des berühmten Mathematikers und Astronomen Georg Christoph Einmart, ein Angebot aus Wunsiedel, die dortige 4. Lehrerstelle zu übernehmen, lehnte Kolb ab, da er auch die Witwe seines Vorgängers hätte heiraten müssen.

Seit dem Jahre 1700 studierte er in Halle Mathematik, Physik, Metaphysik, orientalische Sprachen und Theologie. Nach seiner Promotion (1701) eröffnete er eine mathematische Privatschule. 1702 wurde er Sekretär und Hauslehrer bei dem preußischen Geheimrat Bernhard Friedrich von Krosigk, der ihn 1705 zu astronomischen und meteorologischen Studien an das Kap der Guten Hoffnung sandte, nachdem Kolb einen Ruf des russischen Zaren auf einen mathematischen Lehrstuhl der Moskauer Universität abgelehnt hatte.

Am 8. Januar 1705 verließ er Texel auf dem Schiff »Union« und erreichte nach stürmischer Fahrt am 12. Juni die Tafelbai. Durch Empfehlungen der Direktoren der Holländisch-Ostindischen Kompanie wurde er vom Gouverneur freundlich aufgenommen. Im Sommerhaus des Kompaniegartens konnte er wohnen. Als Beobachtungsort für seine astronomischen Studien wählte sich Kolb die Bastion Buuren, von der ein späterer Schriftsteller (Menzel) sagt: »Keinen schlechteren und unbequemeren Ort hätte er sich auf dem ganzen Vorgebirge erwählen können als eben diesen«. Menzel behauptet ferner: »Herr Kolbe mochte nicht gesonnen seyn, viele Nächte mit mühsamen Beobachtungen durchzuwachen. Die angenehmsten Sommerabende schienen ihm in dem großen Garten der Kompanie anmuthiger und er divertierte sich daselbst mit seinen neu erworbenen guten Freunden öfterer als mit seinem Tubus auf dem Observatorium«.

Wahrscheinlich entsprachen die Berichte, die Kolb in die Heimat sandte, nicht den Erwartungen des Baron von Krosigk, denn dieser stellte 1707 weitere Geldsendungen an ihn ein. Kolb trat daraufhin in den Dienst der Holländisch-Ostindischen Kompanie und wurde am 22. Oktober 1711 einstweiliger Sekretär bei dem Landdrost von Stellenbosch und Drakenstein.

Im April 1712 erblindete er jedoch plötzlich, wurde von seinem Posten abberufen und verließ am 9. April 1713 das Kapland. Am 22. August erreichte er Amsterdam und reiste nach Rastatt weiter, wo er von seiner Erblindung genas. Im Jahre 1718 ernannte ihn der Markgraf Georg Wilhelm von Brandenburg zum Rektor der Lateinschule in Neustadt an der Aisch. Dort starb Kolb am 31. Dezember 1726.

Sein Hauptwerk »Caput bonae spei hodiernum, d. i.: Vollständige Beschreibung des africanischen Vorgebürges

Faksimile der Erstausgabe von 1719

CAPUT BONÆ SPEI HODIERNUM

Das ist:

Vollständige Beschreibung

Des

AFRICANIschen Vorgebürges

der

Guten Hofnung.

Worinnen in dreyen Theilen abgehandelt wird/
wie es heut zu Tage/
nach seiner Situation und Eigenschaft aussiehet;
ingleichen
was ein Natur-Forscher
in den dreyen Reichen der Natur
daselbst findet und antrifft:
Wie nicht weniger/
was die eigenen Einwohner

die Hottentotten,

vor seltsame Sitten und Gebräuche haben:
Und endlich alles/
was die Europæischen daselbst gestifteten Colonien
anbetrift.
Mit angefügter genugsamer Nachricht/ wie es
uf des Auctoris Hinein- und Heraus-Reise
zugegangen;
uch was sich Zeit seiner langen Anwesenheit/ an diesem Vorgebürge
merckwürdiges ereignet hat.
ebst noch vielen andern curieusen und bißhero unbekandt-gewesenen Erzehlungen/ mit
wahrhafter Feder ausführlich entworffen: auch mit nöhtigen Kupfern gezieret/ und
einem doppelten Register versehen,
von

M. Peter Kolben/ Rectore zu Neustadt an der Aysch.

Nürnberg/
bey Peter Conrad Monath/ 1719.

der Guten Hofnung« erschien 1719 zum ersten Mal und wurde bald in die holländische, französische und englische Sprache übersetzt. 1745 kam eine Volksausgabe heraus, 1755 wurde das Werk in die »Allgemeine Geschichte der Reisen« aufgenommen, und 1923 veröffentlichte Paul Germann eine Kurzfassung des Teils über die Hottentotten.

Dieses Buch ist die Haupquelle über die frühen Hottentotten. In der Vorrede sagt Kolb, daß er »unter einem neuen Titel auch nichts als neue Sachen und Entdeckungen vorstellig machen« will.

»Hernach hat mich dazu veranlaßt und bewogen, weil ich bei einigen Skribenten viele nichtsnutzige, irrige und ganz falsche Sachen von den Hottentotten und ihrem Lande aufgeschrieben gefunden habe«.

Kolb will nach seinen Angaben nur dasjenige bringen, was er selbst gesehen oder von dem er genaue Nachrichten erhalten hat. Obwohl spätere Reisende von der Phantasie Kolbs und von seiner Gutgläubigkeit gegenüber den Aussagen seiner Bekannten gesprochen haben, findet man dennoch in seinem Werk eine sehr gute Darstellung über den Zustand der Hottentotten zu Beginn des 18. Jahrhunderts. Außerdem muß man beachten, daß diese Schriftsteller wenigsten 30 Jahre, meistens aber 60 bis 100 Jahre nach Kolb in Südafrika weilten, zu einer Zeit also, in der der Verfall der eingeborenen Sitten in vollem Gange und teilweise sogar schon vollzogen war.

Ein typisches Beispiel ist etwa die Sitte der Hodenextirpation, die wir bei Kolb sehr genau beschrieben finden. Menzel bestätigte in diesem Falle Kolb und bemerkte, daß dieser die Art der Operation richtig dargestellt habe, wie er von alten Leuten erfahren habe. Wichtig ist nun ein Zusatz Menzels: »Soweit die Holländer das Land bewohnen und sich unter und zwischen den Hottentotten ausgebreitet haben, weiß man nichts mehr davon«. Spätere Besucher des Kaplandes konnten also die Hodenextirpation nicht mehr beobachten und glaubten deshalb, Kolb hätte etwas Falsches berichtet.

Auch andere Sitten der Hottentotten, die Kolb angeblich falsch beobachtet haben soll, finden ihre Bestätigung durch die Heranziehung älterer Reisebeschreibungen über das Kapland. Zu jenen gehören etwa das Ablösen eines Fingergliedes als Zeichen der Trauer, das Tragen des Netzes oder der Därme geschlachteter Tiere um Hals und Beine, bestimmte Speiseverbote, das Kuhblasen, das Melken mit der Kalbspuppe, die Beschreibung der Steatopygie und der Verlängerung der Labia minora.

Oft stellt Kolb Vergleiche zu den Europäern an, bei denen diese nicht immer gut abschneiden. Man merkt hier sehr deutlich, daß er die Hottentotten gegen Anschuldigungen anderer Schriftsteller verteidigen will. Wissenschaftsgeschichtlich zeigt sich hier eine gewisse Tendenz zur Idealisierung der Hottentotten, wie sie später ganz allgemein in der Beurteilung der Naturvölker aufkam. Für den Bericht Kolbs spricht auch, daß er sich mit älteren Reisebeschreibungen auseinandersetzt und richtig Dargestelltes gelten läßt. Hat er jedoch etwas anderes beobachtet, führt er dieses an und stellt die alten Berichte richtig.

Für die heutige Völkerkunde ist die Monographie Kolbs über die Hottentotten eine Quelle von unschätzbarem Wert, zumal ihre Angaben zum großen Teil durch frühere und spätere Berichte bestätig worden sind. Unbestätigte Beobachtungen, wie etwa das Eisenschmelzen oder die Verehrung eines Insekts, können wir aber auch als den Tatsachen entsprechend ansehen. Da sich die meisten seiner Schilderungen als richtig erwiesen haben, kann man das auch für die einzeln dastehenden Beobachtungen annehmen.

DER 1. BRIEF

handelt von den Hottentotten im allgemeinen, von ihrem Namen, wie sie sich ihren Ursprung vorstellen und von ihrer Sprache sowie einigen der gebräuchlichen Wörter

Mein Herr,
ich habe Ihnen in unserer bisherigen Korrespondenz in vielen Briefen von diesem und jenem, insbesondere aber auch von dem Kap der Guten Hoffnung Glaubwürdiges geschrieben. Dennoch haben Sie darin wenig oder fast nichts über die natürlichen Einwohner, die Hottentotten, gefunden. Und sicherlich haben Sie sich gedacht, diese würden ganz in Vergessenheit geraten, und Sie müßten sich nur an dasjenige halten, was bisher von anderen über sie stückweise und in keiner vollständigen Ordnung erzählt worden ist. Sie hatten sich doch Hoffnung gemacht, ich würde auch von ihnen etwas schreiben, zumal ich so lange unter ihnen gelebt, mit ihnen täglich umgegangen und vieles bei ihnen gesehen habe.

Sie werden aber leicht verstehen können, daß diese wichtige Materie von mir nicht ohne Ursache hinausgeschoben wurde; zumal Sie sich vorstellen, daß man von einem fremden Volk, dessen Sprache nicht so leicht zu verstehen, viel weniger denn zu lernen ist, nicht allzu bald Nachricht geben kann, wenn man nicht in die gleichen Fehler verfallen will, und von anderen getadelt wird, die bereits die anderen Schriftsteller gemacht haben,

Nun ist zwar dieses denjenigen, die meist nur 4, 6 oder 8 Wochen hier gewesen sind, nicht zu sehr zu verübeln, da man ja von einem Reisenden Nachrichten über andere Länder haben will. Mir hätte es aber sehr übel gedeutet werden können, wenn ich nicht genauere Nachricht gegeben hätte und von ihrem ganzen Leben und Wandel einige Besonderheiten vorzubringen wüßte, da es bekannt ist, daß ich mich schon so viele Jahre unter und bei ihnen aufgehalten habe.

Daher sieht Er also, mein Herr, daß nicht etwa eine saumselige Trägheit, sondern vielmehr eine geziemende Behutsamkeit und dienliche Vorsichtigkeit diesem Bericht im Wege gestanden haben. Denn wenn ich nur hätte schreiben wollen, die Hottentotten lebten auf diese oder jene Weise oder verrichteten dieses so oder anders, so wäre es mir viel leichter gefallen, weitschweifige Briefe darüber an Ihn zu übersenden.

Ehe ich nun dazukomme und eine besondere Materie mir vornehme, müssen erst noch einige allgemeine Dinge erörtert werden, die von diesen Nationen zu sagen sind. Gleich zu Anfang bietet sich die Benennung dieser Völker an, die von einigen noch als ein aufgelegter, nicht aber der Nation vorher eigen gewesener Name angenommen wird. Herr Tachard schreibt zum Beispiel in seiner »Siamischen Reise«: Die Europäer nennen diese Völker Hottentotten, vielleicht, weil sie dieses Wort immer, wenn sie einen Fremden treffen, in den Mund nehmen.

Der gleichen Meinung ist auch Herr Merklein in seiner »Ost-Indischen Reise-Beschreibung«, wenn er erzählt, daß sie bei ihrem Fröhlichsein stetig auf und nieder springen und das Wort Hottentott dabei singen. Dieses, sagt er, hätten sie lange getrieben und seien daher auch von den Holländern insgemein Hottentotten genannt worden.

Diesem pflichtet ferner Dapper in seinem »Africa« bei, wenn er sagt, die Holländer hätten ihnen diesen Namen wegen ihres Stammelns und Stotterns gegeben.

Ich dagegen habe niemals gehört, daß sie sich dieses Namens viel bedienen, wenn sie einen Fremden sehen. Ich kann vielmehr versichern, daß sie bei Begegnung eines Fremden denselben entweder mit ihrem Grußwort »mutschi Atze«, das heißt: Seid gegrüßt mein Herr, meine Frau oder Jungfrau, anreden, oder aber, wenn es weit in ihrem Lande und man weit von den Europäern entfernt ist, alsbald in gebrochenem Holländisch fragen: »Wat Volck?«, das heißt, was ist er für ein Landsmann? Es ist also nichts bestimmteres, als daß dies ihr Volksname ist und ohne Zweifel schon vor der Ankunft der Holländer war.

Wenn sie den Namen Hottentotten auch jederzeit aussprechen, wenn sie fröhlich sind, so folgt daraus noch nicht, daß ihnen deswegen dieser Name zugelegt worden sei. Denn eine große Menge Volks, wie es die Hottentotten sind, würde diesen Namen schlechterdings nicht annehmen und ihn, wenn man sie damit riefe, verstehen können. Die Oberherren und Regenten würden sich dagegen wehren und zu erkennen geben, daß ihr eigener Stammesname anders sei. Davon wird jedoch nichts gehört, man mag so weit in das Land hinein kommen, wie man will. Es hört auch derjenige, der zeitlebens keinen Europäer gesehen, geschweige denn mit einem gesprochen hat, wenn man ihn mit diesem Namen ruft.

Wenn es nun also gewiß ist, daß diese Völker Hottentotten heißen, so wundert es mich, daß man sie mit dem Namen Kaffer belegen will. Woher gemutmaßt wurde, daß sie Kaffer heißen müssen oder solche wären, ist nicht leicht zu ergründen. Vielleicht haben sie es von der Gleichheit der Haare, den eingedrückten Nasen oder den breiten und großen Lippen hergenommen, mit welchen sie eine große Übereinstimmung mit den Kaffern haben, obgleich die breiten Nasen nicht natürlich sind, wie später gesagt werden soll.

Hätten die Reisenden auf das Wesentliche eines Kaffers ihr Augenmerk gerichtet und die Lebensart und alle übrigen Eigenschaften der Hottentotten dagegen gehalten, so hätten sie sogar bald gesehen und erkannt, daß die Hottentotten keine Kaffern sind und man daher ihr Land auch nicht Kaffrarien nennen kann. Ein Kaffer muß, wie es die heute übliche Wortbedeutung ist, pechschwarz sein, so, daß er glänzt, und man sich in seinem Gesicht wie in einem Spiegel beschauen kann.

Ein Hottentotte dagegen ist von Natur nicht schwarz, sondern dunkelgelb, beinahe nußfarben. Er ist nicht einmal richtig schwarz, wenn er sich richtig mit Ruß und Fett beschmiert. Man könnte wohl sagen, daß er dann kotig, schmutzig, schmierig und unflätig ist. Zudem beschreibt Hübner in seinem Konversationslexikon ganz andere Leute als es die Hottentotten sind als Kaffern und separiert ausdrücklich die Hottentotten von jenen; obgleich auch nicht zutrifft, was er von den Hottentotten schreibt.

So wenig man sich bisher wegen des Namens und des Landes hat einigen können, ebenso wenig und noch weniger ist dies wegen ihres Ursprungs geschehen. Es hat bisher noch niemand sich die Mühe gemacht, diesem nachzuspüren. In allen Reisebeschreibungen und auch noch älteren Dokumenten findet man nichts über die Herkunft, das nur einige Vermutungen geben könnte, daß sie von diesem oder jenem Volk abstammen würden. Die Hottentotten haben vieles mit den Juden und auch vieles mit den alten Troglodyten gemein, welche uralte afrikanische und von den Karthagern herstammende Völker gewesen sind.

Was die Juden angeht, so ist gewiß, daß die Hottentotten mit ihnen im folgenden übereinstimmen:

1) Weil sie viel opfern.
2) Weil sie nach dem Neu- und Vollmond ihre Zeiten und besonders ihre Feste richten.
3) Weil sie zu gewissen Zeiten ihre Weiber nicht berühren dürfen.

4) Weil sie bei Nichtbeachtung dessen, und wenn sie erwischt werden, wieder opfern müssen.
5) Weil sie wie jene ungesäuert Brot und ungesalzene Speisen niemals etwas mit Salz genießen werden, wenn sie untereinander und nicht unter Christen sind.
6) Weil sie auf gewisse Weise eine Art Beschneidung erdulden müssen.
7) Weil sie nichts Ersticktes essen dürfen.
8) Weil sie keine Fische ohne Schuppen essen.
9) Weil sie ihre Weiber niemals in ihre politischen Versammlungen lassen.
10) Weil sie sich von ihren Weibern scheiden lassen können.

Es gibt noch viele andere Sachen, in denen sie den Juden ähneln und von ihnen abzustammen scheinen. Sie alle hier anzuführen, wäre weitläufig.

Mit den Troglodyten hingegen stimmen sie im folgenden überein:

1) Sie geben ihren Kindern nicht den Namen der Voreltern oder Eltern, sondern nehmen lieber einen Tiernamen, z. B. von einem Ochsen, Schaf, Stier und dergleichen.
2) Die alten Leute, die nicht mehr weiter können, werden an einen Stock gebunden. Sie bauen eine Hütte darum, geben ihnen etwas zu essen und lassen sie dann sterben, wie es die Troglodyten machen.
3) Wenn zwischen Männern Streit entsteht, so, daß sie sich kräftig schlagen, so kann hier, wie bei den Troglodyten, eine Frau dazwischen treten und den Streit schlichten.
4) Die Troglodyten konnten schnell laufen, und die Hottentotten geben ihnen darin nichts nach.
5) Hatten die Troglodyten alberne Manieren bei der Beerdigung ihrer Toten und deren Einsargung, so haben sie gewiß die Hottentotten auch.

6) Diesen sind sie auch gleich im Jagen.
7) War der Troglodyten Land warm, so ist es auch der Hottentotten ihres.

Dies genügt, um daraus zu ersehen, daß sie sowohl mit den Juden als auch mit den Troglodyten in ziemlich vielen Stücken übereinstimmen. Es ist indessen sehr schwierig, einer dieser Meinungen beizupflichten, da die Übereinstimmung mit den Juden mehr das Innerliche betrifft, während im Gegenteil die Übereinstimmung mit den Troglodyten mehr auf äußerliche und dabei oft grausame Sachen gerichtet ist.

Ich möchte bedenken, daß unwidersprochen hieraus zu ersehen ist, daß es uralte afrikanische Völker sind, die, da sie immer wieder vertrieben wurden, und je länger, je weiter von ihren alten Wohnsitzen verjagt wurden, sowohl aus den dahin gebrachten Juden als auch anderen afrikanischen Völkern, insbesondere den Karthagern, zusammengefunden haben. Sie haben sich schließlich an diese äußerste Ecke des Landes begeben und haben sich hier häuslich niedergelassen. Und weil es so viele Völker gewesen sind, so hat immer eines von dem anderen etwas übernommen, jedes aber seine besonderen Gebräuche vergessen, so daß nunmehr ein verwirrter Zustand bei ihnen anzutreffen ist.

Die Hottentotten wissen sehr viel von einer uralten Tradition zu erzählen, die sie von ihren Eltern und diese wieder von den ihrigen überliefert bekamen. Danach wissen sie nicht nur, wer ihre ersten Eltern gewesen sind, sondern auch, welche Namen sie gehabt haben. Sie geben an, daß ihre ersten Eltern durch ein Fenster oder eine Pforte auf die Erde gekommen seien. Diese hätten dann ihre Nachkommen säen, ernten, Brot backen, Vieh weiden und andere Dinge mehr gelernt, die aber nach einer Zeit, teils wegen Kriegshandlungen und Flucht, teils auch aus Unachtsamkeit und aus anderen Gründen verloren gegangen seien. Die Namen ihrer Eltern seien Noh für den Mann und Hinghnoh für die Frau gewesen.

Sie geben an, daß ihre ersten Eltern von Gott herkommen und von ihm auf die Erde gesetzt wurden. Gott wird in ihrer Sprache Tikquot genannt.

Sicherlich, als ich diese Geschichte das erstemal hörte, wurde ich ganz konfus darüber und wußte nicht, was ich darauf weiter fragen sollte. Ich mußte mich damit zufrieden geben, daß sie es von den europäischen, den monomotapischen oder den abyssinischen Christen gehört hatten. Vielleicht auch, daß der eine oder andere dies in einer Compagnie oder auch in der Kirche, wohin sie zeitweise gelaufen kommen, gehört und dann weiterverbreitet hat. Auch hatte ich zu befürchten, daß sie mir etwas anhängen wollten und Unwahrheit für die reine Wahrheit verkauften.

Nachdem ich aber je länger je besser mit ihnen bekannt wurde und öfters Gelegenheit fand, unter ihnen zu sein und tiefer ins Land zu kommen, so habe ich verschiedene Male an unterschiedlichen Orten und zu verschiedenen Zeiten gehört, daß dies eine alte, von den Eltern auf die Kinder vererbte Tradition sei und daher wohl als Wahrheit angenommen werden kann.

Es wird nicht undienlich sein, auch etwas über die hottentottische Sprache zu berichten. Dies um so mehr, da die Urteile darüber so verschieden sind. Alle, die bisher darüber geschrieben haben, kann man in drei Kategorien einteilen. Einige meinen, daß die Sprache gar nicht erlernt werden kann, andere geben an, daß sie gar leicht zu erlernen und folglich auch geschrieben werden könne und daß sie in gewisse Regeln gebracht werden kann. Die dritten schließlich glauben, daß man sie erlernen, aber schwer schreiben und noch schwieriger in eine Ordnung bringen kann.

Ich weiß aus der Erfahrung, daß sehr viele Europäer in dem Lande wohnen, die die hottentottische Sprache perfekt verstehen und reden. Dieses sind aber Leute, die schon lange Jahre hier häuslich wohnen, Kinder gezeugt und als Kinder mit ihnen umgegangen und daher ihre Sprache erlernt haben. Es kann mir aber niemand irgendeinen zeigen, der ihre Sprache erst in seinen alten Tagen gelernt hat. Ich habe selbst einmal einem Hottentotten für 10 Taler Tabak und andere Sachen versprochen, wenn er mir seine Sprache lernen würde; ich wußte schon einiges davon. Allein, als er sah, daß er mir manches Wort mehrere hundert Male vorsagen mußte und ich es trotzdem nicht nachsagen konnte, so wurde er bald verdrießlich und blieb weg.

Doch angenommen, es kann sie ein Fremder in etlichen Jahren lernen und so gut sprechen wie ein Hottentotte selbst, so hat er doch bald wieder die Schwierigkeit, daß er sie nicht übersetzen kann. Die Ursache ist, daß sein Lehrmeister des Deutschen nicht mächtig ist. Wenn aber einer sie so wie perfekt spricht, wie will er es anstellen, einen anderen zu lehren, da er ihm selbst nicht sagen kann, er müsse die Zunge so oder anders formen, wenn er diesen oder jenen Schlag tun will. Wenn er ihm aber dies noch lernt, so hat er doch nur eine Stufe überwunden, da gleich die nächste folgt. Nämlich darauf zu achten, wieder alle Schläge mit der Zunge und dem Mund aufs genaueste bei sich selbst zu unterscheiden, um sie dann dem anderen mitzuteilen.

Wer alle diese Schwierigkeiten und noch viele andere übersteht und keine anderen Hilfsmittel hat als die, die er von den Hottentotten haben kann, der wird gewiß nicht mehr sagen, daß die hottentottische Sprache leicht sei, sondern es dürfte ohne Zweifel ein wehmütiges Klagelied gehört werden. Bei den Hottentotten gibt es eben keine Buchstaben oder etwas dergleichen, sondern man muß alles aus ihrem Munde lernen.

Wie lange wird wohl darauf gehen, hinter die Geheimnisse ihrer Sprache zu kommen, von der man noch nicht einmal einen Buchstaben gesehen, deren Worte man noch nicht versteht und deren Aussprache noch unbekannt ist. Ich bin der Meinung, es würde wohl mehr als ein halbes Jahrhundert dahingehen, ehe man ein gedrucktes Blatt ihrer Sprache sehen würde; und dann müßte man noch alle Mühe und Arbeit darauf verwenden.

Da man die Wörter ihrer Sprache und die Schläge der Zunge nicht ausdrücken kann, muß es meines Erachtens in ihrer Sprache und in ihrem Alphabet noch Buchstaben geben, die in keiner anderen Sprache gefunden werden. Es könnten vielleicht diejenigen sein, die den Gutturalen der Juden nahekommen. Wenn man endlich wüßte, wie sie ihre Zunge bewegen, sie beugen und den Ort im Mund kennen würde, wo sie mit der Zunge diesen oder jenen Schlag machen, dann könnte es vielleicht eher geschehen, daß man eine bessere Kenntnis ihrer Sprache bekommt und diese mit der Zeit, wenn auch nicht aufschreiben, so doch anderen leichter lernen könnte.

Ich habe für gut befunden, die Wörter, die ich in meinen Aufzeichnungen finde, Ihnen nach dem Alphabet zu ordnen, und zwar so, daß ich mit nach dem lateinischen Anfangsbuchstaben richte und das hottentottische Wort gegenübersetze. Wo ein Schlag dazu kommt, will ich denselben durch ein Zeichen oder Akzent anzeigen.

abi	Hebba Atze	lauf weg
accede	Hach Atze	komm her
agnus	Chauna	ein Lamm

aqua & omne. liquidum	Kamma	Wasser oder andere flüssige Materie als Wein und Bier
autes	Nouw	die Ohren
Avis Phasiana	Quaqua	ein Fasan
bestiae in genere	Horri	Bestien, allen Tieren gemein
bibere	Kaa	trinken
cuprum	Nonnemou	Kupfer
dominus	Suri	der Herr
edere	Ouge	essen
fluvius	Kammo	ein fließendes Wasser
frumentum	Blee	Korn oder Weizen, auch Gerste
hic	Hebba	hier oder da
hirundo	Sosobo	eine Schwalbe
hodie	Hethuri	heute
jugulum	Domma	die Kehle
leo	Chamma	der Löwe
lignum	Hequa	das Holz
luna	Tcha	der Mond
mammae	Samme	die Brüste
manus	Omma	die Hand
mare	Burry	das Meer
maritus	Quiebes	ein Ehemann
marita s. uxor	Tiebeis	eine Ehefrau
membrum virile	Cha	das männliche Geburtsglied
mentum	Channa	das Kinn
mus	Houri	eine Maus
musca	Bilara	eine Fliege
nasus	Thurée	die Nase
navis	Heu Komme	ein Schiff

navicula	Nonnaquas	ein Fahrzeug
occidere	Doucham	totschlagen
oculus	Mu	das Auge
olla	Sou	der Topf
pallium	Kros	ist das Schafsfell, womit sie sich zudecken oder der Schafsfell-Mantel
panis	Brée	Brot, das von den Deutschen stammt
pater	Bo	der Vater
pileus	Kabba	ein Hut
porcus	Hakou	ein Schwein
pulex	Hythlé	ein Floh
salve	Mutze-Atze	sei gegrüßt
senescere	Dida Atze	alt werden
sol	Sorré vel Sorri	die Sonne
stare	Maa	stehen
talpa	Habba	ein Maulwurf
vacca	Gojes	eine Kuh
veni huc	Hebba Ha	komm her
ventus	Toya	der Wind
vestis	Nomma	ein Kleid
vetula	Didaquis	eine alte Frau
vide hic	Muatze	siehe hier
vinum	Driefbi	der Wein
vulpes africanus	Tkensie	ein Schakal

Dies sind nun die allerleichtesten Wörter, die man noch einigermaßen, wenn auch nicht vollkommen, schreiben kann. Obgleich ich den Schlag niemals vergessen habe, der dabei gemacht werden muß, am richtigen Ort anzudeuten, so glaube ich doch, mein Herr wird nicht wissen, wie derselbe ausgedrückt werden muß, viel weniger, was er zu be-

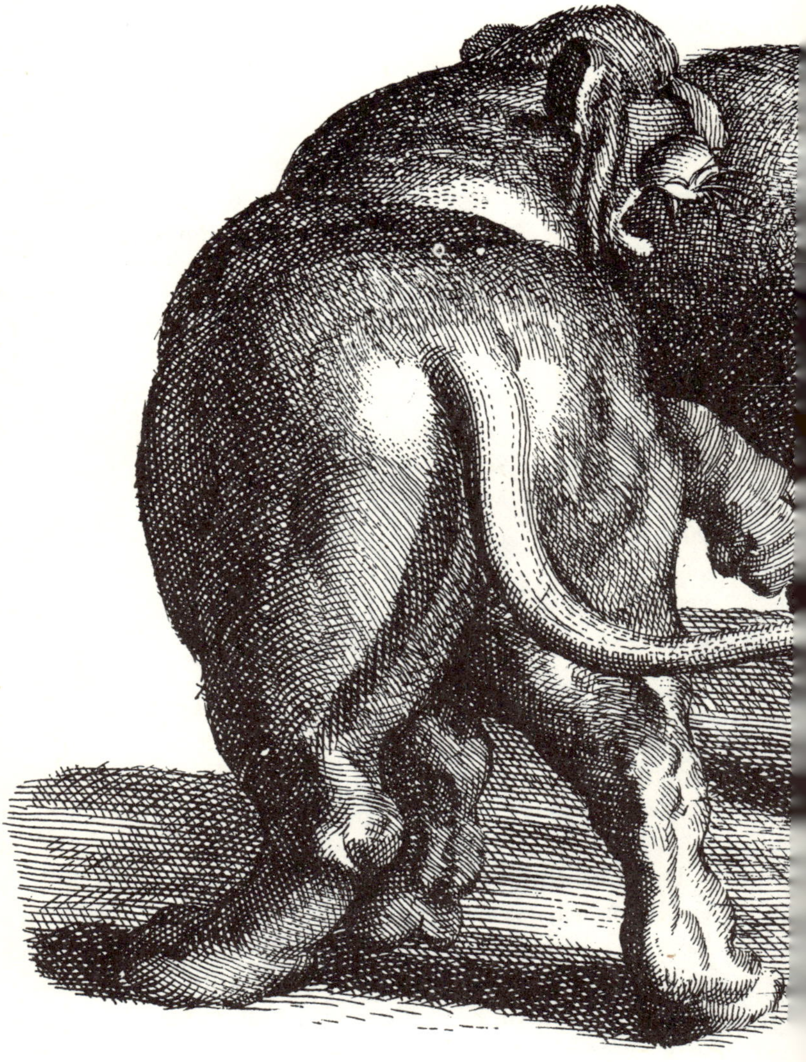

deuten hat. Es kann Ihnen dies auch kein Mensch erklären, besonders kein solcher, der nur 3 bis 4 Wochen hier gewesen ist.

Erlauben Sie mir noch, die Zahlwörter, die nur bis zehn gehen, hinzuzufügen:

unum	Q'kui	eins
duo	K'kam	zwei
tria	K'ouna	drei
quator	Hakka	vier
quinque	Kó o	fünf
sex	Nanni	sechs
septem	Honko	sieben
octo	Khyssi	acht
novem	K'hessi	neun
decem	Gyssi	zehn

Wenn sie über zehn kommen, so fangen sie wieder von eins an und zählen wieder bis zehn. Sie sagen dann zwei Gyssi. So fahren sie fort bis hundert, an dessen Stelle sie Gyssi Gyssi sagen. Ebenso geht es dann weiter bis auf tausend, welches leicht zu verstehen ist.

Doch weil ihr Vermögen nicht in barem Gold, sondern lauter Vieh besteht, so kommen sie freilich sehr selten über tausend. Wenn sie es nötig hätten, könnten sie ebensogut eine größere Zahl aussprechen. Sie müßten sich dann nur neue Zeichen ausdenken, aber dazu sind sie geschickt genug. Man mag von ihnen halten, was man will, so kann ich doch versichern, daß sie bei weitem nicht so dumm sind, wie man sie bisher verschrien hat und von dem alle Reisebeschreibungen sehr viel Lärm machen.

DER 2. BRIEF

Von der Hottentotten Art, äußerlichen Gestalt, ihrer Farbe und dem Bündnis mit den Holländern oder vielmehr der Ostindischen Compagnie

Mein Herr,
ich habe letzthin angefangen, von den Hottentotten einiges zu berichten; obgleich es nur allgemeine Sachen waren und nichts besonderes von ihrem Handeln und Wandeln, so hoffe ich doch, daß es nicht unangenehm war.

Viele haben, wenn sie die Art und Beschaffenheit der Hottentotten vorgestellt haben, unter anderem gesagt, daß sie sehr dumm, unverständig und einfältig seien, weil sie weder von Gott noch von anderen im Leben notwendigen Dingen etwas wüßten. Überdies seien sie sehr säuisch in ihrem Essen und ganzen Leben, sie würden sich auch mit stinkendem Fett so sehr beschmieren, daß man sie weiter riechen als sehen könnte.

Sie haben darüber nicht übel geschrieben oder die Unwahrheit gesagt, allein es ist notwendig, einen Unterschied zu bemerken. Denn daß sie im Vergleich mit unserem oder anderen Völkern dumm anzusehen sind, ist außer Zweifel, weil sie nicht so leben wie es andere zivilisierte Völker tun. Hingegen sind sie dennoch, in ihrer Art klug genug und wissen ebenso wie ein anderer Mensch, ihren Verstand zu gebrauchen.

Die tägliche Erfahrung zeigt, daß diese Menschen die Sprache der Holländer gelernt haben. Einige gibt es sogar, die ehemals bei den Engländern in Bantam waren, und die gebrochen Englisch sprechen, welches sie gewiß nicht könnten, wenn sie gar so dumm und einfältig wären, wie sich mancher einbildet.

So ist mir auch ein Hottentotte bekannt, den die hiesigen Einwohner nur Jantje van der Gouw nennen, vielleicht wegen seiner schnellen Sprache. Ich habe ihm vor seinem Tod oftmals mit der größten Verwunderung zugehört. Obwohl er niemals sein Vaterland verlassen hatte, konnte er doch ganz verständlich Holländisch und Portugiesisch sprechen, ja selbst Französisch, was er von den Flüchtlingen, und Deutsch, was er von den hier wohnenden Deutschen gelernt hatte. Niemand würde dies einem Hottentotten normalerweise zutrauen, und man könnte es auch nicht erwarten, wenn sie so dumm und unverständig wären, wie man sie hinstellt. Was braucht es vieler Worte? Die Europäer würden sie gewiß nicht so gerne in ihren Diensten haben, wie man es täglich sieht, wenn sie so dumm und unverständig wären. Ein Europäer behält einen Hottentotten oft etliche Jahre in seinen Diensten und sieht es nicht gern, wenn er wieder fortgeht. Auch können sie sich auf diese besser verlassen als auf ihre Sklaven, besonders wenn ihnen Tabak, Wein oder Branntwein anvertraut wird. Obwohl sie diese Waren sehr schätzen, veruntreuen oder entwenden sie nichts.

Als Beispiel für das, was ich gesagt habe, möchte ich einen alten Hottentotten erwähnen, der von den Europäern Claas genannt wurde. Dieser hat von dem damaligen Gouverneur Simon van der Stel oft Branntwein, Tabak, Reis und andere Lebensmittel sowie Pulver und Blei nebst dem dazugehörigen Gewehr aus den Magazinen der Compagnie erhalten, um mit den Hottentotten zu handeln. Er hat sich allezeit als klug, verständig, treu und ehrlich erwiesen, so daß man mit seinem Tun und Handeln sehr zufrieden war. Er kam niemals zurück, ohne eine große Menge von Schafen und Ochsen erhandelt zu haben, auch wenn er manchmal 6 Wochen weggeblieben ist. Er brachte auch immer mehr Vieh mit als man für die Waren erwartet hatte und erwies sich als sehr viel geschickter als mancher Europäer.

Auch in anderer Hinsicht sind die Hottentotten zu loben, da sie oft bessere Sorge für die ihnen anvertrauten Kinder tragen, als es eine leibliche Mutter tut. Sie behüten sie sorgfältig, geben ihnen dieses oder jenes zum Spielen und achten immer darauf, daß dem Kind kein Schaden zugefügt wird. Wer ihnen etwas zum Waschen gibt, kann versichert sein, daß kein Stück verloren geht oder zerrissen wird. Diese Arbeit machen sie besonders gern für die Deutschen, und zwar mit solcher Schnelligkeit und Umsicht, daß sie manche deutsche Wäscherin beschämen.

Sollten nicht diese und unzählige andere Tatsachen Beweis genug sein, daß die Hottentotten nicht gar so dumm sind wie man sie hinstellt?

Im Vergleich zu den Europäern und anderen Völkern sind sie sehr unflätig oder wie Merklein bemerkt säuisch im Essen. Dies rührt meines Erachtens von nichts anderem her als von ihrer ungemeinen Faulheit, durch welche sie daran gehindert werden, etwas für sich selbst zu tun. Wenn sie bei den Europäern arbeiten, können sie auch anders leben, wenn sie aber untereinander sind, sind sie nicht fähig, auch nur einen Strohhalm aufzuheben.

Wer ihnen aber bei all ihrer Faulheit nachsagt, wie es Merklein tut, daß sie nur den Kot mit den Fingern aus den Därmen herausdrücken, danach diese etwas auf das Feuer legen und sie nach kurzer Zeit wieder wegnehmen, noch ehe sie halb gebraten sind, um sie mit großem Appetit zu essen, so daß einem Zuschauer graut, der muß dies erst beweisen. Auch Vogel schreibt in seiner Reisebeschreibung, daß die von den Europäern weggeworfenen Eingeweide und Därme ihnen eine Delikatesse seien. Sie würden nur den Mist und

Kot ein wenig herausdrücken und sie dann in sich hineinfressen, ob sie nun frisch oder halbverfault sind.

Ich kann mich nicht erinnern, daß ich jemals von solch einer Unflätigkeit etwas gehört, viel weniger etwas gesehen habe, obwohl ich lange und oft bei ihnen gewesen bin.

Wahr ist hingegen, daß sie diese Därme und auch alle anderen mit Unrat angefüllten Eingeweide genießen und diese auch nicht wie die Europäer abbrühen oder den Schleim herunterschaben und sie sauber machen. Sondern wenn sie die Därme und andere Eingeweide umgekehrt und den Kot herausgeschüttet haben, so tun sie weiter nichts als diese im frischen Wasser auszuwaschen. Wenn dies geschehen, legen sie dieselben entweder stückweise auf Kohlen und lassen sie in ihrem eigenen Fett braten, oder aber, wenn sie noch Blut dabei haben, schneiden sie die Därme in kleine Stücke und lassen diese zusammen mit dem Blut kochen. Die fertige Speise essen sie mit einem solchen Appetit, daß ein Zuschauer selbst Lust bekommt, mit zu essen, wenn er nicht bei der Zubereitung zugegen gewesen wäre.

Ich bin oft dabei gewesen, wenn sie geschlachtet haben, und habe zugesehen, wie sie ihre Speisen bereiten, und kann daher versichern, daß sich die Sache so und nicht anders verhält. Ja, ich habe auch mehr als einmal aus Interesse und nicht aus Hunger die mit Blut gekochten Därme versucht und jedesmal festgestellt, daß sie so schlecht nicht schmekken. Der Ekel verschwindet leicht, wenn man vorher nicht zusieht und danach nicht weiter daran denkt. Außerdem treibt der Geschmack den Appetit immer mehr an.

Was ich bisher gesagt habe, trifft nur auf die frischen Eingeweide zu; von den halbverfaulten kann ich nichts sagen. Entweder gibt es diese Sitte nicht mehr, oder sie war nie gebräuchlich.

Ihre Speise bekommt ihnen jedoch recht gut, und man

findet nicht viele Kranke bei ihnen. Sie werden im allgemeinen sehr alte Leute, so daß sie oft aus Altersschwäche nicht mehr gehen oder sonst etwas tun können.

Um unter den vielen Beispielen, die mir bekannt sind, nur eines anzuführen, so ist mehr als gewiß, daß ein Hottentotte, dem die Holländer den Namen Bay Claas gegeben haben, in diesem Jahr 1712 noch am Leben ist und der bereits ein betagter Mann war, als die Holländer 1652 Kapstadt gründeten. Wenn er nun damals 40 Jahre alt war, so ist sein Alter unwidersprochen schon 100 Jahre. Trotzdem übt er den Fischfang täglich noch mit einer solchen Fertigkeit aus, daß ein Unwissender ihn nicht über 50 oder 60 Jahre schätzen würde.

Die Hottentotten werden außerdem, und zwar mit vollem Recht, als wilde und unflätige Leute bezeichnet, weil sie ihren ganzen Körper mit Fett beschmieren. Selbst ihre umgehängten Schafsfelle werden damit eingerieben, und daher stinken sie sehr stark. In den Reisebeschreibungen findet man viele Unwahrheiten hierüber, die die Hottentotten wilder, säuischer und stinkender machen als in Wirklichkeit.

Ich versichere, daß sie eine solche Abscheu vor stinkendem Fett haben wie kein Europäer. Deswegen tragen sie auch den Freibürgern nicht gerne Fischtran aus dem Magazin nach Hause, weil sie fürchten, damit besudelt zu werden. Ich weiß daher auch nicht, wie Dapper auf den Gedanken kommen kann, von ihnen zu schreiben, sie hätten einmal das durch die Sonne ausgelaufene Fett eines Wals mit ihren Händen ausgeschöpft und getrunken. Denn sie hassen nichts mehr als das ausgekochte Fett dieser Fische, wiewohl sie ihr Fleisch und auch das von Seehunden, wenn es noch frisch ist und nicht stinkt, gerne essen.

Die Hottentotten haben die Gewohnheit, von Kindesbeinen an, daß sie sich mit frischem geschmolzenen Fett, von welchem Tier auch immer, am liebsten aber mit Schafsfett, oder mit frischer, von ihnen gemachter Butter beschmieren. Sie beschmieren sich so stark, daß ihnen das Fett, wenn die Sonne darauf scheint, herabtropft. Dieses Fett vermischen sie mit dem an den Töpfen hängenden Ruß, nicht aber mit einer anderen schwarzen Schmiere, und reiben damit den ganzen Leib, vom Kopf bis zu den Füßen. Sie erscheinen daher schwarz, obwohl sie es von Natur aus nicht sind. Sie verschonen kein einziges Glied am Körper, es muß alles beschmiert sein. Auch die umgehängten Schafsfelle werden mit diesem Parfüm auf der Außenseite, wo keine Haare sind, überzogen.

Wenn das alte Fett getrocknet und durch den anhängenden Staub unsichtbar geworden ist, wird dieses Schmieren wiederholt. Sie müssen nur wieder an Fett kommen oder so reich an Vieh sein, daß sie schlachten können. Daraus kann man auch ersehen, wer viel Vieh hat oder nicht.

Dieses hat auch Dapper richtig bemerkt: Leute, die viel Vieh haben, haben die äußeren Seiten ihrer Mäntel und Mützen mit Fett beschmiert, welches das Zeichen eines großen Reichtums ist. Dagegen wird selten ein Hottentotte, der arm an Vieh ist, in einem beschmierten Mantel gesehen, wenn er nicht bei einem Europäer wohnt oder von ihm einen Topf zum Auswaschen bekommt. Aus diesem Grunde haben nur die Armen magere Mäntel.

Hieraus kann man sich leicht vorstellen, daß diese Leute, da sie sich während des Jahres so oft einschmieren, auf der anderen Seite sich aber während ihres Lebens nie mit Wasser abwaschen oder als neugeborene Kinder abgewaschen werden, einen schrecklichen, wilden und widerwärtigen Gestank erregen. Man kann sie deswegen auch weiter riechen als sehen, indem sie oft noch weit über 100 Schritt entfernt sind und erst einen Berg hinaufkommen, ehe man sie sieht.

Die Ursache dieses Schmierens wird von den Reisenden unterschiedlich beurteilt. Merklein, Vogel und Tachart sind der Meinung, daß sie es täten, um sich zu schmücken. Allein, daß dies kein Schmuck ist, wird an anderer Stelle bewiesen. Andere geben an, sie würden sich einschmieren, um schneller laufen zu können. Ich stelle nicht in Abrede, daß ein Hottentotte viel besser laufen kann als der beste Läufer in Europa. Er kann schneller als ein Pferd laufen, so daß dieses eher müde wird als er.

Ich glaube auch nicht, daß das Schmieren viel zum Schnelllaufen beiträgt; denn sonst müßten die Armen weniger schnell laufen als die Reichen; in Wirklichkeit ist es jedoch umgekehrt. Es würde sich daraus auch ergeben, daß die Weiber ebenso schnell laufen könnten wie die Männer, da auch sie sich wie diese beschmieren. Die tägliche Erfahrung spricht allerdings dagegen, und der Vergleich mit einem Mann sieht die Frau wie eine Schildkröte zu einem Hirschen. Die Schnelligkeit der Männer muß also einen Grund haben und das Schmieren aus anderen Gründen unternommen werden.

Es ist bekannt, daß das Land hier sehr warm ist und daß die Sonne im Sommer eine ziemliche Kraft hat, dieweil sie auch im Winter so warm scheint wie in Deutschland im Herbst oder Frühling. Da nun diese Leute unbekleidet gehen und nur ein Schaffell über die Schulter werfen, so würde die Sonne ihre durchdringende Kraft auf ihrer bloßen Haut spüren lassen und diese verbrennen; so daß sie jederzeit Fetzen herabziehen könnten. Durch das Schmieren verstopfen sie der Sonne den Zugang in ihre Haut. Ich glaube auch, daß sie, wenn das Fett abgeht, eine größere Gewalt der Sonne verspüren und sich darum wieder aufs neue beschmieren.

Ihre Gestalt muß nun vorgestellt werden, damit man

auch weiß, wie diese Leute denn aussehen und ob sie so barbarisch sind, wie man von ihnen geglaubt und sie sogar als Menschenfresser betrachtet hat. Ich gestehe, daß ich vor meiner Ankunft hier auch eine ganz andere Vorstellung von ihnen gehabt habe, als ich sie später gefunden habe. Man meint auch, wenn man sie zunächst sieht, sie seien sehr scheußliche Leute und Monster. Dies alles kommt jedoch nur durch ihre stinkende Art und ihre schmierigen Felle sowie durch die ineinander verflochtenen Haare auf dem Kopf, die nicht anders aussehen als solche Wolle, in der der Schafsmist fingerdick liegt. Wenn man an sie gewöhnt und nähere Bekanntschaft gemacht hat, fällt dieses Vorurteil bald weg.

Ich kann aber auch nicht sagen, daß sie schön, freundlich und angenehm aussehen. Was sie am abscheulichsten macht, ist meines Erachtens die breite Nase, mit der sie allen anderen Negern ähnlich sehen. Weil diese aber ursprünglich nicht so aussieht, kann man sich leicht vorstellen, daß sie viel angenehmer aussehen würden, wenn man ihnen ihre Nase wie bei der Geburt beließe. Wie sie zu den breiten Nasen kommen, soll zu anderer Zeit gesagt werden.

Die Hottentotten sind nicht die längsten, aber auch nicht die kürzesten, meistens 5 bis 6 Schuh lang. Die Weiber sind im allgemeinen viel kürzer als die Männer; ihre Hände und Füße sind übermaßen klein, zart und subtil, ganz im Gegensatz zu den Männern. Sowohl Männer als Weiber haben ganz platte Nasen. Die Augen sind nicht allzu groß, doch im ganzen Gesicht ziemlich proportioniert. Die Zähne im Mund sind schön weiß und gleichen dem schönsten Elfenbein. Die Wangen sind rötlich, welches man aber wegen der Schmiererei nicht gut erkennen kann, sondern man kann es nur durch langen Umgang erkennen. Die Haare sind von Natur aus kurz, kraus und der Schafswolle nicht unähnlich; ganz pechschwarz wie das Haar der Neger. An ihren Fingern und Zehen lassen sie die Nägel wachsen und schneiden sie nicht ab. Der ganze Leib ist wohl proportioniert, nicht zu mager und auch nicht zu fett, ganz gerade und ohne einen Mangel. Ich habe nicht mehr als zwei Männer unter so vielen tausend gesehen, die Krüppel waren. Daß diese Krüppel wurden, geschah nicht durch Verwahrlosung oder Unachtsamkeit, sondern es geschah durch Gicht, die dem einen die Nerven an beiden Füßen so zusammenzog, daß er nur kriechend fortrutschen konnte. Der andere hatte ein Bein länger als das andere, welches ebenfalls durch Zusammenschrumpfen der Nerven passierte.

Ich habe auch keinen gesehen, der krumme oder gebogene Beine, krumme Arme etc. gehabt hätte, welches sehr zu bewundern ist. Noch weniger habe ich einen gesehen, der an einem anderen Glied des Körpers einen Fehler oder schlechte Proportionen gehabt hätte.

Sollte man nicht hieraus einen herrlichen Beweis göttlicher Güte ersehen, da er, obwohl diese Heiden ihn nicht so ehren wie er es von den Menschen fordert, dennoch in seiner Langmütigkeit sie durch leibliche und klar in die Augen fallende Wohltaten an sich locken will? Sollte man nicht Grund haben zu sagen, daß unter diesen wilden Leuten doch einige gefunden werden müssen, die, durch eine innere Regung angetrieben, das tun, was vor Gott recht ist?

Wer jemals einen echten Zigeuner gesehen, der nicht durch Kunst geschwärzt wurde, sondern seine natürliche Farbe aus Ägypten mitbrachte, der kann sich leicht vorstellen, wie ein Hottentotte natürlich und ungeschwärzt aussieht; nämlich brauner und dunkler als ein Spanier, Portugiese oder Italiener und weißer als ein Äthiopier oder ein anderer dergleichen Mohren. Kurz, seine natürliche Farbe ist entweder kastanienbraun oder, wenn sie am hellsten ist, kaffeefarben.

Ich halte es noch für notwendig, das Bündnis mitzuteilen, das sie mit den hier lebenden Einwohnern geschlossen haben. Dieses Bündnis ist nicht schriftlich festgehalten, wie es sonst üblich ist. Das hängt sicherlich damit zusammen, daß diese Nationen insgesamt, obwohl sie ein Volk sind, keinen unter ihnen haben, der schreiben oder lesen könnte. Dennoch wird dieses Bündnis von beiden Seiten so unverbrüchlich gehalten, daß man denken könnte, es hätten sich zwei der zivilisiertesten Länder zusammen verbunden.

Sie haben mit den jetzigen Besitzern des Kap, den Holländern, ein Offensiv- und Defensivbündnis geschlossen, nachdem sie früher lange mit ihnen gestritten und ihnen das verkaufte Land wieder entziehen wollten, da sie den Kauf bereuten. Sie haben deswegen auch sehr blutige Kriege miteinander geführt und nicht gestatten wollen, daß diese Fremdlinge in ihrem Land ebenso herrschen sollten wie in ihrem eigenen. Schließlich wurden sie nach großen Verlusten und Schäden klüger und beschlossen statt des immerwährenden Zanks, Streits und Blutvergießens einen ewigen Frieden, kraft dessen sie sich eine ewigwährende Freundschaft versprachen.

An dieser Zusage hat bisher kein Teil etwas ermangeln lassen. Die Holländer können sich seither überall im Land frei bewegen und können handeln wie und wo sie wollen und was ihnen beliebt. Nur geschieht es nicht mehr wie früher, daß man den armen Leuten statt ihnen ihr Vieh zu bezahlen bleierne Kugeln in die Haut jagte und viele von ihnen tötete. Die Hottentotten auf der anderen Seite haben die Freiheit, in dem Lande zu tun und zu wohnen, wo sie es am besten und bequemsten finden, ohne daß ihnen ein Europäer etwas dagegen sagen darf. Sie werden auch sehr freundlich aufgenommen, wenn sie vom Lande kommen und dem Gouverneur einen Besuch machen wollen. Sie werden mit Tabak, Branntwein, Korallen und anderen dergleichen Sachen für ihr mitgebrachtes Vieh beschenkt und nach erneutem Bündnis wieder entlassen.

Die Hottentotten rufen auch die Compagnie oder den Gouverneur zu Hilfe, wenn zwei ihrer Nationen untereinander in Krieg verwickelt sind. Die Holländer leisten auch allezeit diese Hilfe und kommen, ohne sich die Unkosten erstatten zu lassen, den Notleidenden zu Hilfe, damit der Krieg beendet und der Streit beigelegt wird.

So wie sie von der Compagnie Hilfe erhalten, so sorgen sie auch für die Sicherheit ihres Gebietes. Man kann dies daraus erkennen, daß sie, wenn ein einzelner Hottentotte oder eine ganze Nation etwas gegen diesen oder jenen im Lande wohnenden Holländer planten, die ersten waren, die es diesem Holländer mitteilten.

Wer würde daran zweifeln, daß sie bei einem Angriff der Compagnie durch einen auswärtigen Feind nicht ebenfalls ihr Bestes tun würden, um ihrem alten und treuen Bundesgenossen alle mögliche Hilfe zu leisten? Wenn man sie unter die deutschen oder eropäischen Soldaten, von denen es in der hiesigen Garnison jederzeit über 600 Mann gibt, stecken würde mit dem Befehl, die Küste zu verteidigen, so würde es gewiß kein Feind wagen dürfen, einen Fuß auf das Land zu setzen.

DER 3. BRIEF

Von den verschiedenen hottentottischen Nationen und wo dieselben anzutreffen sind

In der Kapkolonie hatten, bevor die Holländer sich hier niederließen, die Gunjemanns allein gewohnt. Nachdem sie ihr Land an die Holländer verkauft und diese sich ausgebreitet hatten, mußten sie ihr Land zwar nicht verlassen, sondern sie mußten sich nur damit abfinden, daß die Europäer neben ihnen das Land bewohnten und das unbebaute Land bebauten. Dies ging den guten Gunjemanns jedoch nicht in den Kopf, sondern sie wollten auch weiterhin die alte Freiheit behalten. Sie versuchten die alte Freiheit zu behaupten und das verkaufte Recht wieder an sich zu ziehen. Die Holländer versuchten, die Hottentotten müde zu machen und in die Falle zu locken. Allein alles, was sie auch taten, war vergebens. Die Holländer stellten gute Wachen auf und schnitten ihnen den Zugang zur Festung ab.

Nachdem mehrere blutige Scharmützel stattgefunden hatten, und die Gunjemanns mit ihren Verbündeten, den Koopmanns-Hottentotten, immer den Kürzeren zogen und viele ihrer Leute verloren, bequemten sie sich schließlich dazu, den Europäern die Kultivierung ihres Landes zu gestatten. Sie schlossen mit ihnen einen ewigen Friedensbund, durch den sie den alten Kaufkontakt bestätigten und den Holländern gestatteten, unter ihnen ruhig zu leben und sich so weit auszubreiten, wie sie es wollten.

Nach Norden stoßen an die Gunjemanns die Kochaquas an. Diese Nation besitzt zwar noch das meiste ihres Landes, dennoch haben sich die Europäer auch hier schon eingenistet. In diesem Gebiet sind die besten Salzpfannen anzutreffen, und die Einwohner holen das benötigte Salz dort. Deswegen hat die Compagnie eine Wache aufgestellt, die das Salz bewachen und auf Schiffe, die dorthin kommen, achten soll. Sicherlich würden sich mehr Europäer dort nierderlassen, wenn es nicht überall an Süßwasser mangelte.

Hieraus ist auch leicht zu ersehen, daß diese Kochaqua-Nation nicht allzu zahlreich sein kann, da sie sich auch von Vieh ernährt und normalerweise große Viehherden hat. Diese Leute können aber viel besser zurechtkommen als die Europäer, da sie keine beständige Wohnung haben, sondern mal hier mal dort anzutreffen sind, wo immer gute Weiden und genug Wasser vorkommen. Wenn das Gras zu dürr ist, und das Vieh nicht mehr fressen will, stecken sie es in Brand und warten dann auf das neue.

Nach den Kochoquas findet man weiter gen Norden die Sousiquas oder Soussaquas, die oberhalb der Saldanhabai wohnen. Auch diese sind nicht sehr zahlreich, da es in ihrem Land wenig Wasser gibt. Auch haben sie wenig Vieh, und zwar einmal wegen des wenigen Wassers und zum anderen, weil europäische Händler ihnen dieses geraubt haben. Sie leben sehr zerstreut, und man findet nur wenige Krale bei ihnen.

Das Land ist durchweg sehr hügelig und voller Steinhaufen. Man findet wenig Holz dort, und dieses besteht fast nur aus Gesträuch und Büschen, ist krumm und brüchig und nur selten zum Bauen zu verwenden. In den Tälern sieht man die schönsten Blumen und andere wohlriechende Kräuter. Dorthin begibt sich auch das Wild, von dem es jedoch wegen des erwähnten Wassermangels nicht viel gibt.

Ebenso wie mit den Soussaquas verhält es sich auch mit den Odiquas oder Udiquas, die nördlich von jenen, aber noch unterhalb der Sankt-Helena-Bai wohnen. Tachart hat richtig geschrieben, daß sie mit den Soussaquas einen ewigen

Bund gegen ihre Nachbarn, die Chirigriquas, geschlossen haben, kraft dessen sie bei Streitigkeiten gemeinsam gegen diese zu Felde ziehen. 1706, kurz nach meiner Ankunft, hat die Compagnie einen Frieden zwischen ihnen gestiftet.

An der Sank-Helena-Bai wohnen die Chirigriquas. Sie sind sehr zahlreich, haben große Körperkräfte und können ihre Wurfspieße oder Assageien sehr weit werfen. Das Land ist noch ziemlich gut, besser auf jeden Fall als das der beiden vorher erwähnten Nationen, aber nicht so gut als das der Gunjemanns. Mitten durch fließt ein schöner Fluß, der wegen der vielen dort lebenden Elefanten Elefantenfluß genannt wird. Zu beiden Seiten dieses Flusses gibt es zahlreiche Felsen. In den Tälern wachsen nicht nur schöne Blumen und andere Kräuter, sondern man trifft auch sehr große Schlangen dort an. Es gibt auch einen großen Wald in diesem Land, in dem die unterschiedlichsten Baumarten stehen. In diesem Wald halten sich auch vielerlei wilde Tiere auf, wie Löwen, Tiger, Leoparden, Elefanten, Rhinozerosse, Wölfe und andere. Deswegen ist das Reisen hier auch sehr gefährlich, besonders auch, weil man wegen des dicken Unterholzes nicht weit sehen kann.

Noch weiter nach Norden kommt man zu den zwei Nationen, die die Großen und Kleinen Namaquas genannt werden. Die Kleinen Namaquas wohnen am Meer, die Großen Namaquas etwas weiter im Landesinnern. Sie leben beide voneinander getrennt und haben keine gemeinsame Regierung. Es gibt etwa 12000 bis 20000 von ihnen.

Ihr Land ist nicht das beste, da es dort viele rauhe Berge gibt. Es kommt etwa dem Land der Chirigriquas nahe, da der Elefantenfluß mit einem Bogen auch durch ihr Land fließt. Außer dem Fluß gibt es dort nur Brack- oder salziges Wasser. Dies ist auch der Grund, daß man sich ihrem großen Land so selten nähert.

Die oben genannten Berge sind kahl und ohne Holz, ja es ist kaum Gras auf ihnen anzutreffen. An Holz gibt es in diesem Lande nur Gesträuch, Äste und dergleichen. Sie finden kaum so viel, daß sie außer dem benötigten Brennholz ihre Schafkrale umzäunen können.

Es gibt dort sehr viel Wild, wie Elefanten, Rhinozerosse, Wildesel und eine Art bunter oder gefleckter Böcke, die man in der Nähe des Vorgebirges niemals sieht. Sie haben weiße und gelbe Flecken durcheinander, sind den europäischen Böcken in der Größe nicht vergleichbar, aber überaus schnell auf der Flucht. Man trifft sie selten einzeln an, wohl aber oft in Herden von über 1000 Stück. Ihr Fleisch schmeckt nicht unangenehm, eher wie Reh- oder anderes Wildfleisch. Es ist auch ziemlich fett, und man braucht weder Butter noch Fett, wenn man es kochen will.

Nördlich von den Namaquas wohnen noch die Attaquas. Ihr Land ist auch unfruchtbar, und man findet sehr wenige fruchtbare Täler, da ein großer Wassermangel herrscht. Die Bewohner sind so zufrieden, als ob sie in den fruchtbarsten Gegenden wohnten. Sie haben wenig Vieh und essen meist Wildbret, von dem es eine ziemliche Menge gibt.

Man hört wenig davon, daß sie von anderen belästigt würden, und noch weniger, daß sie anderen Schaden zufügen. Wenn es notwendig ist, ihre Leute zusammenzurufen, laufen sie auf die Berge und entzünden dort ein großes Feuer, so daß man bei Tag den Rauch und bei Nacht das Feuer sehen kann. Sobald nun die anderen dies sehen, laufen sie an diesen Ort und stellen sich in Positur, um sich zu verteidigen.

Von den Gunjemanns am Vorgebirge nach Osten hin wohnen die Koopmanns, die ihren Namen von einem Häuptling haben, der so heißt. Sie bewohnen ein großes und ausgedehntes Gebiet, in dem sich bereits die Europäer

Vostellung eines Rhinoceros, Fig: 2. pag: 160.

ephanten. Fig:3. pag: 148.

niederzulassen beginnen und das Land bebauen. Gegen das Meer hin ist es zwar nicht sehr breit, zum Innern hin breitet es sich aber weit aus. Obwohl sich viele Berge darin befinden, ist das Land doch sehr fruchtbar; es gibt auch keinen Mangel an Süßwasser. Außerdem gibt es genügend Wild für einen Jäger. Auch an Salz mangelt es nicht, so daß dem Lande eigentlich nichts fehlt als eine europäische Kultur, die den verborgenen Reichtum der Fruchtbarkeit an den Tag bringen könnte.

Landeinwärts grenzen die Hessaquas an, die keinen Fußbreit Land an der Küste besitzen. Sie sind sehr reich und besitzen große Herden an Schafen und Großvieh, die oft ein ganzes Feld bedecken und doch dick genug werden. Auch an Tragochsen besitzen sie mehr als manche andere Nation. Sie kommen sehr oft zum Vorgebirge und tauschen Vieh gegen andere Waren, wie Tabak, Perlen und ähnliches. Dies würden sie sicherlich nicht tun, wenn sie nicht genügend Vieh hätten.

Daß sie mächtig sind, ersieht man auch daraus, daß sie mehr Krale oder Dörfer haben als andere Nationen in der Nähe. Viele von dieser Nation haben sich bei den Europäern als Knechte verdingt, weil sie dort guten Lohn bekommen, von dem sie sich dann Schafe kaufen können. Sie versuchen nicht, das Kriegshandwerk zu erlernen, und haben auch keine Lust zum Kriegführen. Sie versuchen, mit Sanftmut und guten Worten ihre Streitigkeiten beizulegen. Wenn es aber doch mit ihren Nachbarn zu einer Auseinandersetzung kommen sollte, dann kämpfen sie mit solchem Mut und Herzhaftigkeit, daß sie meist den Sieg davontragen. Ihre Widersacher wissen dies und versuchen aus Rache, einige Stücke ihres Viehs zu rauben. Das ist dann oft der Beginn neuer Kämpfe, und es gibt dann blutige Köpfe, bis die Compagnie zu Hilfe gerufen wird und einen Frieden stiftet.

Weiter nach Osten und über den Koopmanns-Hottentotten leben die Sonquas. Sie sind mutig, keck, stark und schnell, besonders wenn sie gegen andere in den Krieg ziehen. Da ihr Land eines der schlechtesten in dieser Gegend ist, so treibt sie die Not, Krieg zu führen. Ich habe aber nicht gesehen, daß sie ihre Assageien geschickter benutzen als andere Nationen. Ihr Land besteht meist aus rauhen Klippen und felsigen Bergen, auf denen es nur etwas Holz gibt, das sie zum Unterhalt des Feuers während der Nacht gegen Löwen und andere wilde Tiere benötigen. Es gibt nicht allzu viel Wild dort, und wenn sie ein Stück davon sehen, ist es gewiß bald getötet, da sie sich meist von dem Fleisch des Wildes ernähren. Ein Schaf oder Ochse wird nur im äußersten Notfall geschlachtet. Sie haben auch genug Wurzeln und andere Früchte, von denen sie sich auch ernähren.

Aus den hohlen Bäumen holen sie mit der größten Vorsichtigkeit den Honig der Bienen heraus. Sie essen ihn aber nicht gerne, sondern bringen ihn den Europäern und tauschen dafür Tabak, Pfeifen, Wein oder Branntwein, aber auch Messer, wenn sie diese benötigen. Einem Europäer kommt ein solcher Sack Honig nicht sehr teuer. Die Europäer, die im Lande wohnen, machen sich Honigbier davon, welches, wenn es frisch ist, ein guter kühlender und gesunder Trank ist, wenn es aber 14 Tage oder älter ist, gewinnt es solche Kräfte, daß man einen Rausch davon bekommt, obwohl es aus nichts anderem als Wasser und Honig besteht.

Weiter im Lande wohnen die Dunquas in einem der besten und fruchtbarsten Gebiete. Es ist meist ganz flach und hat keinen Mangel an gutem Wasser. In den Auen und auf den Hügeln wächst das schönste Gras, so daß es hier genug Vieh gibt. Auch das Wild findet genügend Futter und Wasser, und die Hottentotten können viel von ihm erlegen.

Die Damaquas wohnen weiter im Osten am Meer in einem ebenso gesegneten Land, in dem allerlei Früchte wachsen, wie Wassermelonen, Dacha oder wilder Hanf. Das Land ist flach und liefert Gras genug, um die größte Herde zu ernähren. Es gibt daher auch genug Vieh, und auch an wilden Tieren ist kein Mangel. Dagegen gibt es wenig Bäume oder anderes Holz, das sie verwenden können, und daher müssen sie oft weit herumlaufen, bis sie ihren täglichen Bedarf zusammengetragen haben.

Weiter nach Nordosten hin wohnen die Gauros, deren Land sehr klein, aber doch noch ziemlich fruchtbar ist, und es mangelt weder an Gras noch an Wasser, viel weniger an Holz. Daher gibt es dort auch viel Vieh und Wild, von letzterem erlegen die Leute ziemlich viel, so daß sie sogar Karosse aus Tigerfell tragen.

Noch weiter nach Nordosten leben am Strand die Houteniquas, deren Land voller schöner Bäume und dichter Wälder ist. Wegen der Fruchtbarkeit findet man hier viel Vieh und wilde Tiere, die sich wegen des herrlichen Futters und frischen Wassers reichlich fortpflanzen.

Das Land der Chamtouers, das daran anschließt, ist ganz flach und eben, hat wenig Berge, aber auf den Wiesen Gras genug, das bis zu den Knien reicht. Es gibt dort viele, aber kleine Wälder, in denen die schönsten, geradesten und höchsten Bäume des ganzen Landes gefunden werden.

Noch weiter im Nordosten lebt die Heykoms-Nation in einem Land, das im Vergleich zu dem vorigen sehr schlecht ist, voller Klippen, Gebirge und unfruchtbarer Hügel. Da es zwischen diesen aber auch fruchtbare Wiesen gibt, kann das viele Vieh ernährt werden.

Hier fängt nun das Land Natal an, in dem die Kaffern wohnen. Sie unterscheiden sich von den Hottentotten, obwohl sie auch Karosse tragen, darin, daß sie sich nicht beschmieren. Auch haben sie keine solche kluckernde Sprache und wohnen in viereckigen Lehmhäusern. Diese Kaffern sollen auch mit den Seeräubern aus dem Roten Meer Handel treiben und ihnen für Seide, Damast und andere Waren Elefantenzähne geben. Die seidenen Waren verkaufen sie an andere Schiffe, bekommen dafür Pech, Tran und Ankertaue, die sie dann wieder an die Seeräuber verschachern.

Doch genug davon. Ich glaube, ich habe nun diejenigen Nationen, die ich teils selbst besucht, teils von glaubwürdigen Leuten beschrieben bekommen habe, mit ihrem Land weitläufig genug beschrieben.

Gleichwohl möchte ich noch eine allgemeine Anmerkung machen, daß bei allen diesen Nationen Bösewichte gefunden werden, die nicht nach den Gesetzen leben wollen, sondern nur rauben und stehlen. Diese werden aus der Gesellschaft der anderen verbannt und dürfen sich bei ihnen nicht mehr sehen lassen. Sie rotten sich zusammen, halten sich an unzugänglichen Orten in den Bergen auf und versuchen, Vieh zu stehlen. Dieses treiben sie dann sogleich ins Gebirge, schlachten und verzehren es und gehen dann wieder auf Raub aus. Alle diese Strauchdiebe oder Räuber nennt man Buschmänner. Sie sind den anderen Hottentotten so verhaßt, daß diese keinem, der gefangen wird, Pardon geben, sondern ihn nach ihren Gesetzen zum Tode verurteilen.

Einige Nationen, vor allem die Heykoms, ziehen ins Feld gegen sie, und wenn sie diese treffen, führen sie keinen großen Wortwechsel miteinander, sondern gehen so heftig aufeinander los, daß normalerweise die Buschmänner unter großen Verlusten sich zurückziehen.

DER 4. BRIEF

Von der Regierungsform der Hottentotten und wie diese beschaffen ist

Alle mir bekannten Schriftsteller, die etwas über die Hottentotten geschrieben haben, sagen, jedes Dorf oder Kral habe seinen eigenen Capitain oder Häuptling, so als ob es in jedem Land nur ein einziges Dorf gebe und dessen Häuptling der Beherrscher des ganzen Landes sei. Die Erfahrung zeigt aber, daß es in jedem Lande viele Krale und daher auch viele Häuptlinge gibt.

Mir ist ein Capitain Knapkoek bekannt, der nur einen einzigen Untertanen hatte, da die anderen alle von den Buschmännern erschlagen wurden, die ihnen auch das gesamte Vieh raubten.

Man muß diese Capitaine aber auch als Oberste betrachten, da sie mit ihren Männern in den Krieg ziehen und sich mit anderen Kralen ihrer Nation verbünden, um gemeinsam gegen die zu kämpfen, die sie in ihrer Ruhe stören wollen.

Die Häuptlinge haben vollkommene Macht über ihre Leute, wenn diese gegen die Gesetze verstoßen und etwa bei Ehebruch, Diebstahl, Mord, Räuberei, Landesverrat und dergleichen ertappt werden oder durch unparteiische Zeugen überführt werden. Ihre Macht ist jedoch ziemlich eingeschränkt, wenn es sich um Angelegenheiten der ganzen Nation handelt. Kein Capitain kann ohne Wissen der anderen dann etwas unternehmen, sondern alle müssen gemeinsam beratschlagen und das Beschlossene ausführen.

Die Häuptlinge sind einem Herrn unterworfen, der ihnen in den, das ganze Volk betreffenden Angelegenheiten zu befehlen hat. Keine Nation wird ohne Zustimmung ihres

Herrn, den sie Kouqui nennen, Krieg anfangen oder Friede schließen. Dieser Oberhäupling muß mit in den Kampf ziehen und das Kommando führen. Die Schlacht findet nicht eher ein Ende, bis der Oberhäuptling entweder davonläuft oder tot auf dem Platze bleibt. In ersterem Falle folgen ihm die anderen sofort in größtem Durcheinander.

Einen solchen Oberhäuptling habe ich bei den Hessaques gesehen, mit einer prächtigen messingenen Krone auf dem Kopf, die ihm die Holländer geschenkt hatten. Andere Holländer haben einen solchen auch bei den Chamtouers angetroffen, der im Kampf während der ganzen Zeit auf einer krummen Pfeife blies und dadurch sein Volk kommandierte.

Dieser Oberhäuptling trägt kein Zeichen seines höheren Ranges. Er führt auch keine andere Hofhaltung als nur in seinem Kral. Außerdem genießt er keine Einkünfte aus seinem Amt, sondern muß sich mit dem begnügen, was ihm sein Vieh an Nutzen und Nahrung liefert. Er hat mit den anderen Häuptlingen gemein, daß, wie diese in ihren Dörfern allezeit in der Mitte eines Kreises sitzen, er bei der Zusammenkunft der Häuptlinge den Platz im Mittelpunkt innehat.

Der erstgeborene Sohn ist der Erbe des Häuptlings. Gibt es aber keinen Sohn eines Häuptlings, so fällt das Amt nicht auf die älteste Tochter oder jemand anders vom weiblichen Geschlecht, sondern es wird der nächste aus dem Blut genommen.

Mein Herr sieht also, daß die hottentottische Regierung so dumm, albern und einfältig nicht sein kann, wie man vorher gedacht hatte, als man diese und andere Dinge nicht wußte. Wie der Oberhäuptling, so haben auch die Häuptlinge keine besonderen Einkünfte, sondern sie leben von ihrem Vieh. Als Zeichen tragen sie einen Karoß aus Tiger-

oder Tigerbuschkatzenfellen und einen Stock mit einem messingenen Knopf, den sie von der Compagnie geschenkt bekommen.

Wenn der Oberhäuptling oder ein Häuptling eingesetzt werden, so müssen sie einen fetten Ochsen oder ein paar fette Hammel schlachten, und jener muß alle Häuptlinge, dieser aber alle Männer seines Krals damit verpflegen. Die Frauen bekommen davon nichts außer der Suppe. Es kann aber auch geschehen, daß die Frau des Oberhäuptlings oder des Häuptlings nochmals schlachtet und dann nur die Frauen bewirtet, während die Männer nur die Suppe bekommen.

Damit alles seine Ordnung hat, gehen sie mit Willen und Wissen ihres Häuptlings gemeinsam oder allein oder auch zu zweien auf die Jagd, um wilde Tiere zu erjagen, und dadurch ihre Herden zu schonen. Auch haben sie den Brauch, daß sie einen Mann auswählen, der sich auf Kräuter, chirurgische und andere medizinische Handgriffe versteht, und der bei ihnen in ihrem Kral das Amt des Doktors und Baders wahrnimmt. Dieser Mann wird nicht vom Häuptling, sondern von den alten Männern erwählt. Seine ganze Wissenschaft besteht nur aus einer rauhen Kenntnis, die auf Erfahrung beruht. Wenn sie nur die Kräuter suchen und benennen können, sich auf das Schneiden, Schröpfen und andere unwichtige Kleinigkeiten verstehen, dann haben sie schon genug Befähigung, dieses Amt wahrzunehmen. Es gibt niemand, der, wenn er krank ist, sich nicht gerne einem solchen Arzt anvertrauen würde, besonders dann, wenn er vorher schon Kleinigkeiten geheilt hat. Stirbt ein solcher Doktor, so ist sein Amt nicht erblich wie bei dem Häuptling, sondern die anderen Alten wählen einen neuen. Findet sich im Kral jedoch keiner, so holen sie einen aus einem anderen Kral und übergeben sich ihm, wenn sie krank sind.

Gibt es aber alte Weiber, die sich auf Kräuter und das Schneiden verstehen, so kurieren diese in der Zwischenzeit und helfen den Kranken. Doch ziehen die Hottentotten die Männer den Weibern vor. Er kann auch nicht früher in diese Funktion gelangen, bevor er nicht mindestens 40 bis 50 Jahre alt ist.

Wenn der Arzt nun Medikamente bereiten muß, läßt er niemand zusehen, sondern begibt sich in das freie Feld, wo er allein ist und sein Pulver oder Trank zusammenstellt. Diese bringt er dann dem Kranken und läßt sie einnehmen. Keiner weiß, was er bekommt, erfährt es auch nicht, wenn er gesund ist, weil der Arzt Sorge hat, es könnte ihm jemand ins Handwerk pfuschen.

Obwohl sie nicht geprüft werden und es auch niemand gibt, der eine Prüfung vornehmen könnte, kennnen sie doch für diesen oder jenen Zustand gute Sachen zum Einnehmen, da die wenigsten ihrer Patienten sterben. Wenn einer stirbt, bei dem ihre Medizin nicht angeschlagen hat, so haben sie als wichtigste und immer geglaubte Ausrede, der Patient sei verzaubert gewesen, und da man nicht wüßte, von wem oder warum, so hätte auch ihre Arznei nicht wirken können. Mit dieser Ausrede erhalten sie sich allezeit einen guten Kredit.

Neben dem Doktor gibt es im Kral auch einen, der das Amt eines Geistlichen wahrnimmt, obwohl er selbst weniger weiß als die anderen. Aber wie sollten sie auch viel wissen, da sie weder Buchstaben noch Schrift besitzen, sondern alles durch Überlieferung weitergeben. Diesen Geistlichen nennen sie Suri. Er muß weder viel Gebete noch Fürbitten verrichten, sondern muß nur in allen ihren Sitten und Gebräuchen, von denen es sehr viele gibt, gut Bescheid wissen.

Er wird ebenso wie der Doktor von den ältesten Männern eines Krals ernannt. Auch ist sein Amt nicht erblich. Die wichtigsten Zeremonien sind zu wissen, wie man sich in diesem oder jenem Fall beim Opfern verhalten muß. Er muß wissen, wie ein Testikel herausgenommen wird, was geschieht, bevor ein Mann heiraten darf. Es obliegt ihm auch, das Loch nicht nur mit Fett und heilsamen Kräutern wieder zu füllen, sondern es auch ohne Nadel und Faden und Zwirn wieder zuzunähen und zu heilen. Sie müssen außerdem wissen, wie es beim Hochzeiten zugeht, was sie bei den Kindbetterinnen machen müssen und schließlich den Leichen ihren Dienst erweisen.

Dieses Amt kann auch ein Fremder und ein aus einem anderen Kral Hergekommener oder jeder, der sich dazu imstande fühlt, wahrnehmen. Es darf jedoch unter keinen Umständen ein Weib sein.

Die beiden Ämter werden nicht hoch geachtet und ihren Weibern wird keine große Ehre angetan, und sie werden im Rang nicht höher gestellt als andere.

So wie der Oberhäuptling und der Häuptling nichts für ihre Mühe bekommen, so erhalten auch der Doktor und der Geistliche keinen Lohn. Es sei denn, daß sie dann und wann ein Lamm geschenkt bekommen, oder daß sie bei dem Essen dabei sein dürfen, wenn geopfert wird.

DER 5. BRIEF

Von der Hottentotten Gottesdienst und wie sie denselben verrichten oder dem Schöpfer aller Dinge Ehre erwiesen

Es ist unfehlbar gewiß, daß alle Hottentotten an einen Gott glauben und ihn erkennen. Sie schreiben ihm nicht allein die Schöpfung zu, sondern gestehen auch ein, daß er noch alles regiert, bewegt, allem das Leben gibt und solche Eigenschaften an sich hat, die sie selbst nicht aussprechen können. Sie nennen den Mond als ihren sichtbaren Gott Gounia, den unsichtbaren Gott aber Gounia Ticquoa, das ist: Gott aller Götter.

Eine Art ihres Gottesdienstes ist das Tanzen gegen den Mond. Sie zeigen ihm als ihrem sichtbaren Gott Ehre. Ich habe viele Jahre nacheinander wahrgenommen, daß sie bei Neu- und Vollmond ganze Nächte hindurch singen und tanzen, so daß sie durch starkes Schreien und Händeklopfen ziemlich weit gehört werden. Es ist auch sehr seltsam anzusehen, welche Grimassen diese Menschen dabei machen. Bald legen sie sich mit bloßem Leib auf die Erde und schreien und singen aus vollem Hals einige unverständliche Wörter. Dann richten sie sich wieder auf, sehen nach dem Mond und singen dabei: Mutschi Atzé (seid gegrüßt oder willkommen), Senihar eatzé (mache, daß wir viel Honig bekommen), Choraquakahá chori Ounqua (mache, daß unser Vieh zu fressen bekommt und viel Milch gibt).

Gleichzeitig klopfen sie sehr stark in die Hände und tanzen herum. Sie wiederholen diese und andere Wörter unzählige Male. Schließlich beenden sie den Tanz mit dem Gesang Ho, Ho, Ho, Ho. Wenn sie von Schreien und Tanzen müde sind, richten sie sich gerade auf, sehen nach dem Mond und murmeln einige unverständliche Wörter vor

Wie die Hottentotten den Mond al

n sichtbaren Gott verehren. pag: 411

sich hin. Sie schlagen dabei abermals in die Hände und stampfen mit den Füßen vor Freude, daß der Boden erzittert. Sie drehen und bewegen gleichzeitig den Leib bald auf diese, bald auf jene Seite, bald vorwärts, bald zurück. Man kann aber nicht verstehen, was sie damit eigentlich sagen wollen. Dann fangen sie wieder an, Mutschi Atzé zu singen, und schreien so stark, daß man sich die Ohren zuhalten muß, wenn man zu nahe dabei steht.

Wenn sie dann endgültig müde geworden sind, sich heiser geschrien haben und ihnen die Füße vom Stampfen und Tanzen weh tun, setzen sie sich etwas auf die Erde nieder oder ruhen auf den Knien und singen erneut, aber ganz leise. Dadurch entsteht eine richtige Katzenmusik, vor der man sich die Ohren zustopfen muß. So verfahren sie die ganze Nacht hindurch und den folgenden Tag und verrichten so ihren vermeintlichen Gottesdienst, ohne daß einer von ihnen etwas ißt oder nach Hause geht, um etwas zu holen.

Wer sollte denn wohl nun leugnen, daß dieses Tanzen, Singen und Schreien zur Zeit des Neu- und Vollmondes kein Gottesdienst wäre? Ich bin dessen ganz sicher und weiß, indem ich ihren Eifer dabei beobachte, daß sie viele Millionen Christen beschämen.

Die Hottentotten sagten mir oft, sie müßten den großen Capitain oder Gott nicht fürchten, weil er ihnen allezeit nur Gutes tue. Es gäbe aber noch einen anderen Capitain, von dem einige von ihnen Zaubern gelernt hätten; dieser täte ihnen niemals Gutes, sondern allezeit nur Böses, und diesen müßten sie fürchten. Wie mir dünkt ist dies der Teufel, obwohl sie ihn niemals genannt haben. Sie nennen ihn dagegen Touquoa.

Wenn man sie fragt, wie sie diesen Capitain, der ihnen allzeit Böses antut, verehren, sagen sie, daß sie zuweilen ihm zu Ehren ein Schaf oder einen Ochsen schlachten, wenn sie bemerken, daß ihnen ein großes Unglück bevorsteht. Das Fett dieser Tiere nehmen sie und schmieren sich damit ein, das Fleisch aber essen sie auf, und dadurch würde der böse Capitain versöhnt. Als Ursache dieser Handlung geben sie an, es sei allezeit so üblich gewesen.

Hierdurch scheint mir klar, daß sie zwei Götter haben, einen guten und einen bösen. Dem guten dienen sie durch Tanzen und Singen, dem bösen durch Demut, Furcht und Ehre, beiden zusammen aber, wie noch gezeigt wird, durch Opfern und Viehschlachten.

Sie haben noch mehr als zwei Götter, obwohl bisher niemand davon etwas geschrieben hat. Es findet sich nämlich in diesem Land ein gewisses Insekt, ungefähr so lang wie der Finger eines kleinen Kindes und auch so dick. Dieses hat acht Füße, auf dem Kopf zwei Hörner und zwei Flügel. Es ist auf dem Rücken grün, mit roten und weißen Punkten. Dieses Insekt erachten sie als einen Gott. Wenn sie es sehen, besonders aber wenn es in ihren Kral kommt und sich auf den einen oder anderen niederläßt, erweisen sie ihm göttliche Ehre. Sie verbringen einige Stunden mit Singen und Tanzen und bestreuen es auch mit pulverisiertem Kraut, das sie Buchu nennen, die Botaniker aber Spiraeam. Nicht nur dieses Tierchen wird mit Buchu bestreut, sondern der ganze innere Platz des Krals. Sie haben die feste Hoffnung, daß dieses Tierlein etwas Gutes mit sich bringt.

Aus Dankbarkeit, daß es ihnen die Gnade erwiesen hat, ihren Kral zu besuchen, schlachten sie als Opfer zwei fette Schafe und nennen diese Zeremonie »Andersmachen«, was so viel bedeuten soll, daß sie nun andere Leute geworden sind. Sie bilden sich ein, daß ihnen durch dieses Handeln ihre Sünden vergeben würden oder, um es mit ihren Worten

Wie die Hottentotten einen gewißen Insecto Göt

Fig: II. pag: 416.

Ehre erweisen und was sie dabey vor Cerimonien beobacht

auszudrücken, »Wir glauben, daß wir künftig nur Gutes und nichts Böses mehr tun werden«.

Wenn dieses Insekt sich auf einem unter ihnen im Kral niederläßt, so ist dieser ein unfehlbar heiliger Mann, dem alle Sünden vergeben wurden. Denn, so sagen sie, dieses Tierlein hat uns den Mann gezeigt, der unter uns der Heilige ist. Sie schlachten dann aus Dankbarkeit den besten und fettesten Ochsen ihrer Herde. Mit dessen Därmen und dem daranhängenden Fett sowie mit dem Magen schmücken sie den Heiligen, indem sie ihm den Magen warm um seinen Hals hängen, nachdem sie ihn zuvor mit Buchu gewürzt und zu einem Strick zusammengedreht haben. Diesen Magen muß der Heilige um seinen Hals tragen bis er abfällt, er kann soviel stinken wie er will, oder aber bis das Tierlein erneut in den Kral kommt und sich auf einem anderen niederläßt. Dann beginnen sie diese Zeremonie aufs neue, und der erste Heilige darf den stinkenden Magen vom Haken nehmen und mit dem noch daran befindlichen Fett seinen Karoß oder aber seinen Leib beschmieren.

Die Därme mit dem daranhängenden Fett werden ihm übergeben, nachdem zuvor der darin befindliche Unrat mit den Fingern herausgedrückt, sie umgedreht und gespült wurden. Aus diesen Därmen muß er sich eine Mahlzeit bereiten und diese genießen. Die anderen aber ziehen dem Ochsen das Fell ab, kochen das Fleisch und sind fröhlich. Der Heilige bekommt jedoch von dem Fleisch keinen Bissen. Die Suppe ist für die Weiber.

Setzt sich aber das Insekt auf eine Frau, so wird diese zur Heiligen erklärt, und es geschieht alles ebenso, nur daß dann die Weiber das Fleisch des Ochsen verzehren und die Männer mit der Suppe vorlieb nehmen müssen.

Sie fangen oder töten dieses Tier nicht, da sie glauben, daß es ihnen Unglück bringt, wenn es gefangen wird, und wenn es in ihrer Gegenwart sterbe, so müßten sie allesamt sterben, oder ihr Vieh würde durch wilde Tiere umkommen.

Die Hottentotten haben heilige Orte, bei denen ihren Voreltern große Wohltaten geschehen sind. Es sind meist wüste und sichtbare Hügel oder Flüsse, die man hin und wieder findet. Sie gehen niemals an einem solchen Ort vorbei, ohne dem Heiligen, der ihrer Meinung nach dort wohnt, einen Dienst zu erweisen. Meist tanzen sie etwas herum und singen leise dabei. Manchmal klatschen sie auch in die Hände oder setzen sich etwas nieder, hüllen den Kopf in den Karoß und singen ein Liedchen. Es hängt ganz vom Verdienst des Heiligen, ihrer Zeit oder auch vom Wetter ab. Wenn man sie fragt, weshalb sie dies machen, so sagen sie, daß ihnen oder ihren Vorfahren dort Gutes geschehen sei, und deswegen würden sie aus Dankbarkeit immer tanzen und singen, ohne daß sie wissen, wer ihnen Gutes getan hat.

Wenn die Hottentotten durch einen tiefen und besonders schnell fließenden Fluß wollen, besprengen sie sich vorher mit Wasser und beschmieren ihre Stirn mit dem Sand oder Schlamm des Ufers. Durch das Besprengen mit Wasser bitten sie dieses, ihnen kein Leid zuzufügen. Die Stirn bestreichen sie mit Sand oder Schlamm, damit ihr Kopf leicht wird und immer über dem Wasser bleibt.

DER 6. BRIEF

Von den Opfern der Hottentotten oder, wie sie es zu nennen pflegen, vom Andersmachen, besonders auch von der Extirpation der Hoden

Die Hottentotten nennen alle noch zu erzählenden Bräuche »Andersmachen«.

Sie machen vor allem anders, wenn sie Mannspersonen einen Testikel oder Hoden aus dem Säcklein schneiden, welches alle Männer auszustehen haben. Ich habe etliche hundert Männer mir angesehen, und alle hatten nicht mehr als einen Hoden. Ich habe aber niemals Kinder gesehen, von drei, vier, fünf oder sechs Jahren, die bereits die Ausschneidung überstanden hätten. Sie ist an kein Lebensalter gebunden, sondern wird sowohl an Kindern von 8 oder 9 Jahren als auch bei mannbaren Leuten vorgenommen.

Derjenige, dem der Testikel herausgeschnitten werden soll, wird von den anderen, bereits beschnittenen Hottentotten mit dem Rücken auf die Erde gelegt. Seine Hände und Füße werden ausgestreckt und mit Stricken festgebunden. In dieser Stellung kann er sich so wenig bewegen wie ein armer Sünder, der aufs Rad gelegt wird. Die noch nicht beschnittenen Hottentotten dürfen nicht dabei sein.

Dann knien die Hottentotten auf seinen Armen und Füßen, damit er sich noch weniger bewegen kann, und einer schließlich legt sich auf seine Brust, um ihn niederzudrücken und zu verhindern, daß er das Schneiden sieht.

Wenn dies alles geschehen ist, tritt derjenige alte Hottentotte, der die Operation ausführen soll, herbei, nachdem er zuvor sein gewöhnliches Messer auf einem Stein geschliffen und geschärft hat, faßt den Hoden in die Hand, macht einen etwa vier Zentimeter langen Schnitt hinein und drückt den

Testikel heraus. Diesen schneidet er dann hinten an seinem Ende ab.

Diesen Hottentotten nennen sie den »alten Herren«. Der Titel ist bei ihnen in so großem Ansehen, wie es bei den Juden der eines berühmten Rabbi ist. Er wohnt entweder bei ihnen oder wird aus einem anderen Kral herbeigerufen.

Wenn die Operation beginnen soll und der Patient gebunden wird, so gehen einige aus dem Kral hin und nehmen eins der fettesten Schafe seines Vaters und schlachten es auf ihre Weise. Sie nehmen dann, ehe es tot ist, die Gedärme zusammen mit dem Netz und dem Fett heraus und bringen es dem alten Herren. Dieser formt aus dem Fett, nachdem er Buchu und andere heilsame pulverisierte Kräuter darunter gemischt hat, eine Kugel, ungefähr so groß wie der Testikel gewesen ist, und steckt sie statt des abgeschnittenen Testikels durch die Wunde hinein.

Nachdem nun dieses warme und mit den Kräutern, die besonders heilsam sein müssen, gut durchmischte Fett an die Stelle des Testikels gekommen ist, näht der alte Herr die gemachte Wunde wieder zu. Er benutzt dazu einen scharf gemachten und zu einem Pfriem zugespitzten Vogelknochen als Nadel. Als Faden verwendet er die Sehne eines Ochsen oder häufiger die eines Schafes, die aus dem Rückgrat des Tieres gezogen wird.

Es ist sehr verwunderlich, daß die Patienten dabei ganz geduldig sind und nicht allzu stark schreien. Sobald ihm die Stricke abgenommen sind, tritt der alte Herr wieder zum Patienten und beschmiert mit dem übrigen Fett der Nieren seinen ganzen Leib, bis es herab tropft. Weil er während des Schmierens hin und her bewegt, auch auf den Bauch gelegt wird, so kann man sich vorstellen, daß die neuen Schmerzen noch stärker sind.

Schließlich kommt der besagte alte Herr, nimmt sein

eigen Membrum virile in die Hand und benetzt seinen ganzen Leib mit seinem Urin. Der Patient muß mit seinen Händen sich mit diesem köstlichen Wasser gleichsam abwaschen und damit auch den zuvor in das Fett eingedrungenen Kot. Dadurch zieht er mit seinen kurzen Nägeln gleichsam Furchen über seinen beschmierten Leib, die er hernach mit der flachen Hand wieder zustreichen muß.

Dies ist gleichsam die letzte Ölung, die ihm gegeben wird, da sie dann nicht weiter nach ihm sehen, sondern ihn liegen lassen, wo er liegt, bis er sich endlich auf allen vieren, da er immer noch nicht gehen kann, in ein nahebei stehendes und für ihn neuerbautes Haus begibt, wo er noch etwa zwei bis drei Tage empfindliche Schmerzen hat. Danach macht er sich wieder auf und läuft davon; er marschiert auch überall mit der gleichen Schnelligkeit wie zuvor. Er weiß aus der vielfältigen Erfahrung, daß die gemachte Wunde bald heilt und auch sonst kein Ungemach zurück bleibt.

Wenn das geschlachtete Schaf gekocht ist, verzehren sie es untereinander mit Lustigkeit. Der Patient erhält davon keinen Bissen, sondern muß sich mit dem an ihm verschmierten Fett genügen und den Essenden zuschauen.

Selbst die Weiber bekommen nichts davon, welche niemals mit ihren Männern zusammen essen dürfen. Sie sind vergnügt und zufrieden, wenn ihnen die Männer die Suppe zukommen lassen, wie es auch gebräuchlich ist. Im übrigen sind sie ebenso wie die Männer, doch nur untereinander, miteinander fröhlich, tanzen und springen, rauchen Tabak oder Dacha und sind über die gelungene Beschneidung recht fröhlich, während der arme Patient sich vor großen Schmerzen kaum regen kann.

Wenn sie nun den ganzen Tag und den größten Teil der darauffolgendenNacht fröhlich gewesen sind, kommen die Männer bei anbrechendem Tag wieder zusammen, bestreuen ihre Köpfe mit Buchu, nachdem sie vorher etwas getanzt und ein Gebet gemurmelt haben. Danach beschmieren sie auch ihre Leiber mit dem vom gekochten Schaf übriggebliebenen Fett derart, daß sie glänzen und dieses bei warmem Sonnenschein von ihnen abtropft.

Damit der alte Herr den Patienten gelinde behandelt und bei der Ausschneidung genau aufpaßt und ihn nicht zu lange plagt, hat er einen bestimmten Lohn zu erwarten, der sich nach dem Reichtum des Patienten richtet: einen Ochsen, wenn er viel Vieh hat, oder ein Schaf, wenn er arm ist. Nachdem er diesen Lohn empfangen hat, kann er sich wieder in sein Haus oder seinen Kral zurückziehen.

Dieses ist also die wahre Geschichte, wie sie bei dem Ausschneiden des linken Testikels beobachtet wird, an welcher nicht zu zweifeln ist, da ich selbst etliche Male dabei gestanden und zugesehen habe.

Der Grund, warum sie dies tun, wird von ihnen selbst unterschiedlich angegeben. Ich glaube schwerlich, daß das Ausschneiden des Testikels die Hauptursache des schnellen Laufens der Hottentotten ist, obwohl ich weiß, das sie es selbst sagen.

Die wahre und hauptsächliche Ursache scheint mir zu sein, daß sie aufgrund ihrer Gesetze nicht bei einer Hottentottin schlafen können oder mögen, solange sie zwei Hoden haben. Denn eine Hottentottin darf keinen Hottentotten bei sich schlafen lassen, solange ihm nicht der eine Testikel ausgeschnitten wurde, weil sie, wenn dieses herauskäme, für eine Hure gehalten würde und deswegen auch totgeschlagen werden dürfte. Es geschieht deswegen auch oftmals, besonders bei den Armen, daß sie mit der Ausschneidung so lange warten, bis die männlichen Jahre herangekommen sind, damit sie nicht ihre Kosten umsonst aufwenden, wenn unterdessen der Junge gestorben sein sollte.

Daß die Weiber aber nur den zulassen, der einen Ballen hat, hat wieder seine Ursachen. Sie fürchten nämlich, daß sie sonst viele Zwillinge bekämen, die sie nur unter bestimmten Bedingungen großziehen können, wie in einem späteren Brief ausgeführt wird. Sie sind ohnedies mit dem übrigen Geburtsglied sehr wohl versehen, wie ich oft gesehen.

Hieraus kann man meines Erachtens unfehlbar folgern, daß, weil diese Ausschneidung nicht in zarter Jugend, sondern erst im 8. oder 9. Jahr, meistens aber in solchem Alter geschieht, da ein junger Mensch seine mannbaren Jahre bekommt und imstande ist, einer Frau ehelich beizuwohnen, sie an keine bestimmte Zeit gebunden ist. Sie regelt sich nach der Fähigkeit eines Mannes zum Heiraten, welches meistens erst im 18. und folgenden Jahren geschieht.

Wie sie auf diese Torheit gekommen sind, ist schlecht zu erraten, da man nicht weiß, daß es jemals ein Volk auf der Erde getan hat. Es ist zwar von den Juden bekannt, daß sie sich beschneiden. Ob nun diese Leute von den Juden herstammen und unter andere Völker gerieten, die vielleicht anders verfahren; sie haben ihre alte Art der Beschneidung vergessen. Dies könnte aus vielen Übereinstimmungen mit den Juden, davon bereits einige genannt wurden, nicht gar zu unglaublich sein.

Die Hottentottinnen hätten viel eher eine Beschneidung oder vielmehr Ausschneidung nötig als die Männer. Denn diesen wird etwas genommen, was sie nicht entbehren können, jenen aber würde ein Übelstand und schändlicher Lappe weggeschnitten, der sie bisher verstellt, und sie dann den anderen Weibern in Europa gleich machen würde.

Es gibt bei ihnen nämlich ein langes, wie eine dicke Haut gestaltetes und an der übrigen Haut festgewachsenes Stück Fell, das über ihre Scham hinabhängt und diese gleichsam von Natur aus bedeckt. Bei manchen wächst es auch länger und größer und nimmt mit den Jahren so zu, daß es auch oft unter dem übrigen Stück Fell, das sie Kulkroß nennen, herausragt, und man sieht es als einen aus der Haut herabhängenden Riemen.

Ich habe dies oft an ihnen beobachtet und es mir auch als Kuriosität zeigen lassen. Sie zeigen es gegen ein Stück Tabak oder ein anderes Geschenk gern jedem. Woher dies bei ihnen kommt und was die Ursache ist, weiß ich nicht. Ich habe auch nicht gelesen, daß man es bei europäischen Frauen gefunden hat.

Wenn sie heiraten wollen, müssen sie sich nicht nur einen Testikel herausschneiden lassen, sondern sie müssen auch von der Erziehung durch die Mutter gelöst werden und sich würdig machen, um die Gesellschaft der Männer besuchen zu dürfen. Solange ein Sohn, groß oder klein, nicht zum Mann gemacht ist, solange darf er nicht in die Gesellschaft der Männer kommen, er darf auch nicht einmal mit seinem eigenen Vater essen. Er muß sich beständig bei der Mutter aufhalten und ihr so lange nachfolgen und gehorchen, bis er zum Manne gemacht wird. Die noch nicht zum Mann gemachten großen und erwachsenen Leute haben bei ihnen den schändlichen Namen Kutsire oder Milchbärte, Mammensäuger usw.

Wenn er sich zum Mann machen lassen will, erhält er vom Ältesten des Krals den Befehl, sich außerhalb eines Kreises, den die Männer des Krals bilden, auf seine Hacken niederzusetzen, aber mit dem Hintern die Erde nicht zu berühren, sondern etwa drei Finger hoch von derselben zu verharren. Wenn der Älteste dies sieht, redet er einige Worte mit seinen Nebenmännern, tritt dann zu dem jungen Mann und kündigt ihm an, daß er in Zukunft von seiner Mutter Gehorsam, Nachfolge und Zwang befreit sei und sich nicht mehr in ihrer Gesellschaft finden lassen dürfe,

A. wie die Hottentotten einen zum Mann mach
machen. pag: 428.

.:426.B. wie gantze Hottentotts Cralln anders

sonder er müsse sich künftig zu ihnen und seinesgleichen halten und von nun an zeigen, daß er ein Mann sei.

Nach Beendigung dieser Aussprache, die der junge Mann mit jö beantwortet, tritt er etwas näher zu ihm, nimmt sein Membrum virile in die Hand und macht ihn mit seinem Wasser aus der Blase so lange naß wie ein Tropfen herausläuft. Dieses Wasser empfängt der junge Mann mit Lust, wäscht und reibt es hinein, macht auch verschiedene Furchen mit den Nägeln in das an seinem Leib klebende, mit Ruß, Staub und Unflat vermischte Fett. Diese streicht er aber gleich danach mit der flachen Hand wieder zu, so daß man nicht sieht, wo vorher eine Furche gewesen ist.

Wenn auch dieser Akt vorüber ist, wünscht der Älteste aus dem Kral ihm im Namen aller anwesenden Männer mit diesen Worten Glück: tkamma (Glück dazu), Dida Atzé (werdet wacker alt), quoa qua (zeuget viele Kinder), tkumi (es wachse Euch bald der Bart). Damit ist die ganze Sache erledigt und er ist zum Mann gemacht.

Nebenher ist noch anzumerken, daß die Hottentotten sich auch der drei ersten Wörter bedienen, wenn einer niest.

Nachdem nun alle diese Zeremonien vorbei sind und er zum Mann geschlagen worden ist, wird sogleich ein fetter Hammel von den seinigen geschlachtet, das Fleisch und die Eingeweide werden zum Feuer gebracht und teils gekocht, teils gebraten. Wenn es fertig ist, setzen sich die alten Männer mit dem jungen Mann zusammen und essen. Die Alten genießen erst ihren Teil davon und lassen den Jungen solange zusehen. Nachdem sie sich satt gegessen haben, lassen sie endlich auch zu, daß er in ihrer Gegenwart und Gesellschaft das erste Mal essen kann, welches ihm in Zukunft immer bei ihnen und nicht mehr bei den Weibern obliegt.

Ich möchte noch hinzufügen, daß sie durch dieses Mittel dem mütterlichen Gehorsam so sehr entzogen werden, daß selbst das vierte Gebot darunter Not leidet. Denn sie haben nach diesem Akt nicht nur die volle Freiheit, zu heiraten wen sie wollen, sondern es ist ihnen in Zukunft auch keine Schande, vielmehr ein großes Lob, welches ihnen selbst die Mütter spenden, wenn sie hingehen und entweder in Trunkenheit oder aus Bosheit oder im Zorn ihre Mutter kräftig schlagen und mit einem blauen Auge von sich jagen und dabei sagen: Ich stehe nicht mehr unter Eurer Zucht und Disziplin.

Ich habe oben das Wort Kutsire erwähnt und gesagt, daß es ein sehr verächtliches Wort sei, mit dem sich ein alter Hottentotte nicht belegen lassen will. Wenn es aber doch geschieht und andere es gehört haben, so bleibt er unwidersprechlich aus ihrer Gesellschaft so lange ausgeschlossen, bis er anders macht, das heißt, sich wieder ehrlich machen läßt. Denn sie halten viel auf einen ehrlichen Namen, noch mehr aber auf Schmausen und Fröhlichsein.

Weil nun die Gewohnheit einmal eingeführt ist, daß der Beschimpfte nicht eher wieder in die Gesellschaft aufgenommen wird, bevor er einen fetten Hammel geschlachtet hat, so beharren sie auch auf ihr. Wenn er sich zu ihnen setzen will, laufen sie davon und lassen ihn allein sitzen. Er ist deshalb gezwungen, einen fetten Hammel schlachten zu lassen, von dessen Fleisch er nichts bekommt, sondern nur das Fett und die Därme. Die anderen beschmieren ihn mit dem Fett und machen ihn gleichsam aufs neue ihrer Gesellschaft würdig. Es steht ihm frei, die Därme mit dem Blut zu kochen und zu verzehren.

So wenig wie er bekommt auch seine Frau, die sich nebst den anderen Frauen mit der Suppe begnügen muß. Es steht ihm jedoch frei, ihr aus Liebe etwas von seinem Blut und den darein geschnittenen Därmen zukommen zu lassen. Nachdem dies alles geschehen ist, und er sich auf diese Weise wieder hat ehrlich machen lassen, ist er wieder so ehrlich wie ein anderer und braucht sich nicht zu scheuen, in ihrer Gesellschaft wieder zu erscheinen.

Es geschieht auch, daß der ganze Kral »anders machen« will, um sich aus verschiedenen Gründen einen fröhlichen Tag zu machen. Diese Gründe können sein, wenn sie gegen ihre Feinde glücklich gewesen sind und einen Danktag halten wollen; wenn sie viele wilde Tiere, wie Löwen, Tiger, Rhinozerosse, Elefanten und andere, die ihnen und ihrem Vieh Schaden zufügen konnten, erlegt haben; wenn einige unter ihnen krank gewesen und dem Tod wieder entronnen sind und was dergleichen mehr sein möge.

Wenn also der ganze Kral in solchen und ähnlichen Fällen »anders machen« will, so geschieht es auf folgende Weise: Sie erbauen eine Hütte mitten im Kral aus lauter neuen und noch nicht gebrauchten Matten, Stangen und Fellen, damit man eine neue Lebensart zu erkennen geben will.

Sobald angefangen wird, diese Hütte zu erbauen, was nach Sonnenaufgang geschieht, laufen die Weiber und die jungen, noch nicht zu Männern gemachten Hottentotten hinaus und holen grüne Zweige von verschiedenen Bäumen und viele schöne, anmutig und lieblich riechende Blumen, mit denen sie bei ihrer Rückkehr die in der Mitte stehende Hütte bestecken und zu einer richtigen Laubhütte machen.

Nach Bau und Schmücken der Hütte gehen die Männer hin und nehmen den fettesten Ochsen oder auch ein fettes Rind von 1 bis 2 Jahren bei den Hörnern, binden es mit Binsenstricken und werfen es zu Boden. Wenn es auf dem Boden liegt und die vier Füße mit Stricken an Pflöcken befestigt sind, damit es nicht schlagen kann, schlachten sie es auf ihre Weise wie künftig beschrieben werden soll.

Die Männer setzen sich zusammen und verzehren alles Fleisch allein und geben den Frauen nur die Suppe und weiter nichts, nur damit sie sagen können, daß sie auch etwas davon genossen hätten.

Wenn sie nicht so zahlreich sind, daß sie einen fetten Ochsen oder ein Kalb auf einmal verzehren können, so lassen sie nicht gerne etwas bis zum folgenden Tag übrig, sondern setzen sich am Abend und wohl auch in der Nacht wieder zusammen und verzehren das übrige oder doch wenigstens soviel, daß für den folgenden Tag nur sehr wenig übrig bleibt. Unterdessen müssen die Frauen abermals mit guten Augen zusehen und ihre Suppe verzehren, so sie noch etwas übrig haben. Haben sie jedoch nichts mehr übrig, sondern alles auf einmal gegessen, so stopfen sie inzwischen eine Pfeife Tabak und ergötzen sich daran. Es ist zu wissen, daß dies leicht geschehen kann, weil es mehr Weiber als Männer gibt und auch die Kinder mit ihnen essen.

Mittlerweile vergißt man aber zwischen den Mahlzeiten das Fröhlichsein ganz und gar nicht, sondern, sobald das Speisen ein Ende hat, beginnt man mit der Musik. Dazu kommt dann das Tanzen. Dieses Fröhlichsein dauert fast die ganze Nacht hindurch an, ohne daß man sich mit Bier oder Wein oder einem anderen starken Getränk vollsäuft.

Nun ist weiter zu wissen, daß die Hottentotten »anders machen« müssen, wenn sie mit ihrem ganzen Kral von einem Ort aufbrechen und sich wieder an einem anderen Ort niederlassen. Dieses Wegziehen hat zwei Hauptursachen: erstens, wenn sie kein Gras oder Wasser für ihr Vieh und Lebensunterhalt für sich mehr finden, und zweitens, wenn jemand im Kral gestorben ist. Wegen der beiden Ursachen sind auch zwei Beschreibungen erforderlich, von denen ich jetzt nur die erste ausführen möchte, weil die andere besser bei den Begräbniszeremonien erwähnt werden soll.

Wenn sie also aus Futter- oder anderer Lebensmittelmangel von einem Ort zum anderen ziehen, so ist weiter nichts dabei zu beobachten, als daß sie, noch ehe die Hütten abgebrochen und auf Tragochsen gepackt sind, ein fettes Schaf nehmen und dieses schlachten, gleichsam aus Dankbarkeit für die genossene Nahrung für sich und ihr Vieh. Dieses verzehren sie dann miteinander, und mit dem abgekochten und abgeschöpften Fett beschmieren sie ihre Leiber und ihre Karosse und bestreuen ihre Köpfe mit Buchu.

Die Weiber erhalten abermals nichts anderes als die Suppe. An dem neuen Ort, nachdem die Hütten abgeladen und wieder aufgebaut sind, schlachten die Weiber ein fettes Schaf und verzehren das Fleisch für sich allein, die Männer erhalten nur die Suppe. Die Weiber beschmieren sich und ihre Karosse mit dem Fett und bestreuen sich mit Buchu.

An beiden Orten aber wird nach getaner Mahlzeit getanzt und damit die meiste Zeit der Nacht zugebracht.

Ferner machen die Hottentotten anders, wenn ihre Schafe töricht werden. Sobald sie merken, daß tolle Schafe in ihrer Herde sind, warten sie, ob es noch mehr werden. Wenn dies geschieht, opfern sie, daß die Krankheit unter ihren Schafen aufhören möge und sie keinen weiteren Verlust zu erleiden haben.

Dieses Opfer geschieht drei Tage nacheinander, an welchem jeweils ein Schaf, das nicht toll ist, geschlachtet wird. Ein alter Mann muß dieses Schaf schlachten, da ein junger dazu nicht im Stande zu sein erachtet wird, weil er noch nicht so weise, klug und verständig ist.

An jedem der drei Tage setzen sich die alten Männer nach der Schlachtung zusammen und verzehren das Fleisch, ohne daß sie den jungen Männern oder den Frauen und Kindern einen Bissen davon zukommen lassen. Hingegen schicken sie den jungen Männern die Därme mit dem Blut. Die Frauen bekommen abermals nichts davon als die simple Suppe.

Sehen sie nun, daß nach dem Opfern keine tollen Schafe mehr vorkommen, so ist des Frohlockens kein Ende. Will aber die Tollheit nicht nachlassen, so liegt die Schuld entweder bei denjenigen, die die Schafe ausgesucht und geschlachtet haben, oder die Schafe waren nicht fett und schön genug. Schließlich kann auch die Weide Schuld daran sein, so daß sie gezwungen sind, den Ort zu verlassen, einen anderen zu suchen und wiederum wie oben beschrieben anders zu machen.

Endlich machen die Hottentotten auch anders, wenn sie alle ihre Schafe durch das Feuer oder den Rauch jagen, welches eine der seltsamsten Begebenheiten ist, die man bei ihnen zu Gesicht bekommt und nicht oft geschieht. Die Weiber müssen zuerst alle Kühe, die sie haben, melken, die Milch zusammengießen und sie den Männern bringen, die sich in der Zwischenzeit versammelt haben. Diese nehmen sie von den Weibern mit besonderer Ernsthaftigkeit an, und nachdem sie deswegen ein wenig miteinander geredet haben trinken sie dieselbe ganz aus, so daß kein Tropfen übrig bleibt.

Den Frauen ist nicht nur von den Männern, sondern auch durch Gewohnheit verboten, daß sie beileibe keinen Tropfen Milch während oder nach dem Melken verlieren oder sich gelüsten lassen, einen Tropfen davon zu trinken. Dann würde nämlich die ganze Sache fruchtlos sein.

Sobald die Milch ausgetrunken, stehen die Männer auf, machen außerhalb des Krals ein Feuer unter freiem Himmel, welches sie mit grünen Ästen bedecken, damit es einen starken Rauch gibt. Wenn dann die Schafe und das andere Vieh herbeikommen, stellen sie sich auf beiden Seiten in Reihen und lassen einen breiten Durchgang, durch den die Schafe, nicht die Rinder, zum Rauch gelangen können. Da

A. Wie die Hottentotten anders machen wen̄ ihre
Schafe durch den Rauch jagen. pag: 432.

thöricht werden. pag: 430. B. wie sie ihre

sie jedoch nicht gerne hindurch wollen und auch den Rauch fürchten, so umzingeln die Hottentotten die Schafe und treiben sie näher zum Rauch.

Wenn sie dann endlich ganz dicht am Rauch stehen, nehmen sie nur ein Schaf und ziehen es hinüber oder versuchen, daß es von selbst hindurch springt. Sobald dieses durch ist und die anderen sehen, daß sie hinter dem Rauch wieder zusammenkommen können, so folgen sie alle willig. Die Hottentotten stellen sich zu beiden Seiten auf, damit keines neben vorbeiwische, sondern geradenwegs über den Rauch und das darunter liegende Feuer springt.

Wenn alle Schafe durch den Rauch gejagt und über das Feuer hinweggesprungen sind, sollte ein Mensch das Frohlocken, Jubilieren und schreiende Geplauder hören, welches sie vor lauter Freude hierüber anstimmen. Es kann sich einer bald tot wundern über die artigen Fechtsprünge und lustigen Kapriolen, die sie dann machen. Es ist nicht auszusprechen, welche wundersamen Drehungen, Wendungen und Kehrungen des Leibes sie anstellen, zumal, wenn alles so glücklich abgelaufen, daß keines neben vorbei gekommen ist.

Fragt man sie, was die Absicht sei, so sagen sie meist, sie hätten nur »anders gemacht«. Einer jedoch sagte mir: »Wenn wir auf diese Weise andersmachen, so hat es die Bedeutung, daß wir fürchten, es möchten wilde Tiere, besonders aber wilde Hunde, unter unsere Schafe kommen und sie zu Schanden machen. Denn diese fügen unseren Herden mehr Schaden zu als Löwen oder Tiger, indem ein Löwe mit einem einzigen vorlieb nimmt, ein Tiger auch bald auf die Flucht gejagt werden kann. Die wilden Hunde zerreißen nur, was Leben hat, und besonders den Schafen reißen sie die Bäuche auf, damit das Eingeweide herausfällt. Damit uns nun dergleichen nicht widerfahren möge, so lassen wir unsere Schafe durch den Rauch gehen, damit die wilden Hunde, wenn sie solchen an ihnen riechen, davonlaufen und unsere Schafe in Frieden lassen. Wie wir denn durch lange Erfahrung gefunden haben, daß dieses allezeit gut getan und unsere Schafe vor ihren mörderischen Zähnen bewahrt hat.«

Es gibt noch andere Arten von »Andersmachen«, welche diese Leute in Gebrauch haben: Wenn eine Frau in das Kindbett kommt; wenn jemand krank wird oder stirbt; oder wenn sie ein wildes Tier getötet haben. Allein, weil diese hier zu erzählen, allzu viel Zeit wegnehmen würde, habe ich es für ratsam erachtet, selbige aufzusparen, bis jede dieser drei Materien besonders behandelt wird.

DER 7. BRIEF

Von der Hottentotten Zauberkunst, so unter ihnen im Schwange gehen soll

Fürs erste ist unwidersprochen wahr, daß sie sich sehr vor dem Wiederkommen der Toten und Verstorbenen fürchten. Wegen dieser Furcht bleiben sie auch nach dem Tode des einen oder anderen, und wäre es nur ein kleines Kind, nicht an dem Ort, sondern ziehen mit Sack und Pack von dannen. Die Furcht ist so groß bei ihnen, daß sie nicht einmal die Hütte des Verstorbenen, in der er sein Leben beendet, abbrechen und mitnehmen. Denn sie sind besorgt, er würde ihnen dann folgen, sie wegen seines Hauses plagen, wohl auch andere schädliche Händel im Kral anrichten und sie elend ängstigen. Um diesem vorzubeugen und von ihm befreit zu bleiben, lassen sie seine Hütte mit allem, was noch darin ist, allein stehen, damit er, wenn er wirklich wiederkommt, seine Hütte wieder beziehen kann.

Alle Hottentotten nennen das Zauberei, was ihren Verstand und ihre Fähigkeit übertrifft, es mag auch noch so natürlich zugehen. Sie haben mich oft mit diesem Namen belegt, wenn ich mit einem Brennglas oder anderer künstlichen Maschine etwas anstellte, von dem sie den Grund nicht wußten. Die Hottentotten nennen aber nicht nur das Zauberei, was ihren Verstand übertrifft, sondern auch das, was plötzlich geschieht, auch wenn es eine natürliche Ursache hat. Sobald einer beginnt, krank zu werden, sagen sie, diese Person sei bezaubert, untersuchen aber nicht, woher die Krankheit kommt. Bevor sie eine Medizin benutzen, müssen sie »andersmachen«.

Dies geht folgendermaßen vor sich: Wenn ein Mann, eine Frau oder ein Kind unvermutet krank wird, so fragt man gleich bei einem der bekannten Zauberer nach, wodurch er bezaubert sein könnte und wer es getan haben könnte. Weil dieser aber nicht mit der Sprache heraus will, bevor nicht anders gemacht wurde, ergreift man ein fettes Schaf, schlachtet es und gibt das Netz davon dem Zauberer. Dieser schaut es an, wickelt es zusammen, nachdem er Buchu darauf gestreut hat, und macht einen Strick daraus, den er dem Patienten mit diesen Worten um den Hals hängt: »Ihr sollt wohl besser werden, denn das Zaubergut ist nicht stark«. Dieses Netz muß der Patient, auch wenn er am nächsten Tag wieder gesund ist, Tag und Nacht um seinen Hals tragen, bis es herabfällt. Von dem Fleisch des geschlachteten Viehs bekommt er nichts, sondern es verzehren die Männer miteinander, wenn ein Mann krank ist, oder die Weiber, wenn eine Frau krank ist, oder die Kinder, wenn ein Kind krank ist.

Wird der Patient nach diesem »Andersmachen« nicht in einigen Tagen gesund, so bekommt er erst dann Arzneien, und zwar solche, die auch von diesem Zauberer kommen, der die Kur angefangen hat. Diesem ist der Kranke so lange ausgeliefert, bis er entweder gesund oder tot ist.

Ihre Zauberer erstrecken sich weder auf Kühe oder Korn, sondern bleiben bloß bei den Kranken. Es gibt keine unter ihnen, die sich mit teuflischen Stücken behelfen und ihrem Nächsten damit Schaden tun, wie man hin und wieder in Europa solche Leute findet.

Ich sage, daß der Hottentotten Zauberei eine alte Klatscherei ist, damit man nicht denken möge, es gebe rechtschaffene Zauberer unter ihnen.

DER 8. BRIEF

Von der Hottentotten Zeremonien und Gebräuche, welche sie bei den Kindbetterinnen in Obacht nehmen müssen, und besonders wie sie verfahren, wenn eine Frau Zwillinge zur Welt bringt

Wenn bei einer Hottentottin die Zeit ihrer Geburtsstunde herannaht, so befinden sich immer zwei oder auch drei Weiber bei ihr, die ihr Gesellschaft leisten und zur Zeit der Geburt beispringen. Sobald sie aber die Wehen spürt und an den Schmerzen darniederliegt, begibt sich eine der genannten Weiber zur Hebamme, von der es in jedem Kral eine gibt und die von den Weibern selbst zu diesem Amt erwählt wurde.

Sobald diese ankommt und in die Hütte der Gebärenden geht, muß der Mann aus dem Haus und darf sich nicht mehr darin sehen lassen, solange seine Frau in Kindsnöten liegt. Kommt er aber hinein und fragt nur nach dem Zustand der Gebärenden, so ist er, wenn es jemand von den anderen Männern oder Weibern gehört hat, alsbald strafbar und muß »andersmachen«. Das heißt, er muß nachdem seine Frau von dem Kind erlöst wurde, einen oder zwei fette Hammel schlachten lassen und sich dadurch wieder legitimieren. Das Fleisch davon bekommen nicht die Kindbetterin oder die anderen Weiber, sondern die Männer verzehren es selbst und geben den Weibern nur die Suppe davon, wie bereits bei anderen Schlachtereien früher erzählt wurde.

Wenn die Schmerzen lang anhalten und keine Geburt erfolgt, so ist sie gezwungen, einen ganz widerwärtigen und bei anderen Völkern ungewöhnlichen Trank einzunehmen, der nach ihrer Meinung und Erfahrung die Geburt fördert und der Gebärenden bald Hilfe schafft.

Sie nehmen nämlich kleingeschnittenen Tabak und kochen diesen in Kuhmilch. Wenn sie keine Kuhmilch bekommen können, benutzen sie Schafsmilch dazu. Sobald nun beides lang genug gekocht hat, gießen sie die Brühe durch ein Raster aus Binsen oder kleinem Reisig in einen anderen Topf, damit der Tabak zurück bleibt. Nach dieser Absonderung nehmen sie etwas von der erkalteten Tabaksmilch und geben es der Gebärenden ein. Zum Teil zu dem Zweck, damit sie in dem Bauch der Gebärenden Arbeit erwecken oder die Wehen vermehren, zum Teil auch, damit die Frau zu einem starken Erbrechen gelangt und zugleich das Kind fortgetrieben wird.

Unterdessen muß man sich sehr verwundern, wie diese Leute auf die Gedanken gekommen sind, dergleichen Pferdearznei auch den Menschen mit solch gutem Erfolg zu verabreichen, da doch bestens bekannt, daß sie niemals vor der Ankunft der Europäer von diesem Tabakskraut etwas gewußt, viel weniger es in ihrem Lande angebaut haben. Ich habe von ihnen in Erfahrung gebracht, daß sie in früheren Zeiten anstelle des Tabaks Dacha benutzt haben, der aber bei weitem nicht eine so gute Wirkung gehabt haben soll wie jetzt beim Tabak.

Wenn ein Kind tot geboren wird, gibt es sowohl bei der Mutter als auch beim Vater ungemeine Betrübnis, besonders, wenn es ein Sohn gewesen. Sie nehmen es und begraben es auf ihre Weise, wie zu seiner Zeit ausgeführt werden soll. Nach der Beerdigung muß der Vater »anders machen« und ein oder zwei Schafe schlachten, wie vormals berichtet. Danach bricht der ganze Kral auf und wählt aus Furcht vor dem toten Kind und daß es wiederkommen möchte einen neuen Lagerplatz.

Kommt aber ein Kind lebendig an das Tageslicht, so waschen sie es nicht etwa oder baden es mit Wasser. Denn

A. Wie die Hottentotten die neugebohrne Ki
CBE. was sie mit den Zwillingen thun .

waschen. B. was sie hernach damit thun.

dieses, sagen sie, ist ungesund. Anstatt des Wassers oder was man sonst zur Säuberung der Kinder gebrauchen möge, nehmen sie frischen Kuhmist und waschen es über und über damit ab, so daß das ganze Kind gleichsam parfümiert wird und grasgrün aussieht.

Nach dieser ersten Reinigung legen sie das arme Kind nicht etwa auf ein zubereitetes Bett oder in eine Wiege. Sondern sie legen es so schmutzig und kotig wie es ist auf eine neue, auf der Erde ausgebreitete Karoß, damit es dort durch den Wind und die Hitze der Sonne oder des Feuers ein wenig trocknen wird und der aufgeschmierte Kuhmist zusammen mit der natürlichen Unreinigkeit wieder von selbst herabfällt oder doch leicht abgerieben werden kann. Unterdessen gehen die anderen Weiber hin und sammeln die dicken dreieckigen und saftigen Blätter der Hottentotts-Feigen, die man allenthalben auf dem Felde findet. Diese klopfen sie zwischen zwei Steinen ein wenig in Stücke und drücken dann den Saft mit ihren Händen heraus, den sie in einem Topf sammeln. Darauf waschen sie das wieder abgetrocknete und von dem Kuhmist gereinigte Kind damit ab, weil sie glauben, dieser Saft helfe viel zur Gelenkigkeit und zur Schnelligkeit beim Laufen.

Nachdem dies geschehen ist, und das Kind wieder ein wenig auf der erwähnten Karoß gelegen hat, damit der Saft Zeit genug hatte, einzuziehen, so nehmen sie eine Art Salbung vor. Sie bringen nämlich einen Topf mit ausgeschmolzenem frischem Schafsfett herbei, das von den Kindbetterinnen zu diesem Zweck aufbewahrt werden muß. Wenn sie kein Schaffett haben, nehmen sie auch ausgeschmolzene und von ihnen selbst bereitete Butter. Nachdem es wieder ein wenig warm geworden ist, beschmieren sie das Kind damit über den ganzen Leib, daß nicht einmal die Augen, vielweniger ein anderes Glied verschont wird.

Als Ursache geben sie an, daß es geschehe, damit die Sonne sie in zarten Jahren nicht verbrennen oder heftig stechen und verletzen könne.

Wenn endlich dem Kind auch diese Salbung angetan worden ist und es wieder etwas auf der erwähnten Karoß gelegen hat, damit auch dieses Fett durch die Poren hat eindringen können, geben sie ihm bei diesen Geburtszeremonien gleichsam die letzte Ölung. Sie heben es wieder auf und bestreuen es über und über mit Buchu, welches dann gar leicht an der mit Fett oder Butter beschmierten Haut kleben bleibt.

Dies tun sie, nach ihren Erzählungen, damit teils das Kind schön gemacht und geputzt wird, teils auch damit es von der Kraft des Buchu eine Stärke bekommt und zusammen mit den anderen Hilfsmitteln am Leben erhalten bleiben möge.

Wenn einer Frau zwei Söhne zugleich geboren werden, versuchen sie diese groß zu ziehen. Und wenn die Mutter nicht imstande ist, alle beide mit ihren Brüsten zu ernähren, weil sie außer der Muttermilch das erste halbe Jahr und auch länger nichts anderes bekommen, so besorgen sie bald eine Still-Amme, die dem einen Söhnlein die Brust reichen muß. Die Freude in diesem Fall ist nicht nur bei dem Vater und der Mutter, sondern auch bei allen anderen, die in dem Kral wohnen, ungemein groß. Der Vater wird als ein wackerer Mann gerühmt, weil er zwei Söhne zugleich hat verfertigen können, und auch die Mutter wird für eine vortreffliche Frau gehalten, weil sie in ihrem Leibe zwei Söhnlein zugleich Bergung und benötigten Unterhalt hat verschaffen können. Um die Freude der Eltern auszudrücken, geht der Mann hin und schlachtet zwei bis drei Ochsen oder Stiere und macht damit anders, verzehrt auch mit dem ganzen Kral, Alten und Jungen, Männern und Weibern, das

Fleisch; die Kindbetterin muß dieses Mal mit dem Fett vorlieb nehmen und sich und ihre beiden Söhne damit wacker beschmieren.

Sind die Zwillinge jedoch zwei Töchter, muß nicht nur darauf geachtet werden, ob die Mutter Milch genug hat, alle beide zu ernähren, sondern man muß auch bedenken, ob der Vater so reich und die Mutter noch so kräftig, um beiden den benötigten Lebensunterhalt zu verschaffen. Fehlen nun beide Voraussetzungen, so muß die eine fort und wird auf eine recht schändliche Art auf die Seite gebracht.

Fehlt aber nur die Muttermilch, so kann es doch geschehen, daß beide am Leben bleiben, besonders wenn beide schön und lebhaft sind. Doch wenn eine etwas schwach und häßlich ist, muß sie aus der Zahl der Lebenden geschafft werden. Auch ist die Freude nicht so groß wie bei zwei Söhnen. Es wird auch nicht mehr als nur ein Schaf für jede Tochter geschlachtet, manchmal auch, wenn der Vater arm ist, gar keines.

Die Manier, wie sie diese armen und unschuldigen Ankömmlinge auf der Welt wieder fortschaffen, ist gar zu grausam. Sie begraben das arme Kind lebendig. Sie suchen eine Höhle, in der ein Stachelschwein, Wolf oder ein anderes wildes Tier gehaust hat. In diese stecken sie es hinein, werfen Erde darüber und, damit es nicht ausgegraben und von wilden Tieren gefressen wird, legen sie obendrauf einen Haufen schwerer Steine.

Scheuen sie aber die Mühe, weit herumzulaufen und lange nach einer solchen Höhle zu suchen, so nehmen sie den nächsten Baum. Auf denselben binden sie es fest, damit es nicht herabfallen kann, gehen dann fort und lassen es sich entweder zu Tode schreien oder verhungern. Dort muß es auch verwesen, wenn sich nicht ein Tiger, Luchs oder ein anderes wildes Tier seiner erbarmt und es herunterholt und verzehrt.

Ist es ihnen gar zuviel, nach einem dicken Baum zu suchen, so gehen sie nur etwas von ihrem Kral weg und legen das unschuldige Kind nackt auf das freie Feld zwischen die Sträucher und lassen es dort verderben oder von wilden Tieren auffressen.

Wenn ein Sohn und eine Tochter zugleich geboren werden, so wird mit der Tochter dieselbe Manier gehalten, welche man vorher bei zwei Töchtern beobachtet hat. Sie wird nämlich ganz gewiß aus dem Weg geräumt, wenn nicht der Vater reich und die Mutter genug imstande ist, ihr ohne Schaden für den Sohn die Brust zu geben.

Alle Söhne bleiben gewiß am Leben, es mag gehen wie es will. Über die Töchter dagegen muß erst beratschlagt werden; und wenn nicht alle notwendigen Voraussetzungen da sind, so bestimmen die Frauen, daß diejenige, die sie für die schönste und frischeste halten, am Leben bleibt. Außerdem haben die Söhne das Vorrecht, daß zu ihren Ehren zwei oder drei Ochsen oder Stiere geschlachtet werden. Daß aber bei der Geburt einer Tochter nicht mehr als ein Schaf, manchmal auch nichts geschlachtet wird, geschieht daher, weil sie sagen, es ist nur eine Tochter und kein Sohn.

Man muß sich wundern, daß, da sie so große Angst vor dem Wiederkommen der Toten haben, sie sich vor den lebendig begrabenen oder sonst weggeworfenen Kindern nicht fürchten.

Wenn einer der Zwillinge tot zur Welt kommt, so ist die Freude nicht so groß als wenn sie beide am Leben wären. Obwohl doch, wenn es nicht zwei Söhne sind, das eine fort muß. Sie begraben das tote auf ihre Art und behalten das lebendige. Sie müssen jedoch bald wieder aufbrechen und einen anderen Ort für ihre Wohnung suchen. Nicht etwa, daß sie weit wegziehen, wenn Gras, Wasser und andere Lebensmittel für sie und ihr Vieh genug vorhanden sind, sondern sie fürchten sich vor diesem Kind schon nicht mehr, wenn sie etwa eine viertel oder halbe Stunde weit weggezogen sind.

Doch ehe sie aufbrechen schlachten sie erst für das lebendige Kind entweder ein Schaf, wenn es eine Tochter, oder 1 bis 2 Ochsen oder Stiere, wenn es ein Sohn ist. Mit deren Fleisch machen sie sich lustig. Nicht wegen des Todes des einen, sondern weil das andere groß gezogen werden kann.

Alle Kinder werden auf oben beschriebene Art mit Kuhmist, Feigenblättersaft, Fett oder Butter und Buchu eingeweiht und gleichsam zum glücklichen Eingang ihres Lebens willkommen geheißen.

Der Name wird dem Kind gleich nach der Geburt von der Mutter gegeben, wenn sie dazu imstande ist. Ist die Mutter jedoch zu schwach, wird er von dem Vater gegeben. Hierbei ist zu bemerken, daß sie nicht solche Namen führen wie wir, sondern sie geben ihnen Namen von den Tieren. Mir ist ein Capitain bekannt, der Hacqua heißt, was in ihrer Sprache Pferd bedeutet. Andere haben den Namen Gamma oder Löwe, wieder andere Ghoudie oder Schaf, noch andere Gúaiha oder Esel oder Tkamma oder Hirsch.

Die Nachgeburt, sobald sie von der Kindbetterin weg ist, binden und wickeln sie zusammen, machen ein Loch in die Erde und begraben sie dort. Fragt man nach der Ursache, so antworten sie, sie würden sie deswegen begraben, damit ihre Zauberer nicht darüber kommen und sowohl dem Kind als der Kindbetterin Schaden zufügen könnten.

Das Blut und andere Feuchtigkeit, die während oder nach der Geburt von der Kindbetterin kommen, sammeln sie auf einer alten Karoß, auf der anfangs die Gebärende liegt und so lange liegen bleibt wie noch Blut aus ihr kommt. Wenn aber dieser Brunnen sich wieder verstopft und die Kindbetterin aufstehen kann, so wickeln sie auch die Karoß zusammen und begraben sie, damit ebenfalls ihre Zauberer nicht dahinter kommen und Übel damit aufrichten mögen.

Die Nabelschnur binden sie mit einer Sehne ab, daß sie abfaulen muß und dem Kind dadurch kein Schaden geschieht. Danach binden sie statt eines Leinen- oder Baumwolltuches, wie es die Europäer gebrauchen, einen breiten ledernen Riemen um das Kind und befestigen damit den Nabel.

Der Mann darf es nicht wagen, in die Speise der Frau zu greifen, solange der Blutfluß bei ihr andauert. Der Grund ist, daß die anderen Männer ihn ebenso unrein und ihrer Gesellschaft nicht wert erklären, wie auch die Frau unrein ist und sich außerhalb der Gesellschaft der Männer zu halten hat. Würde er aber während der Zeit zu ihr kommen und in ihrer Hütte ein- und ausgehen, so wäre er völlig unrein, und zwar so stark, daß er mit einem bestimmten Wort belegt wird, dessen Übersetzung in eine andere Sprache man mir nicht geben konnte. Er müßte sich darauf durch einen fetten Ochsen wieder legitimieren und von der Beschuldigung befreien.

Wenn der Mann nach Beendigung des Blutflusses der Frau und deren Reinigung, die im Abreiben mit Kuhmist und Beschmieren mit Fett, auch Bestreuen mit Buchu besteht, wieder zu ihr kommen will, muß er sich ebenfalls zuerst mit Fett beschmieren und mit Buchu bestreuen. Wenn er dann in die Hütte kommt, raucht er Dacha. Er spricht auch kein Wort zu seiner Frau, bis nicht der Rauch des Dacha ihm in den Kopf steigt und er davon trunken wird. Wenn er dies verspürt, fängt er an, mit seinem Schatz zu reden, den er während der ganzen Zeit nicht gesehen hat. Er fragt nach allerlei Neuigkeiten, und durch das dauernde

Dacharauchen wird er immer toller im Kopf, plaudert auch immer mehr, bis er schließlich müde wird und wieder die erste Nacht in seiner Hütte schläft.

Ich könnte zwar noch die Art des Beischlafs anfügen, der sehr verschieden ist von dem anderer Völker; allein ich glaube, daß es nicht nötig ist, weil sich mancher geile Hengst damit kitzeln und wohl gleicher Manier exerzieren würde.

Mein Herr wird, an den bisher erzählten Riten und Bräuchen zu zweifeln, keine Ursache haben, da ich ihm versichern kann, daß ich fast alle diese mit meinen Augen gesehen, ihnen beigewohnt und sie angehört habe.

DER 9. BRIEF

Von den Zeremonien und Bräuchen der Hottentotten, die bei ihrer Freierei, Kopulation und Hochzeit beobachtet werden

Wenn ein junger Mann oder auch Witwer heiraten will, so ist es nicht erlaubt, hinzugehen und das Mädchen oder die Witwe zu fragen, ob sie sich wohl an ihn verheiraten und seine Frau werden wolle. Er ist dagegen vor allen Dingen verpflichtet, seinem eigenen Vater seinen Wunsch kundzutun, der mit ihm zusammen zu dem Vater der gewünschten Braut oder zu den ihn vertretenden nächsten Freunden geht.

Dieses Gesetz muß ganz genau von ihnen eingehalten werden, und es gibt auch keine Ausnahmen, daß eine Tochter sich ohne das Wissen der Eltern in einen Heiratskontrakt einläßt.

Bevor um die Tochter geworben wird und der Vater seines Herzens Gedanken offenbart, geht der künftige Bräutigam hin und spendiert an beider Eltern Dacha, raucht auch selber mit ihnen. Wenn nun der Vater des Bräutigams merkt, daß das Rauchen seinen Kopf toll macht, so entdeckt er seinem zukünftigen Schwiegervater den Grund seines und seines Sohnes Kommens und fragt gebührlich um die Tochter. Dieser spricht etwas mit seiner Frau in ihrer Gegenwart und gibt ihm entweder die Zustimmung, daß er seine Tochter haben kann, oder er schlägt sie ihm ab, weil sie schon einem anderen zugesagt wurde, der noch nicht zum Manne gemacht ist.

Bekommen nun Vater und Sohn auf diese Weise einen Korb, so gehen sie bald wieder von dannen, und der Sohn sucht sich auf die gleiche Weise eine andere aus. Erhalten sie aber eine günstige Antwort, und die Eltern der Tochter sagen: »Nehmt sie, wir sind damit wohl zufrieden«, so ist es erst dann dem Bräutigam erlaubt, mit seiner Braut deswegen zu reden und von ihr zu vernehmen, ob sie auch Interesse an ihm habe.

Fällt die Antwort nicht nach Wunsch aus, so müssen beide einen Streit anfangen. Die beiden jungen Leute schlagen sich in der folgenden Nacht und kämpfen gleichsam um die Oberhand. Nicht, daß sie aufstehen und sich Ohrfeigen geben, denn dieses ist bei ihnen verhaßt. Sondern sie bleiben liegen und zwicken sich nur gegenseitig so stark sie können in die Hinterbacken, so lange, bis endlich die Frau müde wird und dem zukünftigen Manne gewonnenes Spiel gibt.

Wohnt die Braut nicht im Kral des Bräutigams, so gehen er und sein Vater am nächsten Tag nach Hause. Wohnt sie aber in seinem Kral, so fängt er nur am Morgen einen, zwei oder drei fette Ochsen aus der Herde, je nachdem, ob er arm oder reich ist. In beiden Fällen macht er sich dann mit seinem Vater und anderen Blutsverwandten sowie den Ochsen auf den Weg zur Hütte oder dem Kral, wo seine Liebste wohnt. Dort versammeln sich nach seiner Ankunft bald die Eltern und Freunde der Braut und machen die nötigen Anstalten zur bevorstehenden Hochzeit

Sie schlachten nämlich die mitgebrachten Ochsen des Bräutigams und putzen sich auf ihre Art mit Schmieren mit dem frischen Ochsenfett und Bestreuen mit Buchu. Die Frauen aber, die allezeit im Schmücken etwas voraus haben müssen, sind mit diesem Zierrat noch nicht zufrieden, sonder schminken darüberhinaus noch ihr Gesicht. Sie suchen auf dem Felde rote Kreide und malen sich damit runde Flecken auf Stirn, Wangen und Kinn.

Nachdem dies alles geschehen ist, setzen sich Eltern, Verwandte und gute Bekannte zusammen, und zwar so, daß die

Männer allein und die Frauen in einem anderen Kreis sitzen, in deren Mitte dort der Bräutigam und hier die Braut sitzt. Die Hochzeit wird vollzogen durch den Priester aus dem Kral der Braut.

Sobald der Hottentotte, der die Kopulation zu verrichten hat, in den Kreis der Männer kommt, findet er dort schon mittendrin den Bräutigam auf seinen Knien hocken. Die Braut befindet sich in gleicher Positur in dem Kreis der Weiber. Er fragt nicht lange, ob jener diese zum Weibe nehmen wolle, sondern er weiß, daß deswegen die Versammlung stattfindet. Sobald er zu dem Bräutigam kommt, zieht er den Kulkroß oder Schamschurz weg, nimmt sein männliches Glied in die Hand und während er zu ihm spricht, pißt er ihn an. Dieses köstliche Wasser fängt der Bräutigam sehr begierig auf und reibt es in seine neubeschmierte Haut hinein, indem er über seine ganze Brust mit seinen Nägeln Furchen zieht. Das gleiche verrichtet obiger Hottentott auch im Kreis der Frauen mit der Braut, welche mit diesem stinkenden Wasser ebenso verfährt.

Nach diesem ersten Akt geht er wieder erst zum Bräutigam und dann zur Braut und macht das gleiche, worauf der Bräutigam und die Braut die anfangs gezogenen Furchen wieder zustreichen und unsichtbar machen. Schließlich wiederholt er diese Zeremonie zum drittenmal und verursacht damit, daß der Bräutigam und die Braut sich noch mehr bemühen, die zugestrichenen Furchen noch dichter zu machen, damit man ja nicht sehen kann, wo eine Furche gewesen ist.

Die Worte, die er zu beiden sagt und immer wiederholt, habe ich mir in ihrer Sprache nicht merken können, da sie sehr schnell hintereinander gesprochen werden. Der Inhalt aber soll sein, wie mir mein Dolmetscher und auch andere gesagt haben, daß er ihm zu seinem Ehestand alles Glück,

A. B. Der Hottentotten Hoch

Ceremonien

Heil und Segen wünscht, auch, daß er schon im kommenden Jahr mit einem Sohn erfreut werde und zeigen möge, daß er ein Mann sei.

Der Ehebruch ist allezeit, er mag begangen werden mit welcher Frau immer, ein kapitales Laster, das ohne Ansehen der Person sofort mit dem Tode bestraft wird.

Mann und Frau richten zwar einen Ehekontrakt miteinander auf, wenn es sich aber zuträgt, daß der Mann mit der Frau oder die Frau mit dem Mann nicht übereinstimmt, so haben beide das Recht, sich voneinander zu trennen. Der Mann kann die Frau verstoßen, und die Frau kann freiwillig von ihm weglaufen, nur darf sie sich nicht anderweitig verheiraten, weil sonst Mord und Totschlag daraus entsteht. Dem Mann dagegen bleibt es unverwehrt, sich eine andere Frau zuzulegen, wenn er nur die vorher beschriebenen Umstände beachtet.

Wichtig ist auch, daß sie noch keine Kinder gezeugt oder geboren haben. Denn wenn Kinder und besonders Söhne vorhanden sind, geht es nicht, da der älteste Sohn immer Erbe des gesamten väterlichen Vermögens ist, wie ich später berichten will. In diesem Falle ist er gezwungen, seine Frau zu behalten. Hingegen sind ihm nicht die Hände gebunden, noch eine andere daneben zu nehmen.

Es ist oben gesagt worden, daß drei fette Ochsen, wenn der Bräutigam reich ist, geschlachtet wurden. Alle anwesenden Hochzeitsgäste haben sich mit dem frischen Fett wacker beschmiert und haben das Blut zusammen mit den ausgespülten Därmen und Mägen gekocht und noch vor der Hochzeit gleichsam als Frühstück zu sich genommen.

Das Fleisch wird nun gekocht und gebraten und jedermann, außer dem Bräutigam und der Braut, ist beschäftigt, das Essen zum Feuer zu bringen, damit es am Abend verzehrt werden kann. Alles wird ohne Salz in frischem Wasser gekocht. Das Gebratene kommt in eine in die Erde gemachte Höhle, damit es auf einem hineingelegten Stein und darauf angezündetem Feuer schneller heiß wird und braten kann. Ehe noch das Fleisch darauf gelegt wird, kommt einer und fegt die Asche mit einem Büschel Gras herunter. Wenn das Fleisch dann auf den Stein gelegt wird, wird es mit einem anderen Stein zugedeckt und vor der Asche bewahrt. Denn sobald das Fleisch auf die genannte Weise in der Höhle liegt, schüren sie wieder ein großes Feuer über ihm und darum herum, damit es schneller brate und fertig werde.

Wenn alles dies fertig ist, lagern sich alle und beginnen mit der Mahlzeit. Der Tisch ist die bloße Erde, das Tischtuch das grüne Gras. Ihre schwarzen Karosse dienen ihnen anstatt der schönsten Teller.

Es gibt zwei solcher Tafeln, an deren einer die Männer und an der anderen die Weiber sitzen. Doch ist es dem Bräutigam diesmal erlaubt, an der Tafel der Braut seinen Sitz zu nehmen und dort zu speisen. Niemals sonst essen nämlich Männer und Weiber zusammen. Aber auch diesmal wird für den Bräutigam ein besonderer Topf gekocht, aus dem allein er essen muß, und er darf nichts von dem Essen der Weiber annehmen. Er hat also nichts mit den Weibern gemein, als daß er nur bei ihnen und neben seiner Braut sitzt.

Wenn nun fertig gegessen und noch etwas übrig geblieben ist, so wird dies zusammen mit den Knochen des geschlachteten Viehs bis zum nächsten Tag aufgehoben, an dem es genauso zugeht und fortgefahren wird, bis nichts mehr vorhanden ist. Nach dem Essen kommt der Nachtisch, der aus Dacha besteht, und von dem jedermann soviel raucht wie ihm beliebt. Einer stopft seine Pfeife, und wenn er sie angezündet, einen oder drei Züge davon genommen hat, so gibt er sie seinem Nachbarn zur Rechten und dieser wieder dem folgenden, damit sie endlich im Kreis, den sie bilden, wieder zu ihrem Eigentümer zurück gelangt.

Danach steckt ein anderer, der eine volle Pfeife hat, diese an und verfährt damit auf gleiche Weise. Sie setzen dies solange fort, bis ihnen der Kopf toll und dumm wird, welches bald geschieht, da sie den Rauch nicht gleich herausblasen, sondern hinunterschlucken; wenn sie aber husten müssen, stoßen sie ihn mit aufgesperrtem Maul auf einmal heraus.

Wie die Männer, so machen es auch die Weiber und vermehren das Echo um ein ziemliches, bis sie schließlich alle müde und vom Dacharauchen trunken sind und sich gegen Morgen in ihre Hütten begeben und zur Ruhe niederlegen. Dann darf der Bräutigam zum erstenmal bei seiner Braut schlafen. Sobald es wieder Tag geworden und die Kopfschmerzen ein klein wenig nachgelassen haben, machen sie sich schon wieder auf die Beine, fangen an zu rauchen, danach aber zu kochen und setzen dies solange fort wie die Hochzeit dauert, das heißt, solange sie zu Essen haben.

Zu verwundern ist es, daß diese Leute, die sonst bei ihren Fröhlichkeiten so viel von Singen und Tanzen halten, bei ihren Hochzeiten nicht ein Lied singen oder ein anderes Instrument dabei haben, nach dem sie tanzen könnten. Man wird niemals sehen, daß auf einer Hottentotten-Hochzeit getanzt wird oder daß sie anders fröhlich sind als durch Rauchen und Plaudern.

An diesen Gebräuchen wird nichts verändert, wenn ein Witwer eine ledige Tochter oder eine Witwe einen jungen Gesellen oder ein Witwer eine Witwe heiratet.

Wenn Geschwisterkinder oder auch diejenigen heiraten wollen, die im dritten Grad verwandt sind, so ist ihnen dieses verboten. Es müssen deswegen solche Leute, die so nah verwandt sind, sich enthalten, einander mit verliebten Augen anzusehen, sonst würden sie Gefahr laufen, um das

Leben zu kommen, da sie solche Heiraten ganz und gar nicht dulden. Sollte sich aber einer finden, der Blutschande mit seinen eigenen Kindern begangen hätte, für den ist nicht nur keine Gnade zu erhoffen, sondern er kann sicher sein, daß sein Tod nicht weit entfernt ist. Denn sobald ein solcher Missetäter angeklagt und überführt wird oder sich mit seinem von Dacha oder Wein benebelten oder berauschten Kopf selber verrät, sobald wird auch Rat über ihn gehalten und er schließlich in die Mitte des um ihn herumstehenden Gerichts gestellt, damit er mit dem Tod bezahlt.

Man sieht also an diesen Leuten, daß sie Gutes und Böses gar wohl zu unterscheiden wissen und imstande sind, Recht und Gerechtigkeit auch ohne geschriebene und oft durch verkehrte Advokaten und bestochene Richter verdrehte Gesetze zu handhaben.

Wenn der älteste Sohn, der der einzige Erbe seines Vaters ist, bei Lebzeiten seines Vaters heiratet, so bekommt er nichts als was ihm der Vater gutwillig gibt. Gibt der ihm aber nichts, so muß er auch zufrieden sein und warten, bis der Vater einmal stirbt.

Verehelicht sich aber ein anderer von seinen Brüdern, so muß er zufrieden sein, wenn ihm der Vater oder nach dessen Tod sein älterer Bruder ein paar Schafe oder Kälber aus Gnaden schenkt. Im übrigen mag er zusehen, wie er zurecht kommt und muß noch dabei ein Knecht seines älteren Bruders sein und bleiben, solange derselbe lebt. Stirbt der aber, ohne einen Sohn zu hinterlassen, so ist er der Erbe seines Bruders und braucht keinem Menschen etwas davon zu geben.

Eine Tochter erhält gar nichts, weder bei des Vaters Leben, noch nach dessen Tod. Sie muß daher sehr zufrieden sein, wenn sie von ihrem Vater oder von dem ältesten Bruder eine Kuh oder ein paar Schafe als Heiratsgut mitbekommt, die auch der Mann, den sie heiratet, wieder hergeben muß, wenn sie ohne Kinder stirbt. Hat sie aber eine Tochter und keinen Sohn, so bleibt dieser der mütterliche Erbteil, vorausgesetzt, ihr Vater heiratet nach dem Tod ihrer Mutter wieder oder hat bereits mehr als eine Frau.

Aus diesem Grund kommt es, daß kein Hottentotte wegen des Reichtums heiratet, und es kann durchaus geschehen, daß eine einfache Tochter, besonders wenn sie schön und wohl proportioniert ist, die Frau eines großen Capitains oder sogar die Frau des Herrn der ganzen Nation werden kann, weil er von einer anderen genauso wenig bekommt wie von dieser.

DER 10. BRIEF

Von der Hottentotten Haushalt und Kinderzucht, auch wie sie sich im normalen Leben gegeneinander aufführen

Wenn nach vollbrachter Hochzeit Mann und Frau in ihre eigene Hütte kommen, so wird ein Fremder nicht leicht sagen können, daß dies Eheleute sind. Die Ursache beruht darin, daß sie nicht leben, wie Mann und Frau miteinander leben sollten, das heißt, daß sie nicht miteinander gehen, nicht nebeneinander sitzen oder liegen, auch nicht miteinander essen, aber auch, weil sie einander nicht so freundlich ansprechen, anlachen oder verliebt ansehen, wie es sonst dergleichen Personen zu tun pflegen.

Wenn man aber ihre Sitten und Gebräuche ein wenig erkundet, findet man gar bald, daß dennoch eine regelmäßige Haushaltung bei ihnen geführt wird.

Es ist gewiß, daß ein Mann die faulsten Tage der Welt hat, solange er bei seinem Weibe lebt. Denn er sorgt fast für nichts und hat auch sehr wenig, seinem Haushalt Dienliches zu tun. Fische fangen, wenn er nahe am Strand oder Ufer wohnt, ist eine der schwersten Arbeiten, die er tun muß. Neben dem Fischfang ist Jagen eine andere Beschäftigung, entweder allein oder mit den anderen Männern des Krals, besonders bei großen Tieren, wie Elefant, Rhinozeros, Antilopen und dergleichen mehr. Außer diesen zwei Hauptbeschäftigungen kümmert er sich nicht viel mehr um seinen Haushalt, sondern läßt Gott und seine Frau dafür sorgen.

Den Weibern obliegt es, alle Wurzeln zu suchen, auszugraben und zu kochen. Das Aufsuchen ist zwar sehr leicht, weil ihnen die Kräuter und Blätter derselben wohl bekannt sind. Sie pflegen diese aber nicht auszugraben, bevor sie ihren Samen haben fallen lassen, damit im nächsten Jahr wieder andere wachsen mögen. Daher ist es auch notwendig, die Zeit zu wissen, wenn sie ihre vollkommene Reife erlangt haben.

Von diesen Wurzeln gibt es verschiedene Arten und Gattungen. Sie bedienen sich eines runden Stockes von Eisen- oder Olivenholz, der nicht nur stark, sondern auch zäh ist. Dieser wird vorne spitz zugeschnitten, damit sie in die Erde hineinstechen und die Wurzeln herausgraben können. Oder aber sie lassen sich von ihren Männern, meist aber von den Christen, für die sie waschen und andere Weiberarbeiten verrichten, ein rundes, etwa drei Schuh langes und vorne ganz spitzes Eisen machen, mit dem sie rund um die Wurzeln oder Zwiebeln die Erde losstechen und diese dann herausnehmen.

Sobald sie einen Teil der Wurzeln gefunden haben, die sie diesen Tag essen wollen (denn für morgen lassen sie Gott sorgen), so gehen sie zum Wasser, waschen sie sauber und kochen sie zu Hause. Weil aber dies ohne Holz nicht geschehen kann, so muß die Frau auf ihrem Rücken auch soviel Holz herbeitragen wie dafür nicht allein benötigt wird, sondern was sie auch bei kaltem und regnerischem Wetter verbrennen.

Dies geht nun alle Tage so fort. Die Frau hat dadurch viel mehr Sorgen als der Mann, der nur wenn es ihm gefällt auf die Jagd oder zum Fischen geht. Davon bringt er aber dann so viel mit nach Hause, daß seinem ganzen Haushalt etliche Tage nichts an Essen mangeln würde, wenn nicht andere dazu kämen und es mit verzehrten. Dagegen kann er dieses wieder genießen, wenn sie etwas erjagen oder fangen. Hierdurch geht zwar der vermeintliche Vorrat bald zu Ende, und die Frau hat nur desto mehr Plage, mehr Holz auf einmal herbei zu schleppen, damit auch dieses Essen fertig und gekocht wird.

Die Frauen müssen alles zum Kochen benötigte Holz und Wasser herbeitragen, müssen auch alles kochen, sie darf aber nicht bei ihrem Mann, noch weniger bei anderen Männern sitzen und mit ihnen zugleich essen; dies wäre dem männlichen Ansehen höchst zuwider. Sie muß vielmehr den Topf mit dem gekochten und gebratenen Essen hingeben und die Männer so viel davon nehmen lassen wie ihnen beliebt. Erst wenn diese ihren Teil herausgenommen, bekommt sie und die anderen Weiber den Topf hingereicht, damit auch sie, die in einem eigenen Kreis sitzen, essen mögen. Es sei denn, daß die Frau gleich am Anfang das Essen in zwei Töpfe getan hätte, und zwar in jeden gleich viel.

Es muß noch erwähnt werden, was Mann und Frau miteinander verrichten. Hier finden sich vor allem anderen, daß sich beide um ein eigenes Haus kümmern, wenn sie nicht von anderer Leute Gnade leben oder zur Herberge ziehen wollen. Dies geschieht jedoch sehr selten, obwohl oft mehr als 10 bis 20 Personen in einer Hütte schlafen. Aber dies sind nicht Leute, die im Kral wohnen, sondern Fremde, die von anderen Dörfern gekommen sind und über Nacht bei ihnen bleiben wollen. Diesen würden sie niemals eine Herberge, ja nicht einmal etwas von dem abschlagen, was sie in ihrer Hütte an Eßbarem haben.

Versuchen sie jedoch, in einer anderen Hütte zu bleiben, dann nur so lange bis die ihre fertig ist, welche innerhalb von zwei Stunden aufgerichtet werden kann, wenn die Materialien, wie Sparren und Matten, herbeigeschafft und verfertigt sind. Damit haben sie allerlängstens 8 Tage zu tun und können nach dieser Zeit in ihre eigene Behausung ziehen.

Daneben obliegt beiden, für ihr Vieh zu sorgen, damit nichts davon verloren geht oder sonst zu Schaden kommt.

Insbesondere müssen sie während der Nacht aufpassen, daß kein wildes Tier in die Herde gelangt und Schaden anrichtet. Es geschieht nämlich oft, daß ein solcher Räuber sich des Nachts zu ihren Kralen schleicht und ehe sie sichs versehen mit der eroberten Beute sich wieder aus dem Staube macht.

Obwohl die Frau bei der Bewachung des Viehs in der Nacht mithilft, hat sie doch kein Recht über das geringste Stück und darf keins nach eigenem Belieben schlachten oder gar verkaufen. Sie muß dagegen immer den Mann fragen, wenn sie eins schlachten will. Mit dem Verkaufen hat sie ganz und gar nichts zu tun, weil dadurch des Mannes Ansehen geschwächt und gekränkt würde. Außerdem hat sie ihm auch nichts mitgebracht und besitzt daher auch nichts.

Mann und Frau sorgen für die Auferziehung der Kinder, jedoch solange sie klein und unmündig, hat die Mutter viel mehr damit zu schaffen als der Vater. Nicht nur, weil es etwa seiner Autorität zuwider wäre, sondern weil sie nichts anderes zu essen und trinken bekommen als was sie aus der Mutter Brüste ziehen. Überall wo die Weiber hingehen müssen sie sie auf dem Rücken mittragen. Es sei denn, daß sie Holz holen, dann bleiben sie bis zur Rückkehr auf einer alten Karoß liegen und niemand schaut nach ihnen.

Es ist wunderschön anzusehen, wie sie die Kinder auf dem Rücken tragen. Denn sie haben nichts als eine alte Karoß, in die sie sie binden und so befestigen, daß sie nicht herunterfallen können. Sie machen es so, wie etwa die Zigeuner in Europa mit ihren Kindern verfahren, von denen man nichts außer dem Kopf sieht, der über die Schultern hervorragt. Noch schöner aber wird es, wenn sie den Kindern, wenn diese anfangen zu weinen und zu schreien, die Brüste geben. Denn sie nehmen sie nicht vom Rücken herunter und legen sie an die Brust, sondern sie werfen ihnen diese nur über die Schulter zu, stecken ihnen die Warze in den Mund und lassen sie saugen so lange sie wollen.

Während das Kind die Brust im Munde hat und der Mutter ihre Kräfte absaugt, so muß diese versuchen, sich anderwärts zu stärken. Dazu gibt es nun kein bequemeres, angenehmeres und kräftigeres Mittel als eine Pfeife Tabak, die sie während dieser Zeit raucht; dem armen Kind bläst sie durch den Wind dauernd den Rauch zu. Wenn das Kind ein halbes Jahr alt ist, steckt sie ihm, sobald es die Brüste fallen läßt, die Pfeife in den Mund und läßt es den Rauch ausrauchen.

Sind aber die Kinder imstande, daß sie laufen können, so folgen sie alle der Mutter und bleiben selten beim Vater; es sei denn, daß es regnerisches Wetter wäre und daß sie nicht durch das Gras und den Morast durchkommen können. In späteren Jahren folgen die Töchter dann immer der Mutter und helfen ihr Holz tragen. Die Wurzeln aber, die sie ausgraben, bringen sie selten nach Hause, sondern essen sie entweder selbst oder verkaufen sie den Europäern für ein Stückchen Tabak oder ein Glas Wein oder Branntwein.

Die Söhne sind der Mutter nur untertänig bis sie zu Männern gemacht wurden, wie früher schon erwähnt. Von dieser Zeit an müssen sie aufpassen, nicht mehr mit der Mutter zu speisen, weil sie sonst »anders machen« müssen. Es ist ihnen hingegen nicht verwehrt, wird auch für keine Schande gehalten, wenn sie sich mit Vater und Mutter kräftig zanken, wohl auch von den Worten zu Schlägen kommen und ihnen einen derben Buckel voll Schläge geben.

Ihre Aufziehung und Zucht ist also sehr schlecht und kann nicht einmal den Name Kinderzucht führen. Sie werden auch, weil sie keine Schrift haben, in nichts unterwiesen als das, was sie von ihren Eltern und anderen alten Hottentotten mündlich hören und mit den Händen nachmachen können. Dieses sind aber dennoch oft sehr kunstvolle Sachen, wenn man bedenkt, daß sie kein Werkzeug dazu gebrauchen. Sie lehren sie, aus Fellen ihre Karosse zu machen, ohne daß sie Kalk oder Alaun dazu gebrauchen; sie lehren sie Schmieden und allerhand Kriegsinstrumente zu machen, ohne daß sie Hammer oder Blasebalg, Feile oder Zange dazu benötigen. Sie werden unterwiesen, ihre Karosse zu zerschneiden und wieder zusammen zu nähen, wie es auch ein Kürschner nicht besser machen könnte, und haben dazu weder Schere noch Nadel oder Fingerhut, ja nicht einmal einen Faden aus Zwirn oder Seide. Sie werden im Töpfemachen unterwiesen, machen sie auch so gut wie ein Töpfer, obwohl sie außer dem Ton weder Drehscheibe noch Glasur kennen. Sie können so schnell und so gut wie ein gelernter Metzger schlachten und benötigen dazu doch nichts als ein Messer.

Außer diesen erwähnten Stücken hat die Mutter mit der Tochter und der Vater mit den Söhnen keine weitere Mühe und braucht auch keine weitere Kinderzucht.

Eine alte Sage ist es, die mir wohl tausendmal zu Ohren gekommen ist, daß sie sich vor niemand scheuten, wenn sie ihre eheliche Pflicht wahrnehmen wollen, sondern diese in Gegenwart anderer verrichten. Ich habe dieser Beschuldigung lange geglaubt und da ich dergleichen am Kap nie gesehen habe, mir eingebildet, sie scheuten sich vielleicht vor den Europäern. Als ich daher in das Land hinein kam, dachte ich, ich würde etwas ähnliches finden; allein es zeigte sich nirgends ein solches unmenschliches Verhalten. Ich fragte deswegen bei ihnen nach und wurde immer mit Schimpfworten abgewiesen.

So falsch wie diese Beschuldigung ist auch diejenige, in der man von ihnen sagt, sie verrichten ihre Notdurft ohne Scheu, auch in Gegenwart anderer Leute und an allen Orten.

Wenn es ein Volk unter der Sonne gibt, das in diesen Stükken schamhaft ist, dann sind es gewiß die Hottentotten. Sie sind untereinander auch so schamhaft, daß sie weder in ihren Hütten noch draußen einen Wind fahren lassen.

Man findet auch wenig Diebe unter ihnen, außer den genannten Buschjes-Männer, die eine besondere Nation sind und sich unter den redlichen nicht sehen lassen dürfen.

DER 11. BRIEF

Von der Hottentotten Viehzucht; wie sie nämlich ihr Vieh warten und pflegen und so besorgen, daß sie viel Nutzen davon haben

Bei jedem Kral oder Dorf gibt es eine Herde Großvieh wie Ochsen, Kühe und Kälber, die aber nicht einem allein, wie etwa dem Capitain oder sonst einem Reichen, gehört, sondern jeder, der in dem Kral wohnt, hat seinen Anteil daran. Diejenigen, die nichts haben, dienen entweder den Reichen als Knechte für ein Stück Vieh oder gehen aus dem Kral weg und verdingen sich bei den Europäern als Knechte für ein viertel, ein halbes oder ein ganzes Jahr und versuchen, bei ihnen einige Stücke zu erwerben, damit sie schließlich auch zu etwas Vieh kommen.

Dies gelingt ihnen bei den Europäern viel besser als bei ihrer eigenen Nation, besonders, wenn sie etwas sparsam sind. Denn dort bekommen sie ihren täglichen oder wöchentlichen Tabak oder Dacha. Wenn sie diesen sparen bis sie wegziehen, so können sie für denselben bei ihren Landsleuten Vieh erhandeln und damit zum Anfang einer Herde kommen.

Auf diese Weise gelangen auch die Armen, die von ihrem Vater nichts geerbt haben, an Vieh. Wenn sie einige Stück Vieh beisammen haben, halten sie sich dauernd im Kral auf. Da die Zahl sich durch die jährlichen Lämmer und Kälber bald vermehrt und da sie auch nicht viel schlachten, ist leicht zu ermessen, daß ihre kleine Herde bald anwächst und sich vermehrt. Die ganze Herde des Krals vergrößert sich jedes Jahr um mehr als die Hälfte.

Da jeder Vieh hat, der im Kral wohnt, ist es nur vernünftig, daß sie keinen besonderen Viehhirten haben, sondern treiben das Vieh gemeinsam auf die Weide. Nicht etwa, daß täglich alle demselben folgen und es auf die Weide treiben; denn dies würde nicht zu ihrem faulen Leben passen. Sie schicken dagegen täglich einen, zwei oder auch drei, je nachdem, ob die Herde groß oder klein ist, mit ihr hinaus. Dieses Viehhüten geht im ganzen Kral um, und niemand ist davon befreit, er mag sein, wer er will. Wenn einer nicht selbst gehen und hüten will, schickt er entweder seinen Knecht, wenn er einen hat, oder einen anderen aus dem Kral an seiner Stelle.

Was hier von den Ochsen, Kühen und Kälbern gesagt wurde, gilt auch von den Schafen. Von beiden Herden muß weiter gesagt werden, daß sie, wenn sie am Tage auf dem Felde herumgeweidet haben, an jedem Abend wieder nach Hause getrieben und zum Kral gebracht werden. Niemand darf dem Hirten des Tages einreden, daß er sie zu spät hinaus und zu früh wieder hineingetrieben hätte. Sie halten von selbst die richtige Zeit ein, morgens gegen 6 oder 7 und abends gegen 5 oder 6 Uhr, damit nämlich das Melken am Morgen und Abend bei Tag verrichtet werden kann.

Die Bullen lassen sie immer in der Herde, sie haben auch mehr als einen, dieweil sie auch mehr Kühe haben als die Europäer. Auch die Rammen lassen sie das ganze Jahr in der Schafherde und bekommen daher jährlich zweimal Lämmer. Wenn sie junge Kälber oder Lämmer männlichen Geschlechts bekommen, so ist ihnen damit nicht viel gedient, da sie von ihnen weder Milch noch andere Junge zu erwarten haben. Es gibt daher in jedem Kral einen, der mit dem Schneiden dieser Tiere umzugehen weiß. Sie lassen sie etwa ein Jahr alt werden und schneiden ihnen dann die Ballen oder Hoden heraus.

Sie werfen die jungen Ochsen, aber auch die alten Herdeochsen, auf den Boden, strecken die Füße aus, bin-

Wie die Hottentotten di

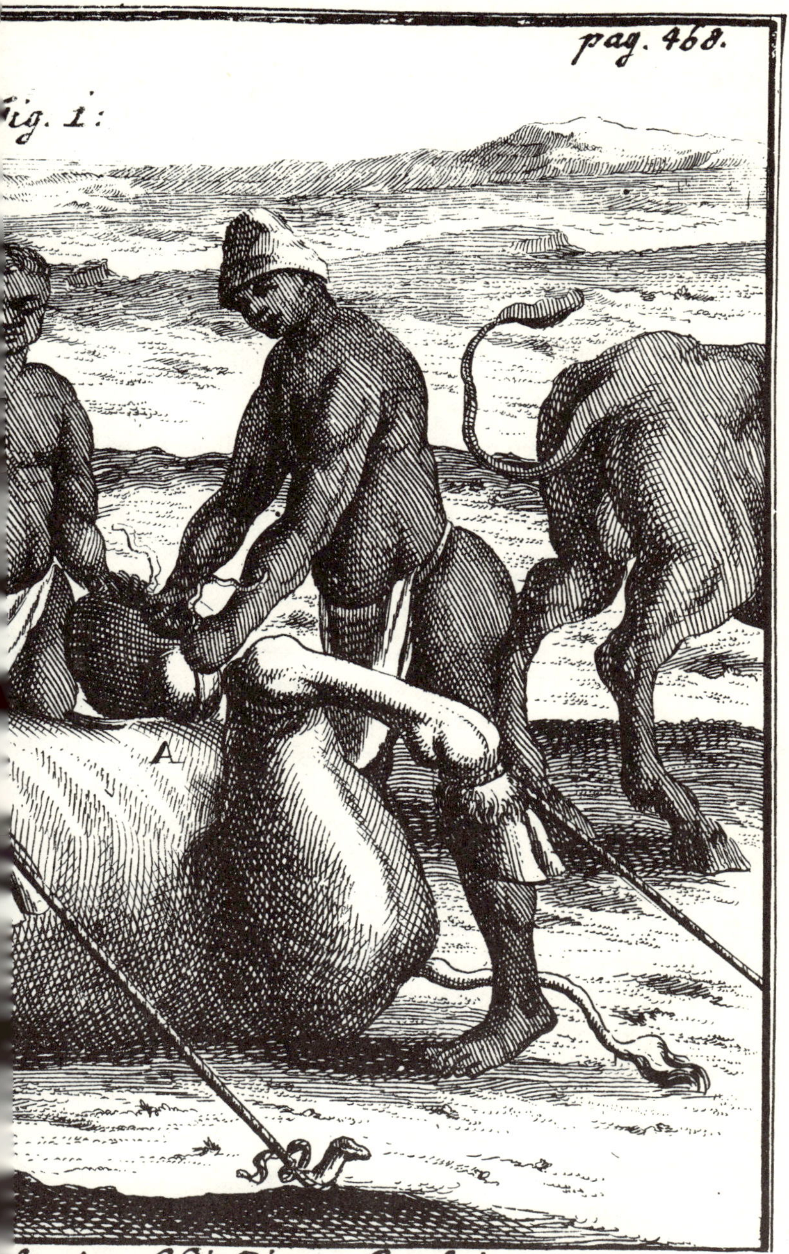

...sen A. und die Riemen B castriren

den sie an und setzen die Hörner in die Erde, damit sie mit keinem Glied Schaden anrichten können. Dann tritt der Ausschneider hinzu und benutzt statt eines Messers einen geschmeidigen, zähen Riemen von Ochs- oder Hirschhaut, die sie selber machen. Damit binden sie die Ballen so fest ab, daß nicht der geringste Durchgang von Adern oder anderer Gefäße mehr offen bleibt. Wenn das geschehen ist, binden sie dem Tier die Füße wieder los und lassen es laufen, wohin es will. Sie wissen, daß es nichts mehr ausrichten kann und daß ihm der Ballen abfaulen wird.

Einige schneiden die jungen Rammen nach einem halben Jahr, andere etwas später. Andere machen es mit ihnen wie mit den alten abgenutzten Rammen und kastrieren sie auf folgende Weise: Sie legen einen breiten Stein auf die Erde, darauf legen sie die Testikel und binden sie ebenfalls ab, lassen sie aber damit nicht laufen, sondern nehmen einen anderen runden Stein in die Hand und zerschlagen damit die abgebundenen Testikel zu kleinen Stücken und lassen sie dann fortspringen. Sie wissen, daß ihnen dieselben ebenfalls abfaulen und der Schaden von selbst wieder heilt.

Die Kühe und Schafe werden immer von den Weibern gemolken, und zwar auf die Weise wie wir Europäer dies tun. Sie können jedoch niemals Milch bekommen, wenn sie nicht zuvor das säugende Kalb darunter setzen und es ein wenig saugen lassen. Wenn dieses Kalb aber verunglückt oder verkauft oder geschlachtet ist, so decken sie das Kalbsfell auf ein anderes Kalb und melken dann die Milch heraus. Wenn auch das Fell nicht mehr vorhanden ist, können sie keine Milch von einer solchen Kuh bekommen, wenn sie sich nicht die Mühe machen und der Kuh, nachdem sie ihr die Hinterfüße zusammengebunden haben, hinten hineinblasen, wo das Kalb herausgekommen ist. Durch dieses

Mittel sind sie dahinter gekommen, daß sie doch die Milch bekommen können. Dies machen sowohl die Männer wie die Weiber.

Die Milch behalten sie in dem Topf, in den sie sie gemolken haben, es mögen darin auch Haare oder anderer Unflat sein. Sind sie durstig, so trinken sie dieselbe aus. Haben sie Hunger, so sieden sie sie und essen sie mit ihren Wurzeln. Oder sie verkaufen sie an die Europäer für ein Stückchen Tabak, wenn diese sich in ihrer Gegend aufhalten. Gibt es aber keine Europäer, so machen sie Butter davon.

Anstatt eines Butterfasses haben sie einen ledernen haarigen Sack, der fast einem Ranzen gleicht, und dessen Haare nach innen gekehrt sind. In diesen rauhen, schmierigen und unreinen Sack gießen sie die Milch und halten das obere Ende, nachdem es mit einem Riemen zugeschnürt ist, mit der Hand noch fester zu, damit nichts herauslaufen kann. Beide Enden des Sackes ergreifen entweder Mann und Frau oder auch zwei Weiber oder auch zwei Männer und schütteln die Milch in demselben schnell und solange hin und her, bis endlich Butter daraus wird.

Wenn die Butter sich gesetzt, nehmen sie sie aus dem haarigen Sack heraus, tun sie in einen leeren Topf und bewahren sie so auf, wie sie herauskommt. Da kann einem wohl der Appetit nach frischer Butter vergehen, wenn man betrachtet, wie buntfarbig von Unflat, faserig von Haaren und anderem feinem Zeug sie aussieht.

Dennoch gibt es Europäer, die, weil die Hottentotten die Butter selbst nicht essen, sondern nur zum Schmieren gebrauchen, selbige von ihnen fässerweise erhandeln und nach mühsamer Reinigung zu ihrem Essen gebrauchen oder aber an andere, die nicht wissen, daß die Butter von den Hottentotten kommt, als die ihrige verkaufen. Sie machen daher ziemlichen Profit damit.

Curiöse Art von Kühe melcken. A. u

uttermachen. B.

Wenn die Hottentotten die Butter herausgenommen und aufbewahrt haben, gießen sie auch die Buttermilch heraus und geben sie den jungen Lämmern oder Kälbern zu saufen. Bisweilen trinken sie sie auch selbst und fragen nicht danach, ob sie ein Büschel Haare oder anderen Unflat mit durch die Kehle schlucken. Genug, daß ihnen ihrer Meinung nach kein Schade dadurch erwächst.

Ich habe eben gesagt, daß sie die frische Milch miteinander austrinken. Es ist aber noch ein Unterschied zwischen Kuh- und Schafmilch zu beachten. Wenn sie Kuhmilch haben, so können Männer und Weiber, Junge und Alte, Große und Kleine davon trinken. Gibt es aber Schafmilch, so ist dem männlichen Geschlecht nicht erlaubt, einen einzigen Tropfen davon zu genießen, sondern es dürfen sich nur die Weiber derselben bedienen. Daher bieten sie den Europäern meist Schafmilch zum Verkauf an.

Ich habe mich oft bemüht, die Ursache dieses Brauchs von ihnen zu erfahren, habe auch manches Stück Tabak darangesetzt, daß es mir ein Hottentotte oder eine Hottentottin sagen möge, allein mein Bemühen ist immer fruchtlos geblieben, und ich bin meist von ihnen verlacht worden.

Es ist oben auch erwähnt worden, daß die hottentottischen Hirten jeden Abend ihre Herden nach Hause bringen und sie dort behalten, damit ihnen die Löwen, Tiger, Leoparden, Luchse, Wölfe, wilde Hunde etc. keinen Schaden tun mögen. Alle ihre Dörfer sind rund gebaut, wie zu anderer Zeit gemeldet werden wird, so daß sich mittendrin ein großer leerer Platz befindet. In diesen Platz treiben sie bei Nacht ihre Schafe, damit ihnen so leicht nichts beikommen kann. Außerhalb des Krals stellen sie die Ochsen, Kühe und Rinder herum, die gleichsam eine Wagenburg für sie und die Schafe bilden müssen. Damit diese aber ihren Willen nicht haben und hinlaufen können, wohin sie wollen, so binden sie immer zwei und zwei mit Stricken aus Binsen zusammen, und zwar jeweils am hinteren oder vorderen rechten Fuß, damit sie entweder zugleich laufen oder aber stehen bleiben müssen.

Wenn einige von wilder Natur dennoch weglaufen, so haben sie diese durch die Schnelligkeit ihrer Füße bald wieder eingeholt. Es ist also nicht nötig, daß sie wegen der wilden Raubtiere nachts bei ihrem Vieh wachen, weil sie den einbrechenden Feind an dem Außreißen der Rinder erkennen.

Um die ganz jungen Lämmer und Kälber vor Regen zu bewahren, bauen sie in der Rundung des Krals eine Hütte, die niemand bewohnt. Dort verbergen sie die jungen Lämmer, damit sie nicht von der Herde tot gedrückt werden. Sie machen deswegen auch etwas vor die Tür, damit sie nicht herausspringen und davonlaufen oder sich zur Mutter begeben. Vor der Tür sind auch einige Pfähle in den Boden geschlagen, an denen sie die jungen Kälber mit Stricken festbinden, damit auch diese nicht bei ihren Müttern herumlaufen und dadurch unbemerkt eine Beute der wilden Tiere werden.

Was die Backeley- oder Fechtochsen angeht, so haben sie ihren Namen vom Krieg erhalten, wo man ficht oder, wie es die Hottentotten sagen, backeleyt. Diese Tiere sind die größten, stärksten und mutigsten Ochsen in der ganzen Herde. Normalerweise trifft man in einem Kral 5 bis 6, nach der Menge des Viehs auch noch mehrere an, die alle von alten Hottentotten, die sich im Auslesen und Unterrichten auskennen, erkoren wurden. Sie werden dazu gebraucht, daß sie auf der Weide das andere Vieh beisammen halten, damit es sich nicht zu weit von der Herde entfernt und dadurch von wilden Tieren unvermutet angegriffen werden kann.

Daneben wird ihnen auch gelernt, in ihren Kriegen Dienste zu leisten und gegen die Feinde einzudringen, ihren Anführern den Weg zu bahnen, alles unter die Füße zu treten und zu verjagen, was ihnen entgegen steht.

Im freien Felde ist es gefährlich, wenn ein Europäer zu einer Viehherde kommt. Denn die Backeley-Ochsen laufen vor der ganzen Herde her und auf denjenigen zu, der auf sie zukommt. Es hilft auch nichts, wenn man ihnen Steine, Schollen oder andere auf dem Weg liegende Sachen entgegenwirft. Wenn aber ein Hottentotte nur auf dem Finger pfeift, bleiben sie sofort stehen, schauen den Fremden steif und unverändert an, folgen ihm zu dem Hottentotten und kehren dann wieder nach ihrer Weide zurück.

Kann er aber keinen Hottentotten erschreien, so kann er nur noch sein Gewehr losbrennen und sie damit erschrecken. Auf diesen Knall kommen dann auch die Hottentotten hervor und jagen ihr Vieh zurück. Hat er aber kein Gewehr bei sich und kann auch keinen hohen Baum oder Fels erreichen, so muß er ängstlich warten, was sie mit ihm tun werden. Ihre Grimmigkeit bringt zwar nicht gleich den Tod mit sich, doch er muß sich fürchten, von ihren spitzen und scharfen Hörnern einen solchen Stoß zu bekommen, der ihm viel Ungemach und endlich wohl gar den Tod bringt.

Diese Backeley-Ochsen werden abgerichtet, indem sie einem alten einen jungen beigeben, der dem alten entweder freiwillig oder durch Schläge nachfolgt und sich zwingen lassen muß, dem alten Ochsen alles nachzutun. In der Nacht binden sie immer einen alten und einen jungen aneinander und lassen sie so beisammen stehen.

Ihre Tragochsen sind auch große, starke und ansehnlich dicke Tiere, die ebenfalls von alten und erfahrenen Hottentotten auserlesen werden. Wenn sie etwa ein oder zwei Jahre alt sind, fangen sie sie, werfen sie zu Boden und binden sie, wie eben erwähnt, an den Füßen an. Dann kommt einer mit einem Messer und sticht ihm ein Loch zwischen den zwei Nasenlöchern hindurch. In dieses stecken sie einen etwa daumendicken Ast, etwa anderthalb Schuh lang, der oben einen Widerhaken hat, so, daß er nicht herausfallen kann. Mit diesem Holz können sie die Ochsen bald bezwingen und zu allem abrichten. Denn wenn sie nicht still stehen oder entlaufen wollen, stecken sie nur das in der Nase hängende Holz in die Erde und lernen sie dadurch, still zu stehen, weil es ihnen, wenn sie unbändig sind und anziehen wollen, in der Nase weh tut. Wenn sie ferner dieses Holz in der Hand haben und neben ihnen hergehen, müssen sie wieder aus dem gleichen Grund ihnen geduldig folgen. Wollen sie ihnen, nachdem sie bereits etwas gezähmt, eine Last aufpacken, müssen sie wieder, wenn entweder das Holz in der Hand gehalten oder in der Erde steckt, still stehen und mit sich handeln lassen, wie es den Hottentotten gefällt.

Dieses Aufpacken ist es, wozu sie diese Ochsen brauchen wollen und weswegen sie Tragochsen genannt werden. Denn wenn sie von einem Ort wegziehen und an einem anderen sich niederlassen, so wird einem solchen Ochsen das gesamte hottentottische Haus nebst allem Hausrat, manchmal auch, wenn sie kranke oder alte Leute bei sich haben, die nicht gehen können, zwei derselben aufgepackt, die er dorthin tragen muß, wo man es hinhaben will. Auf denjenigen, die keine Häuser zu tragen haben, wird mit Hilfe von Stecken ein Lager in Form eines Tragstuhls gemacht, damit die Alten und Kranken fortgebracht werden können.

Wenn sie an einen Ort reisen, um etwas Tabak, Branntwein, Tabakspfeifen, kupferne oder gläserne Korallen oder Perlen zu erhandeln, so muß gleichfalls ein solcher Tragochse mit, der das Erhandelte nach Hause trägt. Summa, in allen Fällen, da es etwas zu tragen gibt, muß ein Tragochse eines Hottentotten Reisegefährte und treuer Gehilfe sein. Daraus ist gar leicht zu erkennen, daß es mehr Trag- als Backeley-Ochsen in einem Kral oder in einer Viehherde gibt.

Es ist merkwürdig, daß sich in jedem Kral ein Mann findet, der Kenntnis von den Krankheiten des Viehs haben muß. Sie sagen nicht leicht, was und welche Krankheiten ihrem Vieh zustoßen. Es ist mir daher unmöglich gewesen, hierüber etwas Gewisses zu erfahren. Nur so viel habe ich erfahren, daß sie im Winter, in Ermangelung eines gedeckten Stalles, durch den starken Regen gar viel Vieh, sowohl an Rindern als auch an Schafen, verlieren.

Man kennt hier nichts von einem generalen und durchgehenden Sterben der Schafe wie in Europa, auch ist man nicht besorgt, daß eine Herde räudig wird oder den Husten bekommt oder auch faul oder sonst ungesund wird. Vor allen diesen Ungelegenheiten ist man hier ganz sicher.

Wenn sie aber trotzdem krankes Vieh in ihrer Herde bekommen, so bedienen sie sich der Mittel, die ihnen von dem oben erwähnten Vieharzt vorgeschlagen weden. Dies sind äußerlich das gewöhnliche Aderlassen,welches sie mit einem spitzen Messer oder aber mit einem scharf gemachten und auf den Steinen zugeschliffenen Knochen eines Vogels oder anderen Tieres verrichten. Innerlich bedienen sie sich des wilden Knoblauchs, den sie ihnen entweder zerstoßen oder ganz eingeben. Oder sie machen einen gekochten Trank davon und flößen ihnen denselben ein.

Schlägt die angewandte Mühe und Arznei an, herrscht bei ihnen große Freude darüber. Stirbt das erkrankte Vieh jedoch, so ist der Schaden dennoch nicht allzu groß, da sie das Fleisch nicht wegwerfen oder den Hunden geben, sondern sie erfreuen sich selbst daran, jedoch so, daß nicht nur der Eigentümer, sondern auch die anderen, die im Kral wohnen, ihre Portion bekommen.

Wenn nicht etwas besonderes geschieht und es ihre Gebräuche erfordern, schlachten sie kein Vieh, sondern behalten alles Zugewonnene für andere Gelegenheiten. Das Schlachten bei ihren Feiern reicht noch lange nicht aus, nur den vierten Teil des zugewonnenen Viehs wieder weg zu bekommen, da jedes Jahr einige hundert Stück mehr gezählt werden wie zuvor.

Wenn ihre Herde so groß wird, daß sie entweder selbst nicht wissen, wohin damit, oder wo sie Weide hernehmen sollen, oder auch, daß die Hirten sich beschweren daß sie diese unmöglich bändigen können, so haben sie drei Möglichkeiten, sich ihrer zu entledigen und sich dabei noch gute Freunde zu machen. Wenn die Illustre Compagnie keine Ochsen hat, die sie vor die Wagen spannen kann, läßt sie diese von den Hottentotten eintauschen und treibt sie nach Hause. Sie geben bei dieser Gelegenheit nicht nur Ochsen, sondern auch Hammel willig hin, weil sie nicht nur guten Willen zu erwarten haben, sondern auch gegen ihre Feinde geschützt werden. Mangelt es jedoch an dieser Gelegenheit und die Compagnie benötigt nichts, so laufen sie selbst zum regierenden Gouverneur und offerieren ihm einige Ochsen und Hammel zum Geschnek, da sie wissen, daß dieser ihnen ebenso gute Bezahlung dafür gibt wie die Compagnie. Gibt es dennoch etwas Überschuß, so bieten sie ihren Vorrat den Europäern selbst an. Dies muß jedoch im Geheimen geschehen, und die Europäer trauen diesem Frieden sehr selten, besonders, wenn sie eine große Zahl angeboten bekommen. Bei einer kleinen Zahl nehmen sie sie schon einmal und bezahlen dafür.

DER 12. BRIEF

Von der Hottentotten Kleider und wie sie gemacht werden. Desgleichen von ihrem Zierat oder Schmuck

Alle miteinander haben gemein, daß sie sich mit Schaf- oder anderem Fett beschmieren. Dies ist, wie vormals gezeigt, eins der ersten Ehrenzeichen, die einem neugeborenen Kind erwiesen werden. Dies wird immer weitergeführt, niemals aber der alte, in das Fett eingebackene Kot abgewaschen. Es ist daher leicht zu erkennen, daß schließlich mit der Zeit der Kot und Unflat so dick auf ihrer Haut hängt und klebt, daß er oft die Dicke eines Messerrückens übertrifft. Sie lassen kein Glied des ganzen Körpers unbeschmiert, sondern reiben mit dieser herrlichen Salbe Augen, Ohren, das ganze Angesicht und alle übrigen Glieder, nebst den Haaren, ein.

Diese Haare sehen der Schafswolle sehr ähnlich und werden deswegen auch Kaffernhaare genannt, weil sie mit den der anderen schwarzen Nationen, wie der Madagaskischen, Guineischen, Kapverdischen und anderen, übereinstimmen. Ich habe auch niemals einen Hottentotten oder eine Hottentottin mit langen Haaren gesehen, es sei dann, sie hätten einen europäischen Vater gehabt.

Dieses wollene Haar beschmieren sie mit dem erwähnten Fett so dick, daß das ganze Haupt mit einer Rinde oder Grind überzogen zu sein scheint. Daher ist es auch so dick ineinander gebacken wie Wolle, in der Mist eingemischt ist und klumpenweise daranhängt. Zu dieser Salbung benutzen sie nicht nur reines Fett, sondern sie reiben ihre schmierigen Hände an die Kessel oder Pfannen, auch an eiserne Töpfe, und reiben den daran klebenden Ruß herab, mit dem sie dann das Haar, das Gesicht und den ganzen Leib übertünchen.

Die Männer und alles was männlich ist gehen gemeinhin mit bloßen Köpfen den ganzen Tag in der Sonne herum. Im Winter aber oder in der sogenannten Regenzeit, da der Regen oft ziemlich lange anhält und die Luft besonders für einen nackten Hottentotten etwas kälter ist, bedecken sie den Kopf mit einer aus breitem Lämmerkatzen- oder anderem Fell gemachten Mütze, die mit zwei Riemen versehen ist, von denen einer um das Haupt geht, der andere aber unter dem Kinn festgemacht werden kann. Außen ist sie rauh und mit Fett ganz dicht beschmiert.

Das Gesicht und der Hals sind ganz bloß, doch geht ein zugebundener Riemen herum, an dem ein schmieriger lederner Sack oder ein alter, von Fingern beraubter Handschuh befestigt ist und vor der Brust hängt.

Die Schultern und den ganzen oberen Teil des Leibes bedecken sie mit zusammengenähten, über und über mit Schaffett wohl beschmierten Schaffellen, an denen sich oben zwei Riemen befinden, damit sie unter dem Hals gebunden und wie ein Mantel befestigt werden können. Die Reichen, besonders aber die Capitains, haben auch Leopardenfelle oder solche von Tigerbuschkatzen, einige auch Dachsfelle als Decke umhängen. Diese Decken nennen sie Karoß. An anderer Stelle will ich berichten, wie sie diese Felle zusammennähen.

Diese Karoß dient ihnen nicht nur bei Regen und Wind, sondern auch in Hitze und Frost als Kleidung. Sie brauchen sie auch anstatt eines Bettes, liegen darauf und dekken sich damit zu und nach ihrem Tod dient ihnen die Karoß auch noch als Sarg, weil sie in diese eingewickelt werden. Im Winter tragen sie die Wolle auf dem Leib oder nach innen gekehrt, im Sommer aber zeigt das Rauhe nach außen.

Die Form dieser Karoß kann ich nicht anders vergleichen als mit dem Hinterteil eines Meßgewandes. Sie ist nämlich oben bei den Schultern breit, daß damit der Rücken und der Bauch bedeckt werden können. Nach unten zu läuft sie etwas schmäler zusammen, bis sie schließlich ganz unten oval ist. Die Länge der Karoß reicht gewöhnlich, besonders bei denen, die am Kap wohnen, von den Schultern bis unter die Knie. Die Attaquas tragen längere, die ihnen bis auf die Fersen reichen.

Am linken Arm, und zwar gleich über dem Ellenbogen, tragen sie einen oder mehrere, meist drei elfenbeinerne Ringe aus Elefantenzähnen, die sie entweder in den Büschen finden oder von den mit Pfeil und Assagayen erschossenen Elefanten bekommen. Sie tragen sie aber nicht nur zur Zierde, sondern vielmehr, um besser des Gegners Schläge zu parieren, wenn sie im Ernst oder Scherz miteinander fechten. Außerdem machen sie mit Hilfe dieser Ringe einen kleinen ledernen Sack fest, in dem sie ihr Feuerzeug zum Tabakrauchen, ihr Brot oder ihre Wurzeln, desgleichen Muscheln, Krebse und andere Kost bewahren.

In der rechten Hand tragen sie gewöhnlich zwei Stöcke, die sie in ihrer Sprache Kirri und Rackum nennen. Der Kirri ist etwa drei Schuh lang und einen Daumen dick, der Rackum ist nicht viel länger als ein Schuh. Der Kirri ist an beiden Enden gleich dick, der Rackum-Stock dagegen ist an dem anderen Ende spitz zugeschnitten, weil er ihnen nur zum Werfen dient. Wenn ein Hottentotte diesen Rackum-Stock in der Hand hat, kann man bald erkennen, welchen Sinnes er ist, da er entweder damit auf die Jagd geht und etwas totwerfen will, oder er hat einen Gegner, dem er mit diesem Rackum etwas versetzen möchte.

Beide Stöcke sind schwer wie Blei, fest und stark wie Eisen. Das Holz, aus dem sie gewöhnlich gemacht werden, wird wegen seiner Härte Eisenholz genannt. Manche machen diese Stöcke auch aus wildem Olivenholz, welches hier an den Ufern der Bäche und Flüsse in ziemlicher Menge wächst und dem genannten Eisenholz an Härte nicht viel nachgibt.

Wenn sie einen solchen Stock machen wollen, beschmieren sie ihn so oft und viel mit Fett, bis er nichts mehr aufnimmt. Dann hängen sie ihn auf oder legen ihn in ihren Hütten hin, damit das Fett einzieht und das Holz dabei dürrer wird. Wenn das Holz nun dürre und mit Fett sattsam getränkt ist, kann es weder gebogen, vielmehr gebrochen werden. Ich glaube, daß ein Degen eher in Stücke springt als daß dieser Kirri oder Rackum-Stock bricht.

Sie benutzen den Kirri zum Fechten und Ausparieren. Ich glaube, daß der beste Fechtmeister in Europa mit gleicher Waffe gegen sie nichts ausrichten kann, da sie niemals still stehen, sondern bald hierhin, bald dorthin springen und gar artige Verbeugungen, Wendungen und Drehungen mit dem Leibe machen, daß selten ein Schlag trifft.

In der linken Hand tragen sie noch einen kleinen Stock, an dem der Schwanz eines Fuchses, einer wilden Katze oder eines anderen wilden Tieres festgemacht und an einem Ende darüber gezogen ist; dieser dient ihnen anstatt eines Schnupftuches. Denn sie wischen mit diesem Schwanz ihre Nasen ab, wenn der Unflat herauslaufen will. Sie trocknen damit das Gesicht ab, wenn sie heftig schwitzen, und sie reiben die Augen aus, wenn ihnen der Wind Staub und Sand hineingeweht hat. Der Stock, an dem dieser Schwanz fest angedörrt ist, ist etwa ein Schuh lang. Wenn der Schwanz naß oder von Staub und Sand unrein ist, drehen sie den Stock in den Händen wie einen Quirl, damit die Nässe und der Staub herausfallen. Sie nennen ihn in ihrer Sprache Schjou.

A Der Hottentotten täglicher Habit pag.
und pag. 480. D.
A.
A

er Hottentotten täglicher Aufzug. pag: 479. C. wie sie ihre Kinder tragen. pag: 462.
Kinder säugen. pag: 480. und pag: 462. u. p. 480.
C
B
D

Der ganze Oberleib und der Bauch sind nackt, bis an das Geburtsglied, das sie mit einem Stückchen Fell bedecken, welches rund gebogen und am Ende etwas zugenäht ist. In Länge und Breite ist es etwa so groß wie eines großen Mannes Hand, doch so, daß es gegen den Bauch hin etwas breiter ist. Dieses Stückchen Fell wird gewöhnlich von einem Dachs oder auch von einer wilden Katze genommen. Die Haare zeigen jedoch immer nach außen. An diesem Stückchen Fell, das Kulkroß genannt wird, sind zwei Riemen festgemacht, mit denen es über den Hüften um den Leib gebunden wird. Die zwei Riemen hängen zwischen den zwei Hinterbacken herab.

Der übrige Unterleib, von den Hüften bis zu den Fußsohlen, ist ganz bloß und nackt, außer daß diejenigen, die bei den Christen als Viehhirten dienen, lederne Strümpfe an den Waden haben, damit sie ihre Unterschenkel nicht beschädigen, wenn sie durch Hecken und Gedörn laufen müssen. Einige unter ihnen auch, die von den Christen entfernt leben und Vieh besitzen oder die eine weite Reise unternehmen wollen, machen sich aus geschlachteten Ochsenhäuten oder aus Fellen von wilden Tieren, die nicht bereitet wurden, Schuhe, die aus einer Sohle bestehen und genau die Größe eines Fußes haben.

Diese Schuhe oder vielmehr Sohlen haben die Haare noch, die nach außen getragen werden, damit sie sich auf der Erde erst abschleifen. An den Fersen ist ein Riemen durchstochen, durch den sie befestigt werden können. Vorne bei den Zehen gibt es wieder einen Riemen, der über den Fuß geht und macht, daß sie auch vorne an den Füßen bleiben müssen. Diese Schuhe haben mich erinnert an einige altrömische Arten oder auch an die, die die Kapuziner und Franziskaner tragen. Hin und wieder findet man auch einige, die ein paar alte Strümpfe oder Schuhe von der Straße aufgelesen haben und anziehen, oder auch andere, die von diesem oder jenem Bootsgesellen ein paar alte leinerne Pumphosen geschenkt bekommen und anhaben, allein dies sind seltene Exemplare.

Die Frauen tragen im Gegensatz zu den Männern ihre Mütze jeden Tag. Die Mützen der Männer sind oben rund und glatt, diejenigen der Weiber aber haben oben eine Spitze, ähnlich wie die polnischen Mützen; sie binden sie mit einem breiten Riemen um den Kopf fest.

Den Hals und die Brüste und auch den ganzen Bauch tragen sie ganz nackt, außer daß sie mit zwei Riemen einen viereckigen ledernen Sack, welcher einer Fuhrmannstasche am besten gleicht, um den Hals binden, in dem sie alles aufbewahren, was sie benötigen und ihnen zum Lebensunterhalt dienen kann, wie Brot oder Wurzeln, Fleisch, Fische, Muscheln, Tabak, Tabakpfeifen, Dacha, Feuerzeug etc.

Dieser Sack hängt an den genannten Riemen vom Hals herab, manchmal auf dem Rücken, manchmal auf der Seite, bisweilen unter der Karoß, bisweilen auch über ihr, je nachdem es die Umstände erfordern oder zulassen. Daraus ergibt sich, daß die Weiber mehr Kleider als die Männer gebrauchen. Denn wenn dieser Sack auf dem Rücken hängt und unter der Karoß verborgen ist, so ist nichts sicheres, als daß sie anstatt einer Karoß zwei tragen.

Haben sie kleine Kinder, die nicht laufen können, so muß der Sack weichen und anstatt des Rückens die Seite einnehmen. Das kleine Kind wird auf dem Rücken durch die unterste Karoß festgehalten, daß es nicht herabfallen kann. Weil oben noch eine längere Karoß darübergeht, die unten herum zusammen gebunden wird, damit das Kind vor Regen und Wind geschützt bleibt, so sieht man alsdann von dem ganzen Kind weiter nichts als den Kopf. Dieser ragt über die Schulter hervor, damit die Mutter, wenn es schreit oder durstig ist, die lange herunterhängende Brust nehmen, über die Schulter werfen und dem Kind in den Mund stekken kann.

Manchmal pflegen sie diese unterste Karoß auch zur Pracht und Hoffahrt zu tragen, besonders dann, wenn sie keine kleinen Kinder haben. Damit wollen sie anzeigen, daß sie reich sind. Wenn sie nicht viel in dem Sack haben, tragen sie ihn unter der Karoß, da er weder sie noch das Kind stark belastet. Wenn er aber voll ist, so muß er über der Karoß hängen, es mag auch darin sein was will.

Mit der obersten Karoß bedecken sie wie die Männer die Schultern und den ganzen Oberkörper bis an die Knie. Was damit aber nicht bedeckt wird, lassen sie offen und bloß und schämen sich deswegen vor niemand, ja lachen wohl denjenigen aus, der nach ihren Brüsten greift, und fragen ihn, was er in seinem Herzen für Gedanken habe? Sie sind daher in diesem Punkt weit anders geartet als manches europäische Frauenzimmer, welches deswegen den Stall offen stehen läßt, damit ein geiler Bock mit seinen Augen dahin zielen und bewogen werden möge, die Hände danach auszustrecken.

Während der Nacht, wenn sie die Karosse und den Sack ablegen, machen sich sowohl Männer wie Weiber von diesen und anderen Karossen ihre Betten auf der bloßen Erde. Mit anderen decken sie sich zu und bewahren sich gegen die kühle Nachtluft.

Den Unterleib, und zwar den hintersten Teil desselben, bedecken sie mit einer noch etwas kleineren Karoß als die vorige war, die auch mit zwei Riemen um die Lenden festgemacht wird und bis an die Knie herabhängt oder auch etwas tiefer. Die Scham bedecken sie mit einer ebenso großen und dreimal größeren Karoß als die Kulkroß der Männer ist, die auch wie jene einen besonderen Namen hat und Kutkroß genannt wird. Von dieser Karoß ist besonders zu bemerken, daß sie nicht wie andere Karosse Haare hat, sondern ganz kahl ist, wird aber ebenso wie die anderen mit Schaffett bereitet. Die Ursache soll sein, daß es durch die Feuchtigkeit nicht verdirbt.

Diese Karoß wird gleichfalls mit zwei Riemen um die Lenden festgemacht und genießt dabei noch die Ehre, daß sie rundum mit dem Riemen besetzt ist.

Die reichen Frauen tragen ebenfalls Karosse aus Leopardenfellen.

Alle Frauen, die über zwölf Jahre alt sind, bedecken die Beine von den Knien bis an die Knöchel mit Ringen, die aus Schaffellen gemacht werden. Den kleinen Mädchen werden nur einige wenige Ringe aus Binsen um die Füße gemacht, zum Zeichen, daß sie weiblichen Geschlechts sind. Die Attaquas tragen sehr wenige solcher Ringe um die Beine, außer dort, wo sie an andere Hottentotten stoßen.

Diese Ringe machen sie folgendermaßen: Sie sengen zunächst die Haare ab, dann schneiden sie aus dem Schaf- oder auch Kalbsfell breite Riemen und diese rollen sie dicht ineinander, daß die haarige Seite nach innen kommt, und machen schließlich einen Ring daraus.

Sie machen diese Ringe groß und klein, nicht nur nach der Dicke ihrer Beine, sondern auch danach, ob sie unmittelbar auf die Beine oder Waden kommen oder auf anderen Ringen liegen sollen. Denn sie haben dergleichen Ringe über hundert an jedem Bein und dieses wohl drei- bis vierfach damit überzogen. Ihre Dicke ist etwa einem kleinen Finger gleich; sie sind dabei sehr artig und nett in die Runde gebogen und auch mit beiden Enden so schön zusammen gefügt, daß man nicht den Anfang oder das Ende finden kann.

Ich kann ferner versichern, daß ich gar oft gesehen habe, wie sie diese Ringe in Zeiten der Not und wenn der Hunger sie geplagt hat von den Beinen genommen und aufgezehrt haben.

Da sie viel durch das wilde Feld laufen und Dornen und Hecken durchstreifen müssen, wenn sie Wurzeln und auch Hottentotten-Feigen suchen, so würden sie sich sehr verletzen, wenn sie diese Ringe nicht an den Waden hätten. Denn sie tun ihnen hierbei ebenso gute und wohl noch bessere Dienste wie den Europäern ein Paar lederne Strümpfe, weil sie dick übereinander liegen und nicht leicht ein Dorn durchdringen kann. Auch halten sie diese Ringe für eine Zierde und glauben, daß, je mehr eine Hottentottin solche Ringe an den Beinen hat, desto schöner sei sie und desto höher müsse sie geachtet werden.

Damit diese Ringe, die nur lose an den Waden liegen, eine Festigkeit bekommen und nicht herabfallen, suchen sie auf den Gassen alte weggeworfene Lumpen, flechten diese um die unterste herum und befestigen sie auf diese Weise. Andere aber, die weit von den Christen entfernt wohnen und diese Lumpen nicht bekommen können, nehmen dazu zähe Binsen und binden sie damit aneinander, oder aber sie bedienen sich eines Riemens und wickeln den einen an den anderen damit so fest, daß sie nicht auseinander fallen können.

Derjenige, der mit ihnen seinen Willen zu vollbringen gedenkt und von denen noch einige gefunden werden, muß nicht nur ein Unchrist, sondern auch blind und aller Sinnen, Witz und Verstand beraubt sein, weil seine geile Begierde weder der Gestank noch der garstige Anblick ihres Leibes, vielweniger ihre schmierige Umarmung abschrecken kann.

Ich möchte jetzt von dem Schmuck der Hottentotten berichten, und zwar zuerst, worin Männer und Weiber, Reiche und Arme, Große und Kleine übereinstimmen. Alle schmieren sich über und über mit Fett, wie oben bereits weitläufig ausgeführt. Je mehr jemand unter ihnen über den ganzen Leib beschmiert ist, je schöner erscheint er in ihren Augen. Man kann sie allezeit weiter riechen als mit den Augen wahrnehmen.

Sie stimmen auch alle darin überein, daß sie das stinkende Haupt mit wohlriechendem Buchu über und über bestreuen. Sie glauben, daß sie dadurch schöner werden. Die Frauen bestreuen nur die Stirn, weil das übrige unter die Mütze käme und deswegen unnütz sein würde, da es auch von niemand gesehen werden kann.

Ferner haben sie alle gemeinsam, daß sie an ihre Haare kupferne Blättchen und Knöpfe binden, die durch die Europäer verloren und von ihnen gefunden wurden. Vorher werden sie glänzend poliert, daß man sich darin spiegeln könnte. Nicht nur diese Kleinigkeiten, sondern auch Spiegel und Pfennige machen sie auf diese Art fest.

Schließlich tragen auch alle um den Hals, die Hände und über den Hüften gläserne, am liebsten aber kupferne Perlen oder, wenn sie diese nicht haben können, kleine runde Scheiben aus Straußeneierschalen. Am allerliebsten haben sie die kleinen kupfernen Perlen, um den Hals und die Hände damit zu zieren. Bei den gläsernen haben sie die am liebsten, die aus vielen Farben bestehen. Je bunter eine Schnur ist und je mehr eine Farbe von der anderen absticht, desto lieber haben sie sie und desto mehr bezahlen sie dafür.

Diese Perlen, besonders die kupfernen, sind eine der wichtigsten Waren, die sie von den Europäern fordern, wenn sie sich als Knechte bei ihnen verdingen. Ich glaube auch nicht, daß ein christlicher Einwohner hier einen Hottentotten oder eine Hottentottin zum Dienst bekommen kann, wenn er nicht vorher große und auch kleine kupferne Perlen zum Lohn verspricht. Sie begnügen sich nicht mit einer Schnur um Hals und Lenden, sondern sie wollen sich mehrfach präsentieren. Je mehr Perlenschnüre sie um Hals, Hände und Lenden haben, und je größer und scheckiger sie sind, desto reicher werden sie von den anderen gehalten.

Zum letzten schmücken sich sowohl Männer als Weiber mit Ohrgehängen. Dies ist nichts anderes als ein ausgeglühter Messingdraht, den sie polieren und in das Ohr stecken, nachdem sie mit einem Vogelknochen oder einem anderen Instrument ein Loch durch das Ohr gestochen haben. An diese Ringe hängen sie Muscheln oder Stücke davon, denen sie die Form von Perlen geben.

Ein besonderer Schmuck der Männer ist es, daß sie sich die Blasen der Tiere, die sie mit ihrem Rackum-Stock oder mit Pfeilen und Assagayen getötet haben, in die Haare flechten und sich dadurch besondere Ehre und Ruhm vor den anderen einbilden.

Die Männer der Kleinen Namaquas befestigen über der Stirn an ihren Haaren ein poliertes Stück Eisenblech in Form eines Halbmonds.

Die Frauen wenden auf ihren bereits beschmierten Angesichtern noch eine Schminke an und bestreichen es mit roter Farbe, und zwar so, daß über den Augen zwei Flecken kommen, auf jeder Wange und der Nase einer und schließlich einer am Kinn.

DER 13. BRIEF

Von der Hottentotten gewöhnlichen Speisen und Trank; desgleichen wie sie diese zurichten, kochen und braten

Sie halten sich an keine gewisse Zeit, noch binden sie sich an einen gewissen Ort, wenn sie essen wollen. Wenn sie zu Hause sind und es nicht regnet oder zu staubig ist, essen sie gewöhnlich unter freiem Himmel und bedienen sich keines Schirms gegen die heißen Sonnenstrahlen.

Bei den Speisen gibt es einige, die sie ganz und gar nicht essen dürfen, andere hingegen sind nur den Männern verboten und wieder andere dürfen die Weiber nicht essen. Allen verboten ist das Essen von Schweinefleisch und Fischen ohne Schuppen, wie Aale etc. Da sich die Juden selbiger auch enthalten müssen, gibt mir das abermals Anlaß zu vermuten, daß sie von denselben herstammen und nicht wissen, daß es ihren Voreltern im Gesetz verboten war.

Dem männlichen Geschlecht ist besonders verboten, Hasenfleisch oder Kaninchen zu essen und Schafmilch zu trinken. Die Weiber dagegen dürfen nichts aus reinem Blut und auch keinen Maulwurf essen.

Alles andere, was vom Menschen genossen werden kann, dient auch ihnen als Speise. Die Männer müssen für das Fleisch, die Weiber für die Wurzeln sorgen. Da die Männer schnell zu Fuß sind, fangen sie im allgemeinen wilde Tiere, an denen sie eine Zeitlang zu essen haben. Daneben haben sie auch manchen Abfall von ihren Herden, von denen sie zwar nichts schlachten, wenn nicht ein besonderer Umstand vorhanden ist. Doch da viele Tiere aus Schwäche oder Krankheit oder gar auch wegen des Alters umfallen und verrecken und sie diese nicht wegwerfen, so haben sie immer Fleisch zu essen.

So gut aber die Männer auf diese Weise davonkommen, so mühsam und verdrießlich haben es dagegen die Weiber, die alle Tage frische Wurzeln herbeibringen müssen. Sie dürfen weder Regen noch Wind noch den heißen Sonnenschein scheuen, sondern müssen hinaus und Wurzeln suchen, es sei denn, daß der Regen allzu stark anhält und alle Täler voll Wasser stehen, so daß sie nichts finden können. Es ist auch nicht egal, welche Wurzel sie nehmen, sondern sie müssen solche haben, von denen sie versichert sind, daß sie ihnen nicht schaden. Denn es gibt viele Wurzeln, die von außen schön und lieblich anzusehen sind, die aber oftmals den schlimmsten Saft in sich haben und dem, der sie ißt, große Schmerzen verursachen oder gar den Tod nach sich ziehen. Sie nehmen daher fast nur solche Wurzeln, die die Stachelschweine und Paviane fressen, und diejenigen, die die Holländer Ajuntjes nennen.

Es gibt noch eine wilde Frucht, die gallenbitter im Geschmack ist und nicht genossen werden kann, wenn man sie nicht vorher im frischen Wasser ein paar Mal abkocht und dann wieder in die Sonne legt, damit sie trocken wird. Wenn diese Frucht roh genossen wird, hinterläßt sie nicht nur den bitteren Geschmack so stark, daß er nicht weggebracht werden kann, wenn man gleich den Mund hundertmal wäscht, sondern sie verursacht im Leib ein entsetzliches Reißen, als ob man eine Kolik hätte. Diese Frucht nennen sie wilde Amandeln.

Obwohl sie so vielerlei Wurzeln und Früchte im Feld finden und fast alle Monat eine andere Gattung haben können, so geschieht es doch bisweilen, besonders wenn regenreiches Wetter ist oder wenn sie selbst zu faul sind, hinaus zu gehen, was oft passiert, daß sie das elendeste und abscheulichste Zeug essen müssen. Hierzu gehören auch die Ringe, die sie um ihre Füße tragen. Von denen nehmen sie einen oder auch zwei herab, klopfen ihn ein wenig zwischen zwei Steinen, daß er sich brechen läßt, und essen ihn dann. Ich habe selbst Kinder von drei, vier oder fünf Jahren gesehen, die von den Müttern damit gespeist wurden.

Sie verzehren auch die Feldschuhe der Europäer, die diese so lange tragen, bis sie löcherig werden, und dann wegwerfen. Die Hottentotten heben sie auf, nehmen sie mit nach Hause und benutzen sie in Zeiten der Not; sie werfen sie erst ein wenig auf Kohlen, damit die daran befindlichen Haare wegbrennen, und essen sie dann.

Von einem Schaf oder Ochsen, die sie schlachten müssen oder die an Krankheit oder Alter eingehen, werfen sie nichts weiter weg als den Unflat, der in den Därmen und im Magen ist, sowie die Galle, die Hörner und Klauen. Nachdem der Unflat herausgedrückt und die Därme oder der Magen ausgespült worden sind, eilen sie damit zum Feuer und bereiten sich ein angenehmes Essen. Nachdem die Därme ein wenig zusammengeschrumpft sind, nehmen sie sie bereits wieder vom Feuer und essen sie auf, obgleich die Zähne daran noch soviel zu beißen und zerren haben. Wenn sie jedoch die Därme, an denen sich noch das Fett befindet, unter Milch und Blut schneiden, so lassen sie dies vollkommen auskochen.

Im allgemeinen bereiten die Frauen die Speisen zu, in ihrer Abwesenheit auch die Männer. Die Speisen, die kochen sollen, dürfen nicht zu weich werden; denn davon sind die Männer, wären sie auch hundert und mehr Jahre alt, keine Liebhaber. Diejenigen, die gebraten werden, dürfen außen nicht zu hart und verbrannt sein; denn dies ist ihnen widerlich.

Die Wurzeln, die gebraten werden sollen, vergraben sie unter der Asche und lassen sie ein wenig darin rösten. Diese Art, halbgebratenes Fleisch, Därme und Wurzeln zu essen, ist so fremd und seltsam gar nicht, da auch die Englische Nation gern ein gebratenes Stück Fleisch ißt, aus dem das Blut noch heraus läuft.

Wenn sie etwas kochen, es sei Fleisch, Fisch, Därme, Wurzeln oder was es will, so geschieht es immer ohne Salz, Pfeffer oder anderes Gewürz. Sie tun auch kein Fett daran, wenn das Fleisch nicht selbst fett genug ist. Jede Speise wird getrennt gekocht und gegessen. Ich bin der Meinung, daß durch das Fehlen des Salzes ihnen die Speisen so gut bekommen und daß sie dadurch sehr alt werden.

Es ist nicht zu leugnen, daß sie der Europäer Speisen gerne essen, besonders diejenigen, die als Knechte bei ihnen dienen. Allein, es ist auch dieses wahr, daß sie viel mehr Ungemächlichkeiten und Krankheiten unterworfen sind als jene, die niemals diese Speisen essen.

Sie haben irdene Geschirre, die sie selber machen. Die Pfannen stimmen mit den unsrigen ziemlich überein, nur sind sie nicht so lang und haben einen etwas tieferen Boden. Alle Töpfe, mögen sie groß oder klein sein, haben oben ein kleines Loch. Der Boden unten ist nicht viel größer, aber der Bauch ist um ein ziemliches größer und weiter, als man sie gewöhnlich bei uns findet und sieht. Er kommt den Urnen oder Gefäßen der alten Römer, in denen sie die Asche der verbrannten Körper sammelten, sehr nahe. Nur haben ihre Töpfe oben am Rand zwei kleine Henkel, durch die man zwar keine Hand stecken, wohl aber einen Riemen ziehen kann, mit dem sie dann getragen werden können.

Diese Töpfe werden aus freier Hand gemacht und weder innen noch außen glasiert. Sie sind aber doch, wenn sie im Feuer gebrannt werden, so stark, dick und fest, daß man sie nicht besser und stärker wünschen möchte. Es dringt kein einziger Tropfen Wasser durch, auch wenn man es noch so lange darin stehen läßt. Auch nichts anderes Flüssiges, wie Butter und Öl, wird jemals durchdringen und sich außen zu erkennen geben.

Eine Familie besitzt selten mehr als drei dieser Töpfe, von denen sie einen gebrauchen, Milch und Wasser daraus zu trinken, der andere dient ihnen zum Kochen, und im dritten bewahren sie die gekochten Wurzeln auf. Außer diesem Küchenzeug trifft man bei ihnen keine Feuerzangen, Rost oder andere eiserne oder irdene Geräte an. Selbst das Tischzeug ist ganz gering und besteht in nichts anderem als ihren Messern und Löffeln.

Die Löffel machen sie selbst, aber nicht aus Blech oder Holz, vielweniger aus Kupfer, Silber oder Gold, sondern sie bedienen sich einer Materie, die von Natur aus bereits hohl ist. Diese finden sie bei den Landschildkröten, die etwa einen halben Schuh groß sind. Sie schneiden deren obersten Schild so zu, daß er die Form eines Löffels ohne Stiel bekommt, und polieren ihn dann auf einem Stein, daß er glatt und schön wird.

Fällt es ihnen aber zu schwer, diese harte Schale zu schneiden, so suchen sie am Ufer des Meeres Perlmuttschalen und machen sich davon einen Löffel, der innen und außen schön glänzt. Wenn ihnen auch diese Mühe zu groß ist oder sie in Eile sind, so nehmen sie nur eine ganz normale Muschelschale, von denen es große Mengen am Strand gibt und die daher nicht schwer zu bekommen sind. Mit diesen essen sie ihre Suppe oder was sie sonst haben und nicht in den Händen gehalten oder mit dem Messer aufgespießt werden kann. Da sie aber nicht alle am Meer wohnen oder dorthin kommen, kennen sie noch eine andere Art, Löffel zu machen. Sie nehmen dazu ein weggeworfenes Horn eines Ochsen und weichen es in warmem Wasser. Dies läßt sich dann gut schneiden und formen, wie man es haben will. Da sie von diesen Hörnern in ihren Kralen genug finden, ist es sehr leicht, einen Löffel zu bekommen.

Männer und Weiber sitzen niemals miteinander zum Essen zusammen. Die Ursache ist, daß sie allezeit befürchten, die eine oder andere der Weiber könnte ihre monatliche Reinigung haben, die sie, nach ihrer Tradition, verunreinigen würde. Wenn es herauskäme, daß der Mann dieses gewußt, aber dennoch mit ihr gespeist hätte, so würden die anderen Männer ihn nicht eher wieder in ihre Gesellschaft aufnehmen, bis er sich aufs neue hätte zum Mann machen lassen.

So setzen sich also alle Männer allein in einem Ring zusammen und essen miteinander, und zwar ohne den Capitain besonders zu beachten, der auch mit ihnen ißt. Jeder langt zu, ohne Unterschied, und ißt von dem Gekochten oder Gebratenen so viel wie ihm schmeckt. Der Rest bleibt stehen und wird entweder aufbewahrt oder von den Weibern und Kindern aufgegessen.

Ebenso wie bei den Männern geht es auch bei den Weibern zu, bei denen auch die Kinder und solche Mannspersonen sitzen, die noch nicht zum Mann gemacht wurden. Obwohl sie einen größeren Topf für sich kochen, langt ihnen dieser doch nicht immer, sondern es kommt ihnen das, was die Männer übrig lassen, sehr gelegen, besonders wenn die Kinder auch ihren bescheidenen Teil bekommen und satt werden sollen.

Zu einem guten Bissen gehört auch ein guter Trank, der entweder reines Wasser oder gemolkene Kuhmilch ist, da sie, wie vorher schon gesagt wurde, von der Schafmilch nichts genießen dürfen, sondern diese allein den Weibern überlassen müssen.

Zum Feuermachen brauchen die Hottentotten nur ein Stückchen Holz oder einen dürren Strauch, den sie im Feld finden. Diesen reiben sie auf einem anderen, etwas härteren Holz, und zwar so, wie ich bei den Drechslern gesehen habe, wenn sie um etwas schwarze Ringe als Zierde machen wollen, so lange, bis es Feuer fängt und zu rauchen beginnt. Sie fahren damit so lange fort, bis eine Flamme erscheint. Damit sie ein Feuer bekommen, müssen sie etwas dürres Gras oder Gesträuch oder dürren Elefantenmist dazulegen und anbrennen; darauf legen sie dann Holz und bekommen ein Feuer.

Wenn sie im Felde sind, können sie auch Feuer machen, wenn sie ein Stück Stahl und Feuerstein sowie ein bestimmtes Rohr haben, das, wenn es dürre ist, sich wie Hanf zerzerren und zerreißen läßt und als Zunder dient. Sobald ein Funke darauf fällt, entsteht sogleich ein Feuer. Dieses Rohr, das anstatt des Zunders dient, wird überall im Felde angetroffen und in großer Menge gefunden.

In ihren Karossen haben sie viele Läuse. Wenn ihnen dieses Ungeziefer nun, besonders an warmen Tagen, viel Ungelegenheit auf der bloßen Haut verursacht und durch das viele aufgezogene Blut zu einer ziemlichen Größe gelangt, beißen sie diese tot und essen sie auf. Sie glauben, daß sie dadurch wieder an ihr verlorenes Blut kommen. Ich habe viele hundert gesehen, die sich dieser widrigen Speise ohne Scheu bedienten.

Sie sind die größten Liebhaber des Tabaks und schätzen ihn mehr als es die Europäer tun. Dieses Kraut, das sie lustig und fröhlich macht, hat sie unter anderem dazu bewogen, ihr Land an die Ostindische Compagnie zu verkaufen.

Wenn ein Europäer von einem anderen Tabak kaufen will und genau wissen will, ob er gut oder schlecht ist, braucht er nur eine Pfeife davon an einige beisammensitzende Hottentotten zu spendieren und diese ausrauchen zu lassen. Sie werden ihm unfehlbar sagen, was von dem Tabak zu halten ist, und können dies viel besser, als es ein Europäer tun kann. Ich selbst habe mich dieses Mittels oft bedient und mich nach ihrem Rat gerichtet und kann aufrichtig sagen, daß ihr Wort niemals fehlgeschlagen ist.

Wenn sie mit einem Europäer einig werden, für ihn etwas zu verrichten, so bedingen sie sich den Tabak als eine unumgängliche Sache mit aus. Sie fordern ausdrücklich ihre tägliche oder wenigstens wöchentliche Portion von demjenigen, bei dem sie sich für Jahre in Dienst einlassen. Sobald ihnen dieser verwehrt wird, treten sie aus dem Dienst.

Die andere ihrer köstlichen Delikatessen ist das schon beschriebene Dacha-Kraut, das ihnen viel lieber ist als den Europäern Zucker, Torten oder andere Süßigkeiten. Denn wenn sie dieses Kraut entweder allein oder mit Tabak vermischt rauchen, so vergessen sie Essen und Trinken darüber und haben ihre Lust daran. Sie wissen, daß sie davon toll im Kopf werden und plauderhaft, als ob sie den besten spanischen oder anderen herrlichen Wein getrunken hätten.

Aus diesem Grunde benutzen sie es auch, wie vorher schon berichtet, wenn sie heiraten wollen und jemand um seine Tochter ansprechen, damit sowohl die Eltern als auch der Bräutigam fröhlich werden und viel leichter zum Reden kommen. Sie verdingen sich auch nicht bei einem Bauern, der ihnen nicht neben dem Tabak so viel Dacha zu geben verspricht, wie sie rauchen wollen.

So angenehm aber Dacha und Tabak auch sein mögen, angenehmer ist ihnen noch die Kanna-Wurzel, die sie allen anderen Köstlichkeiten vorziehen. Um diese zu bekommen, macht ein Hottentotte, auch wenn man ihm nur etwas davon anbietet, einen weiten Weg von 6, 8 bis 10 Meilen, oder aber arbeitet einen ganzen Tag schwer. Nach ihrer Meinung soll sie eine besondere Kraft in sich haben, wenn man sie kaut und klein zermalmt. Unter dauerndem Kauen eines kleinen Stückchens werden sie überaus lustig und fröhlich, und zwar so, daß sie fast ganz außer sich geraten und vor lauter Wollust trunken zu sein scheinen.

Ein besonderes Stück ihrer Leckereien ist auch der Wein. Nicht nur der klare und helle, den auch die Europäer trinken, sondern auch der halbsaure und besonders der trübe, wenn er fein mit Weinhefe vermengt und so dick ist, daß er fast nicht aus dem Topf läuft. Diesen kaufen sie besonders gern, da er billig ist. Sie scheuen sich nicht davor, auch wenn sie brechen müssen, zumindest aber Schmerzen im Bauch bekommen. Diese werden noch vermehrt, wenn sie Tabak oder Dacha rauchen und den Rauch herunterschlukken, um ihn dann auf einmal herauszulassen.

Noch größere Liebhaber sind sie von dem Branntwein, den es wegen des vielen Weinwuchses hier im Überfluß gibt. Aus Erfahrung wissen sie, daß ein kleines Gläschen voll ebenso viel oder mehr Kraft hat wie ein Seidel Wein. Da ihnen nun jener oft lieber gegeben wird als guter Wein, so nehmen sie ihn auch lieber an und sind schon vergnügt, wenn sie nur die erhoffte Wirkung im Kopf spüren.

Gleiche Beschaffenheit hat es auch mit dem Arrak oder dem Indianischen Branntwein, der aus Reis, Anis etc. destilliert wird und hier sehr im Gebrauch ist. Da er billiger als der Weinbrand ist, kaufen sie ihn sehr häufig und saufen sich daran toll und voll, so daß sie oft ihre Hütten nicht finden können, sondern von anderen dorthin gebracht werden müssen.

Ein merkwürdiges Beispiel habe ich 1708 gesehen, als der Kommandeur von Ceylon, der auf der Reise gestorben war, in einer abgedichteten Totenkiste und über und über mit Arrak begossen hierher gebracht wurde. Nachdem er in einen anderen Sarg gelegt wurde, wurde der stinkende

Arrak ausgeschüttet und auf die Gasse gegossen. Da kamen die Hottentotten angelaufen, die von dem toten Kommandeur nichts wußten, sondern nur den Arrak gerochen hatten, legten sich hin, hielten ihre Karosse auf und ließen sich den Arrak hineingießen. Von dem soffen sie so viel, bis sie ganz voll waren, und empfanden schließlich auch den üblen Geruch. Als sie nach Hause kamen, mußte der Arrak wieder heraus, den Gestank haben sie aber noch lange gespürt und danach für lange Zeit keinen Arrak mehr trinken wollen.

DER 14. BRIEF

Von der Hottentotten Häuser, Dörfer und ihrem ganzen Hausrat

Die Häuser sind weder im Fundament noch weiter in der Höhe mit Kalk und Steinen gemauert, so daß ein Maurer bei ihnen sehr wenig verdienen würde. Sie sind auch nicht von gehauenen und aufeinander liegenden Bäumen und Balken zusammengefügt und danach mit Moos ausgestopft, damit dem Wind der Zugang verwehrt werde, weswegen auch ein Zimmermann sehr schlechten Verdienst bei einem Bau haben würde.

Die Baumaterialien zu einem solchen Haus sind dünne Stecken, in Gestalt und Dicke wie ein langer Rechenstiel, auch noch etwas länger. Diese brechen oder schneiden die Männer ab und helfen sie, den Weibern nach Hause zu tragen. Sie gehen aber auch zuvor hin und suchen in den Bächen und Flüssen Binsen oder Schilf, das sie auch nach Hause bringen und in der Sonne ein wenig austrocknen lassen.

Danach fängt die Frau an, aus dem Schilf Matten zu flechten, und dieses so dicht, daß auch kein Tropfen Wasser durchkommen kann. Sie legt an beiden Enden einen Saum, der ungefähr die Dicke eines kleinen Fingers oder eines dünnen Strickes hat.

Das Fundament, worauf sie ihr Haus bauen, ist, wie schon gesagt, nicht gemauert, sondern die Erde selbst, wie sie von Natur ist. Auf diese bauen sie ihre Hütte, nicht etwa viereckig, wie die Europäer und diejenigen Hottentotten tun, die gegen Natal wohnen, sondern sie wählen immer eine ovale Form, wie bei einem Backofen.

Wie die Hottentotten ihre Häuser bauen. A. Die sol
Hottentottisches Dorff. D. Ihr Ofen.

...ser innenwendig aussehen. B. Ihre Bettstetten. C. Ein

Diese ovale Form ist im größten Durchmesser etwa 14 Schuh lang, und der kürzeste hat etwa 10 bis 11 Schuh in der Breite. Diese Form stecken sie rundum mit den erwähnten Stecken ab, biegen diese nach innen und binden sie mit Binsen oder Schilfstricken zusammen. Wenn sie lang genug sind, stecken sie sie auf der anderen Seite wieder in die Erde, so daß sie von vorne bis hinten nicht mehr als 5 solcher Bögen gebrauchen und über das Kreuz nur 2 bis 3 der gleichen Ovalbögen darüber schließen.

Danach bringen sie die oben erwähnten Matten herbei und decken diese über die Bögen, so, daß nicht nur eine an die andere stößt, sondern auch ein wenig über der anderen liegt, damit das Wasser nicht durchdringen und hineinlaufen kann. Haben sie aber zu wenig Decken, so breiten sie auch rohe Felle darüber, damit das ganze Haus oben bedeckt und vor Wind und Regen sicher ist. Darauf legen sie weiterhin platte Steine von ungefähr 2 bis 3 Pfund, damit sie der Wind nicht wegwehen kann. Manchmal auch, wenn sie auch Matten genug haben, legen sie dennoch in der genannten Weise Felle darüber, weil sie davon genug haben und dadurch die heißen Sonnenstrahlen sowie Regen und Wind nur desto mehr abgehalten werden.

Auf diese Weise ist die ganze Hütte rundum zu und hat nicht mehr als eine Öffnung, die ihnen als Ausgang und Eingang dient und die Stelle der Fenster und der Tür vertritt. Diese Öffnung ist etwa 3 Schuh hoch und 2 breit. Niemand, der hinein oder heraus gehen will, kann aufrecht passieren, es sei denn ein kleines Kind, sondern man muß fast auf allen vieren hinein und heraus kriechen. Neben dieser Öffnung oder Tür hängt ein Fell, mit welchem sie, wenn der Wind weht, nicht nur zugemacht werden kann, sondern es kann auch so davor gesetzt werden, daß der Seitenwind nicht hereinblasen kann. Wenn der Wind stark ist und lange andauert und gerade hineinblasen will, kann die ganze Tür verbaut und hinten eine andere gemacht werden, so daß sie von dem verdrießlichen Wind befreit werden.

Nach Proportion dieser Tür ist auch die inwendige Höhe der runden gewölbten Hütte beschaffen. Wenn man sich mitten in der Hütte befindet, kann man nicht aufrecht stehen, sondern man ist gezwungen, sich sogleich niederzusetzen und auf den Hacken zu ruhen, wenn man nicht auf der bloßen Erde sitzen und von den herumkriechenden Läusen und Flöhen etwas ererben will.

In einer solchen Hütte können wohl 10, 12 und mehr Personen wohnen.

Auf dem Boden der Hütte, also in der Erde, sind rundumher und neben der Wand einige Löcher in dieselbe gemacht, die etwa einen halben Schuh tief sind und eine ziemliche Bequemlichkeit abgeben. Sie machen nämlich, nach der Anzahl ihrer Familie, diese Löcher in den Boden, die ihnen als Bettstatt dienen und in denen sie, nachdem sie sich in ihre Karosse eingewickelt haben, so wohl und sanft schlafen, wie ein Europäer in dem besten Federbett nicht gewöhnt ist.

Ein jeder schläft allein. Im allgemeinen liegen Mann und Weib sich einander gegenüber, die Kinder aber zur Seite herum, wie man es ganz deutlich aus den großen und kleinen Löchern ersehen kann. Zudem gibt auch dies zu verstehen, daß sie Scheu haben vor ihren Kindern und anderen, merken zu lassen, wenn sie ihre eheliche Pflicht gegeneinander beobachten.

Mitten in der Hütte ist ein fast rundes Loch von beinahe gleicher Tiefe, welches ihnen als ein Ofen dient. Denn sie machen darin ein Feuer an und sitzen um dasselbe rundherum, damit sich Alte und Junge, Große und Kleine wärmen können, wenn es ein wenig kalt oder regnerisch ist. Sie können auch in diesem Feuer kochen und sich ebenso gut dabei behelfen, wie ein anderer mit seinem Kamin oder Kachelofen. Nur findet sich hier ein wenig mehr Rauch, der auch vornehmlich scharf beißt, wenn sie feuchtes Holz verbrennen oder gar Kuh- oder anderen dürren Mist dazu legen.

Die Hunde sitzen hinter ihnen und außerhalb der Reihe. Wenn man bedenkt, wie nötig diese Tiere den Hottentotten sind, weil ihr Land voll wilder zerreißender Löwen, Leoparden, Tiger, Luchse, Wölfe und anderer dergleichen Raubtiere ist, so kann man ihnen gewißlich nicht verargen, daß sie eine Gunst zu den Hunden haben, zumal, da ihnen die Nachtwache anbefohlen bleibt.

Sie sind aller Annehmlichkeiten gänzlich beraubt und gleichen an Gestalt eher einem Fuchs als einem anderen Hund. Denn das Maul ist ganz spitz, die Ohren stehen steif in die Höhe, und der dünne und lange Schwanz wird hinten nachgezogen. Die Haare sind rauh und struppig. Sie sind von schwärzlicher und aschgrauer Farbe. Wenn man einen solchen Hund ansieht, ist nichts angenehmes, freundliches und liebenswürdiges an ihm zu finden. Wenn ich aber die nützlichen Eigenschaften beobachte, die sie mit allen Hunden gemein haben, so verdienen sie allerdings eben dieselbe Hochachtung, die man für einen anderen Hund im allgemeinen haben muß.

Diesen Hausrat also schätzen die Hottentotten so hoch, daß sie ihn auch in ihre Häuser kommen lassen. Der übrige ist zwar auch darinnen, aber entseelt, und ist früher schon meist beschrieben worden: Er besteht in nichts anderem als ihren Karossen, Pfeilen, Bögen, Assagayen, Kirris, Rackum-Stöcken und Töpfen.

Man muß sich darüber wundern, daß, da sie mitten in diesen niedrigen Hütten ein Feuer schüren und diese aus nichts anderem als dünnen Stecken und den darübergelegten Schilf- oder Binsenmatten und rohen Fellen besteht, dennoch niemals eine solche Hütte in Brand gerät, zumal innen an den Wänden Assagayen, Pfeile und Bögen, ihre übrigen Karosse und andere Lumpen hängen, die mit Fett beschmiert sind und daher viel leichter Feuer fangen können.

Es ist mir unmöglich gewesen, ein einziges Wort darüber von ihnen zu erfahren, und weiß bis heute nicht, wie es damit zugeht. Dies ist gewiß, daß sie keine Wurzel kennen wie sie die Zigeuner gegen allerlei Feuerschäden verkaufen. Sie graben auch nichts in die Erde oder haben irgendwelche anderen Zeremonien. Ich glaube daher, daß sie bei dem Ausgraben der Löcher mit Worten und anderen Umständen irgendetwas machen, daß sie keinen Europäer wissen lassen wollen.

Sie bauen ihre Dörfer in der Runde, das heißt, Hütte an Hütte in einer Kreislinie so, daß eine an die andere anschließt und in der Mitte ein großer weiter Platz, je nach der Menge der Hütten, übrig bleibt. Ich habe schon früher gesagt, daß sie in diesen Platz während der Nacht ihre Schafe treiben, um sie vor den wilden Tieren in Sicherheit zu bringen.

Wenn sie in einem solchen Kral beisammen wohnen, wird man während der Nacht außer dem Feuer, daß sie in ihren Hütten haben, gewiß keinen einzigen Funken ausmachen. Wenn aber hier und dort im Lande eine oder zwei, auch drei Hütten alleine stehen, und sie also keinen Kreis machen können, so trifft man wohl ein Feuer außerhalb der Hütte an, jedoch immer vor dem Eingang, da alle wilden Tiere eine natürliche Furcht vor dem Feuer zu haben scheinen.

Wenn es aber geschieht, daß zwei oder drei alleine beisammen wohnen und viel Vieh haben, so haben sie keine

Nachtfeuer um ihre Hütten, ja sie machen nicht einmal ein Feuer vor dem Eingang der Hütte, sondern sie treiben ihr Vieh nahe zu den Hütten, legen kurze Sträucher und Äste um dieselben herum, damit sie nicht gleich ausreißen können, und bewahren sie auf diese Weise.

Herr Böving hat in seiner Reisebeschreibung gesagt, daß 15 und mehr dergleichen Hütten einen Kral bilden; doch trifft dies nur für die Hottentotten zu, die am Kap leben, und ich weiß, daß er nie ein richtiges Hottentottendorf im Lande gesehen hat. Wäre er im Lande gewesen, hätte er gar wohl Dörfer erblickt, in denen 15 Hütten nicht gereicht hätten. Er hätte wenig angetroffen, deren Anzahl an Hütten kleiner gewesen wäre, da auf dem Lande die meisten Dörfer sehr groß und volkreich sind, so, daß es auf 10 bis 20 Hütten, die man überzählen kann, gar nicht ankommt. Da der Umkreis sehr groß ist, der mittlere Platz mit vielen tausend Schafen angefüllt und draußen herum eine große Menge Großvieh steht, kann es leicht geschehen, daß man sich beim Zählen irrt und nicht genau sagen kann, wie viele Hütten dort angetroffen werden. Ein so großer Kral bleibt nicht lange an einem Ort, da es gar leicht an Lebensmittel und Weide mangelt.

Es werden gar wenig Krale angetroffen, die nicht mehr Hütten besitzen als fünfzehn. Es wäre auch ein kleiner Kral, in dem nicht mehr als 80, 90 oder 100 Seelen, groß und klein, wohnen, da doch aus dem Vorhergehenden schon bekannt ist, daß ein Hottentotte nicht leicht über drei, vier bis fünf Kinder höchstens hat.

DER 15. BRIEF

Von der Hottentotten Handwerk, welches sie unwissend verstehen und auch wirklich betreiben

Ich mache den Anfang mit dem Kürschner-Handwerk, welches sie ganz vollkommen verstehen. Sie können die Schaf- und andere Felle wenigstens ebenso gut bereiten, auch diese so nett und zierlich zusammen nähen und ihnen die richtige Form geben, wie es ein Kürschner in Deutschland oder anderswo in Europa machen kann. Es geschieht aber beides auf eine Art, die einem Kürschner fremd vorkommen dürfte.

Sie bereiten nämlich ihre Felle nicht dann erst, wenn sie trocken werden und das daranklebende Fett und anderes unnötige Zeug herabgeschabt ist, sondern wenn es noch frisch ist, wie es von dem Schaf, Fuchs, Leopard oder einem anderen Tier kommt. Zur Bereitung genügt ihnen das ursprünglich daranklebende Fett, um dem Fell eine Stärke zu geben, seine eigenen Haare zu behalten und nicht fallen zu lassen. Dieses reiben sie zwischen ihren Händen so lange, bis es weich und fließend wird und in die Haut hinein kriecht und diese geschmeidig, zäh und fest macht.

Wenn dieses Fett verarbeitet und die Haut anfängt, hart und ungeschlacht zu werden, ehe sie fertig ist, so nehmen sie geschmolzenes Schaffett, schmieren es aufs neue darauf und reiben es abermals so lange hinein, bis man wieder nichts davon sieht und spürt. Diese Handlung wiederholen sie so oft, bis es weich, zäh und fest, folglich gar wird. Dazwischen klopfen sie beständig mit ihren Kirris darauf, wenn immer zwei ein solches Fell fassen und ausklopfen, damit der in den Haaren sitzende Unflat herausfällt und das Fell noch mehr gefestigt wird.

Wie die Hottentotten ihre Felle beräten. A. Beschmier
pfen sie hernach aus. D. Wie sie die Riemen schneide

swegen mit Fett. B. Desgleichen mit kuhe Mist. C. Klo.
e sie die Felle zusamen nähen. F. pag: 506.

Wird nun ein solches Fell für einen Europäer gemacht, so nehmen sie weiter nichts dazu, weil es durch das viele Fett ohnedies schmutzig, schmierig und schwarz genug wird, jedoch aber die Haare behält. Bereiten sie es aber zu ihrem Gebrauch, so nehmen sie nicht nur besagtes Fett dazu, sondern auch, damit es für sie einen angenehmen Geruch bekommen möge, frischen Kuhmist. Diesen schmieren sie, nachdem sie das ursprünglich daranklebende Fett weggerieben haben und bevor das geschmolzene Schaffett eingerieben wird, darauf. Wenn der Kuhmist durch die Sonne getrocknet und abgeklopft worden ist, beschmieren sie das Fell mit besagtem Fett aufs neue und reiben es hinein. So fahren sie wechselweise fort, bis das Fell gar geworden ist.

Durch diese Manier, die Felle zu bereiten, werden ihre Karosse und die anderen Felle von Anfang an schwarz, schmierig, schmutzig und stinkend, so, daß sie für einen Europäer, besonders aber einen Fremden, ganz widrig riechen.

Dieser Gestank wird durch das beständige Schmieren der Karosse noch vermehrt, wenn sie die fertigen am Leibe tragen. Außerdem benötigt auch das eine Fell mehr Fett und Arbeit als ein anderes, so etwa eine Löwen- oder Leopardenhaut mehr als ein Schaf- oder Hammelfell. Daher ist es auch kein Wunder, wenn eine solche wilde Haut später übler riecht als ein Hammel- oder Schaffell.

Aus den so bereiteten Fellen verfertigen sie ihre Mützen und allerlei Karosse, die vorher schon aufgezählt wurden. Als ich von der Kinderzucht geredet, habe ich auch schon gesagt, daß den jungen Kindern gelernt wird, die Karosse, Mützen und andere benötigten Dinge aus den Fellen zu schneiden.

Sie benötigen keine Schere, wenn sie so etwas zuschneiden wollen, sondern sie bedienen sich bloß eines Messers, und zwar dasjenige, mit dem sie ihre Sachen zu schneiden pflegen. Sie haben auch kein Muster oder Modell nötig, wie etwa unsere Schneider und Kürschner gebrauchen. Sie geben vielmehr jedem Stück, das sie machen wollen, mit ihrem Messer aus freier Faust die benötigte Form, und das so artig und nett, daß mancher wohlgeübte Schneider zu tun haben würde, ihnen hierin mit freier Hand nachzufolgen.

Wenn die Sachen zugeschnitten, so setzen sie sich hin, um alle Stücke ordentlich aneinander zu nähen. Anstatt der Nadel bedienen sie sich eines Vogelknochens, den sie auf einem Stein so lange spitz zuschleifen, bis er vorne eine Nadelspitze und die Gestalt einer geraden Schuhahle gewinnt. Mit dieser Nadel, die kein Loch hat und deshalb auch keinen Zwirn oder anderen Faden fassen kann, stechen sie durch die zwei Stücke, die zusammengenäht werden sollen und ziehen danach die anstatt Zwirn oder Seide gebrauchten Sehnen von einem Ochsen, Kuh oder Schaf hindurch und nähen also die Sachen zusammen. Ich muß mich aber gewiß hier ein wenig deutlicher erklären, wenn ich verstanden werden will. Wenn sie einen Ochsen, Kuh, Kalb oder Schaf schlachten, so ziehen sie die durch das Rückgrat laufenden Spannadern oder Nerven heraus, spalten sie nach Art der Violinsaite und spannen sie an zwei Pflöcken aus, damit sie an der Sonne dürre werden. Dann heben sie diese auf und brauchen sie entweder zum Abbinden der Ochsenhoden oder für ihre Rommeltöpfe, meist jedoch zum Nähen der benötigten Mützen, Karosse und anderen Kleidungen.

Dies ist also ihr Zwirn, Seide, Kamelhaar oder was man sonst zum Nähen braucht. Sie stechen ihn durch das erwähnte Loch und nähen ihre rohen Felle damit so zierlich, sauber und nett, wie es ein Kürschner nie tun kann. Die Nähte sind nicht nur sehr gleich, sondern auch dicht und fest, so daß man nie eine offene Naht findet, obgleich sonst hin und wieder Löcher in den Fellen angetroffen werden.

Weil ich von denjenigen, die mit Fellen umgehen, angefangen, so will ich auch dabeibleiben und auch zeigen, daß sie Riemenschneider sind.

Es ist gewiß, daß die Hottentotten keine Haut, die sie zu Riemen oder Karossen oder auch zu anderen Sachen bereiten, aufheben und trocknen, sondern diejenigen, die ihnen dazu dienen sollen, werden gleich anfangs bereitet, wenn sie noch naß und feucht sind. Die anderen aber, die sie aufheben und trocknen, wie es oft geschieht, werden niemals mehr bereitet, sondern entweder zur Bedeckung der Hütten verwendet oder aber zu Riemen geschnitten. Sie rollen sie dann ineinander und machen Ringe daraus, damit die Frauen etwas an ihre Füße und um die Beine bekommen. Die Häute werden auch zu Sohlen unter der Männer Füße gebraucht, auf denen sie lange Zeit laufen und sie dann auch noch verzehren.

Ferner ist auch dies gewiß, daß die Häute, aus denen sie ihre Riemen machen und schneiden, vorher schon aller Haare beraubt sind, ehe sie zu Riemen geschnitten werden.

Die Haut, die zu Riemen angewendet und also bereitet werden soll, wird auf der Erde ausgebreitet. Auf die haarige Seite streuen sie Asche, die sie mit Wasser anfeuchten. Dann wickeln sie sie ineinander und lassen sie 24 Stunden in der heißen Sonne liegen. Wenn sie aufgemacht wird und die Haare fahren läßt, raufen sie diese heraus, wenn nicht, streuen sie wieder frische Asche darauf und benetzen dieselbe, legen die Haut abermals zusammengeschlagen hin und lassen sie noch 24 Stunden liegen.

Hierauf haaren sie die Haut ab und fangen an, zwischen den Händen mit starkem und beständigem Reiben sie lind, weich und zäh zu machen. Da es aber nicht so leicht fällt wie bei den Schaffellen, so geht es auch nicht so schnell vonstatten, obwohl sie wohl dreimal so viel Fett dazu gebrauchen. Sie halten sich täglich wenigstens ein paar Stunden mit dem Einreiben des Fettes auf, benutzen auch einen bestimmten Sand und bemühen sich aus allen Kräften, die Haut dazu zu bringen, daß man starke und zähe Riemen daraus machen kann.

Aus einer Haut schneiden sie einen Riemen, der viele Klafter lang ist. Ihre Riemen sind etwa zwei Finger breit und den Jochriemen der deutschen Bauern nicht ungleich. Nur ist der Unterschied dabei, daß die Jochriemen kurz, diese aber sehr lang sind. Trotzdem sind sie ebenso gerade wie jene, obwohl sie aus der freien Hand gemacht werden.

Ihr ganzes Handwerkszeug, das sie dazu benötigen, besteht außer dem Fett in nichts als einem Messer, und zwar aus demjenigen, dessen sie sich sonst im gemeinen Leben zu allerhand Notwendigkeiten bedienen. Mit diesem nun schneiden sie solch schöne, gleiche und gerade Riemen, deren sich gewiß kein Meister in Europa zu schämen hätte; und solches nicht auf einem Brett oder Tisch, sondern auf der freien Erde. Nur spannen sie die Haut erst an und befestigen die Enden mit den erwähnten Sehnen an Pfählen.

Der Gebrauch dieser Riemen ist vielerlei: nicht nur, um ihre Sachen und Hausgeräte damit zusammenzubinden, sondern vornehmlich, um ihre Tragochsen damit zu gürten und gleich einem Sattelpferd den Sattel oder das, was darauf gepackt werden soll, damit zu befestigen. Denn sobald sie einen Tragochsen abrichten und bepacken wollen, so halten sie ihn an dem vormals erwähnten Holz, das in seiner oberen Lippe zwischen und unter den Nasenlöchern steckt, nicht nur fest oder stecken dasselbe in die Erde, wodurch der Ochs gezwungen wird, still zu stehen, sondern es sind auch immer zwei Hottentotten dabei, die ihm, mit Hilfe dieser Riemen, die Bagage aufpacken, indem jeder einen Fuß an den Ochsen setzt und sie den umgeschlagenen Riemen so eng zusammenziehen, daß man die Striemen wie einen eingeschnittenen Gurt in der Haut sehen kann.

Nach dieser ersten Umschnürung packen sie die verlangten Sachen darauf und treiben ihn dann fort. Dieses tun sie mit zwei solcher Riemen, deren einer vorn hinter der Brust und einer hinter dem Bauch zu sehen ist. Woraus denn gar leicht zu schließen ist daß jeder dieser Riemen sehr lang sein muß, weil er nicht nur oftmals um den Leib geschlagen wird, sondern noch dazu so viele Sachen festhalten, ja oft einen Sitz befestigen muß, auf welchem jemand, der nicht gut zu Fuß ist, sitzen und gemächlich fortgetragen werden kann.

Wo bleiben nun unsere europäischen Riemenschneider, die von ihrem Beruf so viel Aufhebens machen? Sie können keine kalte Haut wie sie es nennen gar machen, wenn nicht zuvor ein Loh- oder Weißgerber selbige einäschert und zur weiteren Garmachung zubereitet. Sollten ihnen die als dumm und albern verschrienen Hottentotten in diesem Stück nicht vorzuziehen sein? Gewiß, ein Hottentotte hat dies alles ohne Lehrmeister begriffen, braucht weniger Umschlag und fast gar keine weiteren Kosten und macht gleichwohl so gute Sachen wie sie, ohne daß er ihr Handwerkszeug gebraucht oder etwas davon weiß. Hätte er dieses und wüßte es auch so gut wie sie zu gebrauchen, er würde ihnen gewiß in keinem Stück etwas vorgeben.

Es wird aber Zeit, daß ich auch von den Riemern Abschied nehme und mich zu den Metzgern verfüge, die ihnen nebst den Jägern die Felle oder Häute verschaffen müssen. Mein Herr wird sich nicht befremden lassen, wenn ich Ihm erweise, daß die Hottentotten dieses Handwerk weit besser verstehen als unsere europäischen Metzger, die nicht nur lange Jahre brauchen, es zu erlernen, sondern noch länger darauf wandern und versuchen, sich darin zu perfektionieren.

Wenn sie ein Schaf schlachten, geschieht es auf folgende Weise: Die vorderen und hinteren Füße binden sie zwei und zwei zusammen, einer hält die vorderen und ein anderer die hinteren fest. Der dritte schneidet unten am Bauch ein Loch in die Haut, welches vom Brustbein gerade nach hinten geht, so, daß man die Eingeweide darinnen sehen kann. Diese machen sie langsam los, daß sie mit der Hand hinein kommen und das in dem Leib aus den kleinen Adern herauslaufende Blut rühren können, damit es nicht gerinne.

Wenn endlich die Därme und die Kaldaunen von dem anderen Eingeweide, wie dem Geschlinge, Herz etc., ohne Beschädigung derselben, losgemacht sind, nehmen sie sie heraus. Ein anderer geht damit zum Wasser, schüttet nicht allein den Mist und Unflat heraus, sondern kehrt sie alle um und wäscht sie im Wasser sauber ab, daß von dem Unflat nichts mehr daran gefunden wird. Unterdessen rührt der, der das Schaf aufgeschnitten, immer mit der Hand das herausfließende Blut und gibt genau acht, daß er keine große Haupt- oder Herzader entzwei schneidet, wodurch denn das Schaf beinahe eine viertel Stunde am Leben bleibt, ehe es dann stirbt.

Man kann alsdann die Bewegungen des Herzens ganz genau beobachten und auch die Zuckungen der übrigen noch im Leib befindlichen Teile ganz deutlich wahrnehmen, da alles bloß und dem Auge frei zu beobachten liegt. Ehe das Schaf gestorben, liegen schon einige Stücke von den herausgenommenen Därmen auf dem Feuer und werden alsbald verzehrt. Wenn es aber völlig tot ist, so wird das Blut mit den Händen oder auch mit den vormals beschriebenen Löffeln in einen Topf geschöpft und unter dasselbe die Därme

Wie die Hottentotten die Schafe schlachten . A. [...]
das Fleisch von den Beinen ablösen C. Wie [...]

mit den Blut und Därmern thun. B. Wie sie
hsen Kühe und Kälber schlachten. D.

mit dem daranhängenden Fett sowie dem Rest der Kaldaunen in kleine Stücke zerschnitten. Beides zusammen wird dann auf das Feuer gesetzt, daß es kochen kann.

Von diesem gebackenen Blut, obgleich weder Salz noch anderes Gewürz darunter kommt, habe ich vielmals aus Lust und Kuriosität gegessen und kann mit Wahrheit sagen, daß es so unangenehm nicht schmeckt. Nur muß man ihnen nicht zusehen, wenn sie es machen, weil einem alsdann der Appetit gar bald vergehen würde. Dies ist auch eine gewisse Speise der Weiber und Kinder, die sich zu gewissen Zeiten damit vergnügen und den Männern das Fleisch allein überlassen müssen.

Sobald das Schaf tot und das Blut aus dem Leib geschöpft wurde, arbeiten die ersten drei Männer das Fell sehr sauber herunter. Wenn es ganz herabgearbeitet worden ist, breiten sie es auf die Erde und tranchieren darauf das Schaf oder den Hammel nicht durch Zerhauen, sondern sie lösen ordentlich die Muskeln von den Knochen herunter, daß keiner zerschnitten wird. Jeder bleibt in seiner natürlichen Gestalt und Größe, als ob sie die Anatomie-Kunst verstünden.

Nach dem herabgelösten Fleisch zerlegen sie auch die aneinanderhängenden Knochen, und zwar so, daß sie keinen zerbrechen, sondern jeden ganz sauber und unverletzt von seinem Gelenk ablösen. Das daran befindliche Häutlein schneiden sie auseinander und ziehen dann den bloßen Knochen heraus. Sie nehmen auch die Rippen aus dem Rückgrat heraus, ohne eine einzige zu zerbrechen oder nur das geringste Fleisch, Haut oder etwas dergleichen daran zu lassen. Auch das Rückgrat selbst zerlegen sie auf diese Weise und lassen alle Knochen, sie seien groß oder klein, ganz und neben dem Fleisch liegen.

Das einzige, was mir an ihrem Metzgerhandwerk mißfällt, beruht hierauf, daß sie das arme Vieh so lange martern, ehe es stirbt. Ich bilde mir ein, daß sie diesen Nutzen davon haben, daß sie wissen können, wie die inneren Teile, auch in einem Menschen, beschaffen sind und was ihnen fehlt, wenn sie an diesem oder jenem Teil Schmerzen empfinden.

Wie es mit dem Schaf zugeht, so verhält sich auch die Sache, wenn sie einen Ochsen, Kuh oder Kalb schlachten. Nur ist dieser Unterschied dabei, daß sie die vier Füße erst mit Stricken fangen, damit sie ein solches Tier zu Boden bringen können. Sobald es liegt, setzen sie ihm die Hörner so tief sie können in die Erde, so, daß es den Kopf nicht weiter verrücken kann. Die vier Füße dehnen sie aus und binden die daran gemachten Stricke entweder an vier in die Erde geschlagene Pfähle, oder aber sie halten es mit ihren Händen so steif ausgestreckt, daß sich das Tier weder auf diese noch jene Seite bewegen kann, sondern geduldig hingeben und den Tod auf oben besagte Weise erwarten muß. Dieser findet sich bei einem solchen Tier noch langsamer als bei einem Schaf ein.

Bei den Ochsen ist noch anzumerken, daß, wenn sie ein Stück davon braten wollen, sie dieses im allgemeinen von den hinteren Vierteln nehmen und manchmal auch zwei oder drei Muskeln aneinander lassen, damit das Stück desto größer wird und trotzdem ohne Knochen ist.

Die Knochen kochen sie genauso, als ob noch Fleisch daran wäre. Es geschieht dies nicht mit dem Fleisch zusammen oder in einem Topf, sondern sie kochen jedes für sich. Sie kochen die Knochen nicht, daß sie noch etwas davon nagen könnten, sondern nur um des herauskochenden Fettes wegen, welches sie von der Suppe abschöpfen, stehen lassen und sich hernach damit schmieren. Wenn nun alles Fett herausgekocht, werfen sie die Knochen den Hunden vor und lassen diese sich davon sättigen.

Weil nun außer dem Mist und Unflat, der in den Därmen und Kaldaunen sitzt, sowie den Knochen, Hörnern und Klauen von dem ganzen geschlachteten Vieh nichts weggeworfen wird, so ist von der Haut noch zu sagen, daß sie diese alsbald nehmen und zu einer Karoß, wenn es ein Schaf gewesen, oder zu Riemen verarbeiten, wenn es von einem Ochsen oder Kuh kommt. Ist sie aber nicht schön und groß genug zu einer Karoß, so schneiden sie Riemen daraus und machen Ringe um der Weiber Füße davon. Haben sie aber diese nicht nötig und haben auch genug Packriemen, so muß auch die frische Haut, weil sie sonst keine Dienste tun kann, aufgezehrt werden. Man wirft sie stückweise auf das Feuer, läßt die Haare abbrennen und, wenn sie noch nicht gar durchgebraten, aber ziemlich zusammengeschrumpft sind, werden sie mit den Zähnen zermalmt und hineingeschluckt.

Es ist schon hin und wieder gesagt worden, daß die Männer unmittelbar über dem Ellenbogen elfenbeinerne Ringe tragen, die sie selber machen. Diese Ringe werden nicht gedreht, sondern vielmehr aus freier Faust mit Hilfe eines ordentlichen Messers geschnitzt und durch Schaben glatt gemacht. Gleichwohl ist aber zu bewundern, mit welcher Geduld und Standhaftigkeit sie die benötigten Stücke von ganzen Elefantenzähnen herabarbeiten, da sie doch nichts anderes als ihre Messer dazu haben. Wenn sie gleich drei oder vier solcher Stücke heruntergebracht, deren jedes ungefähr, nach vollbrachter Arbeit und Polierung, einen halben Zoll dick bleibt, so ist doch noch das benötigte Loch nicht drin, sondern muß erst wieder hinein geschnitten oder gebohrt werden, so daß es über den Ellenbogen und an den Arm gebracht werden kann, wozu abermals viel Mühe gehört.

Denn vom Ende des Zahnes, da er von Natur hohl ist, können sie diese Stücke nicht nehmen, weil er dort zu schmal und keineswegs ein Zoll breit ist, wie alle diese Ringe sind. Sie nehmen es also von dort, wo die Hohlheit beinahe zu Ende ist, und bohren und schnitzen danach die benötigte Weite so zierlich und sauber hinein, daß man schwören könnte, der ganze Ring sei auf einer Drechselbank gemacht worden. Zum Polieren und Glattmachen brauchen sie abermals nichts als ihr Messer und schaben ihn damit so lange, bis er rund und glatt ist.

Das Mattenmacher-Handwerk verstehen sie so gut wie vielleicht einer in Europa. Sie gebrauchen dazu Ried oder Binsen, auch Schilf, und verfertigen davon so starke, dichte und dauerhafte Matten, daß man sich darüber nur verwundern muß.

Männer und Weiber treiben dieses Handwerk ohne Unterschied, doch machen die Weiber viel mehr Matten als die Männer, weil diese selten zu Hause bleiben, sondern entweder mit dem Viehhüten, wenn die Reihe an sie kommt, oder mit der Jagd beschäftigt sind. Die Weiber hingegen sitzen allezeit zu Hause und haben mehr Zeit übrig als die Männer. Deswegen gehen sie auch im allgemeinen miteinander und holen die Materialien, nämlich Ried, Binsen und Schilf aus dem Wasser, welche sie entweder mitsamt den Wurzeln ausreißen oder aber am Grund abschneiden und nach Hause tragen. Wenn nun die Materialien beisammen sind, werden sie in der Sonne ausgelegt, damit sie ein wenig schwellen und die überflüssige Feuchtigkeit verlieren. Ist aber Zeit vorhanden, so setzen sich die Weiber des anderen oder dritten Tages alsbald an die Arbeit und machen Matten. Fällt aber was anderes an, so bleiben die Binsen, Schilf und das Ried liegen, daß sie ganz dürre werden. Wenn man sie dann gebrauchen will, so werden sie wieder eingeweicht,

Wie die Hottentotten die Elfenbeinerne Ringe m
Stricke machen D. Wie sie ihre Töpfe ver

. Wie sie die Matten machen B. C. Wie sie ihre
E.

daß sie zäh werden und während der Arbeit nicht brechen. Darauf beginnt das Mattenflechten, indem sie als Saum zwei dünne geflochtene Schnüre, in der Mitte aber noch dünnere, fünf oder sechs an der Zahl, durchflechten, die die anderen Binsen oder Schilfe festhalten müssen; die hineingeflochtenen werden mit den Füßen auf beiden Seiten und in der Mitte so dicht aneinander getrieben, daß man nicht leicht durchsehen kann.

Wenn daher diese Matten später zur Bedeckung ihrer Hütten gebraucht werden, kommt kein Tropfen Feuchtigkeit durch. Auch wenn sie lange darüber gelegen haben, und von der Sonne ganz ausgedörrt wurden, so schwellen sie doch gleich bei dem ersten kleinen Regen wieder auf, daß abermals kein Tropfen Naß hindurch zu dringen vermag. Im allgemeinen haben sie auch einen guten Vorrat davon, damit, wenn ja eine sollte zugrunde gehen, und vom Wind beschädigt werden sollte, gleich eine andere vorhanden ist und die beschädigte ersetzen kann.

Sie nehmen ebendiese Binsen oder Schilf, welche zu den Matten gebraucht werden, flechten davon dünne Stränge, drehen sie wacker mit ihren Händen ineinander und machen zuletzt recht dicke Stricke davon, die an Dicke einem Kinderarm nichts nachgeben.

Diese Stricke oder Seile sind so dauerhaft, daß auch das stärkste Paar Ochsen keinen in Stücke reißen kann. Die Hottentotten machen sie selten über zwei Klafter lang, weil sie selbige nur zum Zusammenbinden ihres Viehs bei Nacht gebrauchen. Wenn man sie aber länger verlangen sollte, würde es ihnen ebenso leicht fallen, einen längeren zu verfertigen.

Die am Anfang dieses Briefes erwähnten Nerven oder Spannadern der Tiere brauchen sie auch als Saiten für ihre Musikinstrumente. Es helfen sich immer zwei, wenn sie

Saiten aus Därmen machen wollen, von denen jeder ein Ende des schon gemachten und abgehäuteten Darms in der Hand hält, und einer rechts, der andere links herum mit den Fingern so lange dreht, bis der ganze Darm die Form und Gestalt einer Saite bekommt, welche auch entweder dick oder dünn wird, je nachdem der Darm groß oder klein ist.

Die neugemachten Saiten spannen sie in der heißesten Sonne aus, damit sie schneller trocken werden. Wenn sie ganz trocken sind, bestreichen sie diese mit Fett und machen sie geschmeidig, damit sie sich desto besser aufziehen und dehnen lassen. Dieses tun sie verschiedene Male, bis der ganze Darm oder die ganze Saite zäh geworden ist. Dann nehmen sie die ausgespannte Saite von den Pflöcken, an denen sie gebunden war, und benutzen diese, wenn es ihre Gelegenheit erfordert, nicht nur auf Musikinstrumenten, sondern auch auf ihren Bögen, von welchen sie ihre Pfeile schießen.

Gleichwie sie bei allen bisher angeführten Handwerken kein anderes Handwerkszeug als ihre Hände und höchstens ihre Messer gebraucht haben, so findet man auch beim Topfmachen nichts anderes als ihre Hände, die sie zum Formen des Tons verwenden. Denn von einer Drehscheibe und anderen Vorteilen wissen sie nichts, haben auch niemals eine gesehen.

Jeder ist gehalten, sich sein eigen Geschirr selbst zu machen. Wenn sie demnach einen Topf machen wollen, so nehmen sie nicht jeden Ton dazu, sondern sie wählen im allgemeinen denjenigen, den die Ameisen zusammengetragen und in dem sie ihre Wohnungen aufgeschlagen haben. Diesen nehmen sie oben weg, daß er mit der Fläche der Erde gleich kommt, kneten ihn gut durcheinander und zerdrücken die Ameiseneier, daß sie sich mit dem Ton vermengen. Sie suchen auch alle Sandkörner, die sie bei dem Durcharbeiten sehen, sowie allen anderen Unrat heraus und werfen ihn weg.

Danach nehmen sie ein Stück Ton, je nachdem, ob der Topf groß oder klein werden soll, und legen ihn auf einen flachen und glatten Stein. Dann formen sie den zukünftigen Topf wie auf einer Drehscheibe und zwingen ihn durch ihre Hände in eine solche Gestalt, wie sie ihn haben wollen. Wenn der Topf die rechte Form und Höhe hat, die früher beschrieben wurde und von der gesagt wurde, daß sie einer römischen Urne gleichkommt, so beschaben sie ihn innen und außen mit ihren Fingern, so, daß er gleich und gerade, ohne einen Buckel und Runzel wird, auch ohne an einem Ort dicker zu sein als an einem anderen.

Den auf diese Weise verfertigten Topf lassen sie einen Tag in der Sonne stehen, damit er trocken wird. Danach setzen sie ihn in ein dafür gemachtes Loch in die Erde, nachdem er durch Hilfe der oben erwähnten Saiten von dem Stein abgeschnitten worden ist. Sie machen in dem Loch, um und über den ganzen Topf ein ziemliches Feuer, so, daß er gut ausbrennen und fast versteinern muß. In diesem Loch lassen sie ihn auch wieder abkühlen und alles Feuer zu Asche werden, wodurch dann die Fettigkeit, die die Ameiseneier bei sich führen, schmilzt und den Topf dicht macht.

Die Farbe, die der Topf bekommt, ist pechschwarz. Diese Farbe behält er auch immer und kein Abscheuern hilft, da auch die zerbrochenen Stücke innen genauso schwarz wie außen sind. Dieses hat mich in meiner Vermutung bestärkt, daß diese Schwärze von den Ameiseneiern und von sonst nichts herkommt.

Die Manier, wie sie das Eisen aus dem Eisenstein schmelzen, besteht hierinnen: Sie graben ein viereckiges oder auch rundes Loch in die Erde, ungefähr zwei Schuh tief. Darein werfen sie nicht nur Eisenstein, so viel ihnen gut dünkt, sondern sie schüren zuerst darinnen auch ein starkes Feuer, damit die Erde erhitzt wird. Wenn dann der Eisenstein darin liegt, machen sie wieder ein heftiges Feuer darum und darüber, so daß durch die starke Hitze endlich der Eisenstein schmelzen und flüssig werden muß.

Um dieses fließende Eisen abzuzapfen, haben sie neben dem ersten noch ein anderes Loch in die Erde gemacht, welches noch einen oder anderthalb Schuh tiefer ist. Weil aus dem ersten Schmelzofen eine Rinne in das andere Loch geht, so läuft das flüssige Eisen dahinein und wird kühl. Wenn nun nichts mehr herüber läuft, lassen sie mit dem Feuer nach. Am anderen Tag heben sie ihr ausgeschmolzenes Eisen auf, schlagen es mit Steinen in Stücke und machen, durch erneute Hilfe des Feuers, was ihnen nötig ist.

Sie nehmen ein Stück Eisen und suchen einen Stein, der sehr fest und hart ist. Auf diesen legen sie das Eisen und schlagen es so lange mit einem anderen Stein, der ihnen anstatt eines Hammers dienen muß, bis sie es in die ihnen beliebige Form gebracht haben. Sodann schleifen sie es an einem Stein und polieren es so schön, daß man meinen möchte, es habe es ein rechter deutscher Waffenschmied verfertigt.

Denn wer ihre Pfeile und Assagaye sieht, die später beschrieben werden sollen, und dabei erwägt, daß sie weder Hammer noch Zange, weder Feile noch ein anderes Instrument dabei gebrauchen, der wird sich gewiß darüber höchstens verwundern müssen und den Gedanken bald fahren lassen, nach dem man sie als dumm und einfältig ansieht.

Es ist aber Zeit, diese Materie einmal zu schließen und dabei jedem zum Nachdenken überlassen, was er von den Hottentotten glauben will, die, obwohl sie für sich selbst ganz stinkend faul sind, dennoch, wenn die Not sie zwingt,

Wie die Hottentotten das Eisen schmelzen A.
Eisen poliren und sc

sie es zum gebrauch anwenden. B. wie sie das machen C.

etwas Gutes, Sauberes und Artiges zu machen wissen. Bekannt ist, daß sie auch die Bauernarbeit wohl verstehen und alles gar bald erlernen, was sie nur sehen. Wenn nun ihre angeborene Trägheit nicht hinderlich wäre, würden sie gewiß den Europäern nichts schuldig bleiben, sondern allerlei Früchte ebenso gut gewinnen wie diese. Aber durch diese werden sie zurückgehalten und leben lieber kümmerlich und armselig.

DER 16. BRIEF

Von der Hottentotten Gewerb und Handlung, so sie untereinander und auch mit Fremden treiben

Zwar sind die Güter, mit denen sie handeln können, nicht sehr viele, und das meiste sind Ochsen, Kühe, Kälber und Schafe nebst anderen Kleinigkeiten, da sie weder Gold noch Silber kennen, wenn es gleich noch so viel davon in ihrem Lande geben sollte, wie zu vermuten steht. Das Kostbarste ihres Handels sind ohne Zweifel die Elefantenzähne, von denen man aber sehr wenige bei ihnen findet und daher glauben muß, daß sie diese an die Einwohner von Monomotapa verhandeln oder aber an die Portugiesen, die sich auf Moçambique und weiter im Lande an den Flüssen niedergelassen haben. Diejenigen Hottentotten, die gegen Natal wohnen, haben gute Kenntnis von ihnen und gehen auch mit ihnen um.

Einmal ist gewiß, daß es viele Elefantenzähne in ihrem Lande gibt, da sie viele töten und aufessen. Weil nun so wenig Elefantenzähne von ihnen zum Verkauf gebracht oder an die Holländer verhandelt werden, so muß ja notwendig folgen, daß sie diesen Überfluß, den sie nicht gebrauchen können, außer daß sie sich Armringe davon machen, an andere verhandeln müssen: es mögen gleich Monomotapenser oder Portugiesen sein.

Nach allem diesem ist auch gewiß, daß die Hottentotten ebenfalls zum Handeln geneigt sind.

Untereinander verhandeln sie Ochsen, Kühe, Kälber, Hammel und Mutterschafe. Nicht, daß derjenige, der selbige erhandelt hat, damit weiter handeln würde, sondern vielmehr, damit auch der Erhandeler, der im allgemeinen ein armer Tropf ist, an Vieh gelangen und sich samt Frau und Kindern gemächlich ernähren kann. Denn hierdurch kommt er zu dem Anfang seines erwarteten Reichtums, welcher in nichts als in vielem Vieh besteht. Wenn er davon eine ziemliche Anzahl hat, kann er davon entweder einem anderen etwas zukommen lassen oder aber den Holländern gegen andere Waren den unnützen Überrest abtreten.

Sie halten nicht viel vom Wegschenken, wenn sie auch sonst sehr guttätig und hilfreich sind. Wer etwas von dem anderen erhandeln und haben will, der muß mit Sachen versehen sein, die dem Verkäufer anstatt der Bezahlung dienlich sind. Es sind dies aber entweder selbstgemachte Stücke, wie elfenbeinerne Ringe, Pfeile, Assagayen, Pfeilköcher und ein Bogen, die vollkommen fertig sind und keiner weiteren Bearbeitung bedürfen, denn sonst werden sie nicht angenommen.

Es wird auch ein Hottentotte, wenn er nicht mit doppeltem Gewehr versehen, sich nicht leicht um des Viehes willen des seinigen berauben und an einen anderen verhandeln, weil er diese Stücke zu seiner eigenen Verteidigung nötig hat und auch auf der Jagd damit manchem Wild das Leben nehmen kann. Sie halten deswegen auch ihre Pfeile, Bögen und Assagayen in sehr großem Wert und polieren sie sehr schön. Ich habe einst von dem Capitain Pegu eine solche Bewaffnung kaufen wollen, habe sie aber weder für Geld, noch für Tabak bekommen können, obwohl ich ihm viele Pfunde davon geben wollte.

Fehlt es ihm aber an diesen oder will er sich selbst nicht berauben, so bietet er dem Verkäufer Kanna an, da er wohl weiß, daß er dafür, wenn der andere damit nicht bereits wohlversehen ist, das gewünschte Vieh erhandeln kann. Wenn auch der Handel auf diese Weise nicht angehen will, so ist seine letzte Zuflucht bei den europäischen Waren, die er entweder als einjähriger Knecht und Viehhirt oder als

Kornschneider verdient hat. Diese bestehen insgemein in Tabak, Dacha, kupfernen und gläsernen Perlen.

Alle diese Waren sind bei ihnen in ziemlichem Ansehen und werden stark gesucht. Ich kann wohl mit Wahrheit sagen, daß jährlich etliche tausend Pfund Tabak von ihnen verraucht werden, obwohl sie ihn nicht pur und allein gebrauchen, weil er viel zu schwach ist, ihren Kopf toll zu machen. Um dazu zu gelangen, mischen sie die Hanfblätter, oder in ihrer Sprache den Dacha, darunter und machen Buschbasch, der viel stärker angreift und sie leichter trunken oder toll im Kopf macht.

Gleichwohl behalten die Perlen, besonders aber die kupfernen, den höchsten Preis. Teils, weil sie nicht leicht brechen wie die gläsernen, teils auch und vornehmlich, weil sie sich sehr hell polieren lassen, und je länger man sie trägt, desto heller werden sie. Wenn sie dazu noch eine ziemliche Größe haben und etwa einer Zuckererbse gleichkommen, so sind sie noch weit angenehmer als die kleinen.

Auf diese Weise und mit diesen Waren handeln sie untereinander, welches gewiß ebenso ehrlich und aufrecht geschieht, wie ein Kaufmann unter anderen tun kann. Sie geben einander auch viel mehr für ihre Waren als den Europäern; derweil ein Hottentotte für ein Pfund Tabak oder eine Schnur Perlen viel mehr von einem Hottentotten erhandeln und erhalten kann, als ein Europäer tun mag.

Mit anderen Nationen handeln sie fast auf gleiche Weise wie mit ihrer eigenen, nur daß sie einen ziemlichen Unterschied in Ansehung des Wertes der Dinge machen, die sie statt barer Bezahlung annehmen. Denn da ein Hottentotte von einem anderen 2 bis 3 Ochsen, 7 bis 8 Schafe für ein Pfund Tabak erhandeln kann, muß ein Europäer schon mit einem Ochsen oder 3 bis 4 Schafen vorliebnehmen. Er bekommt immer nur etwa halb soviel wie ein Hottentotte.

Es bleibt auch nicht dabei, denn da sie wissen, daß die Europäer immer noch andere Güter bei sich führen, so muß er ihnen auch noch etwas zugeben, es kann sein was es will.

Dieses Handeln nennen die Holländer »Ruylen«, andere nennen es »Trocquiren«, zu Deutsch ist es am besten, wenn man es »Tauschen« nennt. Denn es ist ja nichts anderes als ein Tausch, wenn ich einem für seine Ware wiederum andere dagegen gebe.

Ich weiß gar wohl aus der Erfahrung, daß, wenn ich einem Hottentotten 1 Pfund Tabak für einen Ochsen, ein halbes aber für einen fetten Hammel und ein viertel Pfund für ein fettes Lamm gegeben, überall aber entweder eine Tabakspfeife dabeigetan oder ein Gläschen Branntwein, mir der Kauf gewiß nicht abgeschlagen wurde, sondern er war in allen Stücken richtig. Wer wollte denn sagen, daß ein Pfund Tabak nebst einer Tabakspfeife oder einem Gläschen Branntwein zuviel für einen Ochsen wäre?

Weil aber auch andere Güter von den Hottentotten erhandelt werden können, so wird es nicht undienlich sein, zu zeigen, womit ein ehrlicher Händler, der sie besuchen will, sich versehen und welche Waren er mitnehmen muß. Denn nicht alle und jede europäische Waren sind ihnen angenehm, von den indianischen, die entweder nur den Leib zieren oder den Bauch füllen oder zur Pracht dienen, halten sie gar nichts.

Wenn ein Händler Vieh handeln will, es mögen Ochsen, Kühe, Kälber, Hammel oder Mutterschafe sein, Ziegen haben sie nicht, so wird ihm nichts nötiger sein, als sich mit Tabak, Dacha, Tabakspfeifen und kupfernen Perlen zu versehen. Gegen diese Waren kann er allezeit so viel Vieh erhandeln, wie ihm beliebt.

Will er aber Elefantenzähne erhandeln, so muß er neben Tabak als der gängigsten Ware bei den Hottentotten auch poliertes Kupfer, besonders aber Messing anbieten müssen. Sie überlassen ihm daher solche Zähne willig und gegen einen geringen Preis, und wenn sie noch so schwer wiegen.

Wer nur zu ihnen reist, um das Land zu sehen oder auch die Tiere, Gewächse, Mineralien etc. zu untersuchen, der braucht sich nicht zu sorgen, daß er verhungern werde, obgleich er nichts zu essen bei sich hat, Denn an Fleisch wird es ihm nicht mangeln, solange er Tabak, Tabakspfeifen, Dacha und Branntwein hat. Will er aber auch Wild genießen, so werden ihm Hasen, Bunt- oder Rehböcke, auch Steinböcke und andere wilde Tiere genug gebracht, wenn er nur dafür Wein, Branntwein oder auch gläserne Perlen oder kleine Spiegel geben kann.

Er hat auch nicht für Butter, die er zwar erst reinigen muß, Straußen- und andere Vögel Eier oder für Milch zu sorgen, solange er etwas von den genannten Waren besitzt. Er braucht sich nicht einmal um ein Quartier zu sorgen, weil sie ihm für ein Stückchen Tabak ein ganz neues Haus bauen, Holz zum Brennen und Kochen herbringen, um in der Nacht vor wilden Tieren sicher zu sein, ja sie bringen ihm so viel langes Gras herbei, daß er darauf sanft ruhen kann.

Wenn ihm nach etwas Süßem gelüstet, darf er versichert sein, daß sie ihm für eine Pfeife voll Tabak einen ganzen Sack voll Honig geben. Diesen sammeln sie nämlich am Ende der Trockenzeit in ziemlicher Menge aus den hohlen Bäumen und Felsen, wohin es die Bienen tragen. Daraus kann er sich dann Honigbier brauen, das, wenn es ein wenig alt geworden, ebenso viel Kraft hat wie ein schlechter Met.

Es wird daraus klar, daß ein Europäer, der zu ihnen in das Land reist und entweder Vieh oder Elefantenzähne oder aber andere eßbare Sachen erhandeln will, mit Tabak, Dacha, Tabakspfeifen, kupfernen und gläsernen Perlen, Spiegeln aus Glas und Kupfer, Messern, Eisen, kleinen

Kupfer- und Messingstücken, Draht zu Armringen, Wein und Branntwein, auch mit etwas Mehl, um sich selbst zu versorgen, und anderen dergleichen Kleinigkeiten versorgt sein muß. Dies alles kostet kaum 10 Reichstaler. Dagegen kann er an Vieh, Elefantenzähnen, Straußen- und andere Vogeleiern, Tierfellen und allerhand Lebensmitteln so viel erhandeln, daß aus den 10 gar leicht 100 und mehr gemacht werden können.

Ein Kaufmann oder anderer Reisende, der einige Zeit bei ihnen zu verweilen gedenkt, muß ferner noch mit einem guten Gewehr und dem dazu gehörenden Pulver und Blei versehen sein. Denn dies ist ihm, nicht wegen der Hottentotten, sondern vielmehr wegen der wilden Tiere nötig. Es kann nämlich leicht geschehen, daß ein solches Raubtier sowohl auf dem Weg jemand entgegen läuft als auch in der Nacht zu überfallen trachtet.

Wenn nun einer mit einem genügenden Vorrat von solchen Waren zu ihnen kommt, kann er dies alles ihnen ebenso sicher anvertrauen und in Bewahrung geben als ob er es in seinem eigenen Hause und unter seiner Aufsicht verschlossen hielte. Der Bewahrer, der die Güter angenommen hat, würde sich viel eher töten lassen als daß er nur das Geringste davon entwendete. Ich habe mich sehr oft verwundert, wenn ich diesem oder jenem etwas anvertraut und unter der Zusage einer gewissen Portion in Verwahrung gegeben habe, daß ich dieses oft nach 14 Tagen, drei oder mehr Wochen ohne den geringsten Verlust wiederbekommen habe.

Ich sage aber, daß man bei ihnen bekannt sein oder bekannte Hottentotten bei sich haben muß. Außer diesen zwei Voraussetzungen geht es nicht so leicht. Wer aber fremd ist, soll sich am Anfang etwas vorsehen und dem Landfrieden nicht allzu viel trauen, da auch unter den ehrlichsten Leuten oftmals ein Betrüger gefunden wird.

DER 17. BRIEF

Von den Künsten, die den Hottentotten mit Recht zugeschrieben werden können, das ist: vom Schwimmen, Werfen, Fechten, Fischen, Jagen, Laufen etc.; desgleichen von ihrer Musik, auch von ihrem Singen und Tanzen

In der Kunst, schnell zu laufen, übertreffen sie jeden europäischen Läufer, er mag auch noch so geschickt und geübt sein, und machen ihn schamrot. Ja ich darf wohl sagen, daß kein Reiter, er mag auch noch so schnell zu Pferde sein, gleich schnell reiten kann, wenn er nicht sein Pferd unter sich tot sehen will. Ein Hottentotte kann damit etliche Tage fortfahren, was einem anderen Läufer unmöglich ist.

Den meisten Leuten sagen sie als Ursache, daß es von der Ausschneidung des linken Ballens an ihrer Scham herkomme. Allein, wenn es auch etwas dazu beitragen möchte, so glaube ich doch nicht, daß es die wahre Ursache ist. Es ist auch nicht zu leugnen, daß auch das Schmieren etwas dabei helfen kann, dennoch scheint es ebenfalls nicht die rechte Ursache zu sein, weil sonst auch die Weiber schnell laufen können müßten, die, wie oben berichtet wird, in dem Schmieren den Männern nichts nachgeben. Die leichte Kleidung hat besseres Ansehen und Eindruck auf mein Gemüt als eine der beiden vorigen Ursachen. Es ist bekannt, daß auch die europäischen Läufer ganz dünne und leichte Kleidung tragen. Hierzu kommt noch besonders, daß sie nirgends an einem Gelenk gebunden sind, sondern alle ihre Kleidung hängt frei um den Leib. Wenn sie am Laufen sind, können sie mit leichter Mühe die Karoß vom Halse nehmen, sie entweder über den Stock auf der Schulter tragen oder aber um den Arm wickeln und werden daher durch nichts behindert.

A. Ein Hottentottischer Läuffer. B. wie die
sie zu fechten

...tten mit ihren Hafagayen werfen. C. wie
...n,

Wenn ich nun dieser wahrscheinlichen Ursache noch hinzufüge, daß sie von Jugend an im Laufen geübt werden und besonders auf ihren Jagden das Wild mit Laufen verfolgen und nicht eher ablassen, bis sie es ermüdet und getötet haben, auch in ihren Kriegen, die sie miteinander führen, niemals still stehen, so dünkt mich, daß ich der rechten Ursache, von der ihr schnelles Laufen herkommt, ziemlich nahe gekommen bin.

Neben diesem schnellen Laufen können sie auch sehr genau mit Steinen, langen und kurzen Stöcken sowie mit Assagayen und allen anderen harten und bequemen Sachen werfen. Es ist bei ihnen nichts Ungewöhnliches, wenn ein Hottentotte mit einem Stein auf 100 Schritt ein Ziel, das so groß wie ein Dreier ist, trifft. Dies tun sie nicht ein- oder zweimal, sondern zehn- und mehrmal hintereinander, ohne nur ein einziges Mal zu fehlen.

Das Seltsamste bei diesem Werfen ist für einen Zuschauer, daß er unmöglich begreifen kann, wie ein solcher Hottentotte das vorgegebene Ziel treffen kann oder wann er eigentlich danach zielt. Denn man wird ihn keinen Augenblick stillstehen sehen, sondern er ist in dauernder Bewegung, läuft bald vor, bald zurück, bald auf die Seite, bald steht er aufrecht, bald bückt er sich; ehe man sichs aber versieht, wirft er den in der Hand gehaltenen Stein fort und trifft gleichwohl bei allen diesen gemachten Grimassen das vorgegebene und selbst erwählte Ziel so genau, daß man sagen muß, der beste Schütze hätte nicht genauer in das Schwarze schießen können.

Aber nicht nur mit Steinen verrichten sie dieses Werfen, sondern auch mit ihren Kirris und Rackum-Stöcken, desgleichen auch mit ihren Assagayen. Ich habe ihnen oftmals mit Verwunderung zugesehen, wenn sie aus Feindseligkeit oder Scherz nach einander geworfen haben. Sie hätten immer die Stelle, wo der andere gestanden, oder ihn selbst gewiß getroffen, wenn er sich nicht durch Drehen und Wenden oder auch durch Davonlaufen befreit hätte. So habe ich ihnen auch vielmals zugesehen, wenn sie mit ihrem Rackum-Stock einen Hasen, Reh oder Steinbock mit einem Wurf totgeworfen haben, indem derselbe entweder in dem Leib stekken blieb, oder aber sie auf andere Weise ihnen den Tod brachten.

Dieses genaue Werfen hat sie ohne Zweifel genötigt, an die Verteidigung zu denken und sich im Fechten und Ausparieren zu üben, welches beides sie auch so vortrefflich verstehen, daß ihnen der Herr Vogel in seiner Reisebeschreibung dieses rühmliche Zeugnis geben muß: »Sie wissen sich mit langen Stöcken zu defendieren, ja sie sind darinnen so geübet, daß sie einen Stein, welchen man nach ihnen wirft, künstlich mit einem Stock wissen aufzufangen und auf die Seite zu parieren«.

Vielmals habe ich ihnen zugesehen, wenn sie entweder aus Scherz oder Ernst sich darin geübt haben; und ich kann mit Wahrheit sagen, daß es eine sehr angenehme Lust ist. Sie werfen mit Steinen oder ihrem Rackum-Stock oder auch mit ihren langen Assagayen nacheinander. Wenn nun der Gegenüber das Geworfene ankommen sieht, wird er sich selten wegbegeben oder auch bücken, wenn er nur seinen Kirri in der Hand hat, daß er mit demselben ausparieren kann. Bald laufen sie dicht aneinander und halten die Kirris in den Händen entweder vor sich oder über dem Kopf und machen damit solch artige Stöße, parieren auch sowohl den Streich als den Hieb oder den Schlag so nett aus, daß man nicht weiß, was man von dieser Kunst halten oder denken soll, ob sie ein europäischer Fechtmeister oder aber ein Hottentotte besser versteht.

Ich bin ganz sicher, daß wenn ein geschickter und wohl geübter Fechtmeister mit einem Hottentotten fechten und beide mit gleicher Waffe versehen sein sollten, der Fechtmeister, wenn er nicht beschämt davon gehen würde, sich zumindest auch keines besonderen Vorteils zu rühmen haben würde.

Ihr Tanzen ist von dem unsrigen so weit verschieden, wie Deutschland von Afrika wegliegt. Vorher will ich jedoch etwas von ihrer Musik sagen, weil kein Tanz ohne Musik geschehen kann.

Eines ihrer Musikinstrumente ist die Gom-Gom, ein runder Bogen aus dichtem, zähem Holz, wie Oliven- oder Eisenholz, gemacht. Er wird mit einer mittelmäßigen Saite bespannt, die etwa wie das A auf einer Violine ist und die von ihnen selbst aus Schafdärmen oder Spannadern gemacht wird. An dem einen Ende, da sie an dem Bogen festgebunden wird, machen sie einen abgeschnittenen und aufgeschlitzten Federkiel fest, den sie zusammen mit der durchlaufenden Saite in den Mund nehmen, damit ihnen das Zittern der Saite nicht weh tut und auch der Saite der ordentliche Klang nicht genommen wird, den sie ihr durch das Einziehen und Ausblasen des Atems beibringen. Wenn sie eine vollstimmige Gom-Gom machen und haben wollen, so stekken sie an dem anderen Ende, ehe die Saite an dem Bogen fest angespannt und gebunden wird, eine entzweigesägte, ausgehöhlte und von allem Mark und anderen anklebenden Häutchen gereinigte Kokosnußschale, welche gleichsam die Resonanz geben muß.

Diese Kokosnußschale wird so gesägt, daß oben nur etwa der dritte Teil davon herunterkommt, den man wegwirft oder aber einem Sklaven als Trinkbecher gibt. Den übrigen und größeren Teil macht man auf besagte Weise an die Saite, und zwar so, daß die Löcher nicht zu tief hinunter gebohrt sind, und diese müssen auch genau gegenüber stehen. Weil nun der Schall oder Ton der Saite wie in einer runden Höhle gleichsam wiedertönt und sich vermehrt, so klingt das Instrument nicht nur viel heller, als es ohne dieselbe tun würde, sondern sie können auch durch Hin- und Herbewegen der Kokosnußschale alle Töne verstellen, wie auf einem anderen ebenso simplen Instrument.

Wenn drei oder vier dieser Gom-Goms von unterschiedlicher Größe und mit verschiedenen Saiten zusammenkommen, und wenn diejenigen, die darauf spielen können, gut zusammen harmonieren, so gibt es eine stille und angenehme Musik. Ich kann mich erinnern, daß ich einmal zwei Hottentotten zugehöhrt habe, die in stiller Nacht eine überaus liebliche Nachtmusik auf ihre Art zusammen gemacht haben.

Neben der Gom-Gom haben sie noch ein anderes Musikinstrument, welches ein irdener Topf dergestalt ist, wie sie sie selbst machen und an anderer Stelle beschrieben wurde: groß oder klein, je nachdem es ihnen gefällt, einen dazu zu verwenden. Diesen Topf überziehen sie mit einem Schaffell, von dem die Haare genommen sind und das bereitet ist. Dieses binden sie mit ihren Riemen oder Sehnen sehr fest und stramm darüber. Danach spielen die Weiber, niemals aber die Männer, mit ihren Fingern und schlagen darauf, so wie in Brabant, aber auch in Thüringen und Sachsen auf den Rommel-Töpfen gespielt wird. Diese dienen ihnen denn auch bei ihren Lustigkeiten und Tanzen anstatt einer Trommel oder einer Heerpauke.

Wenn sie diesen Rommel-Topf gebrauchen und darauf spielen, bedienen sie sich auch der Vokalmusik und schreien alle miteinander Ho, Ho, Ho, Ho; setzen dies Geschrei in einem Stück oftmals eine gute Viertelstunde fort, je nachdem sie Lust haben oder Liebhaber und Liebhaberinnen

Der Hottentotten Musicalisches Instrument Gom-
Tantzen formiren C Ihre Manier zu Tan

A. Ihr Romel-Topf B. Ihr Creiß den sie bey dem
D

vorhanden sind, die danach tanzen wollen. Die Musik ist wegen der langen Dauer und des starken Geschreis dem Zuhörer ziemlich verdrießlich, weil keine weitere Veränderung darin vorgeht.

Außer diesen beiden Musikinstrumenten ist mir keines bekannt, das bei ihren Fröhlichkeiten gebraucht wird. Wenn den Hottentotten etwas Angenehmes begegnet, wie zum Beispiel, wenn Sam-Sam oder Friede unter ihnen gemacht wird oder wenn sie sonst etwas Angenehmes hören, so lassen sie ihre Freude darüber im Tanzen sehen. Dabei geht es freilich ebenso wenig andächtig zu wie bei einer Bauernkirchweih, da die Bauern sich gemeinlich dabei toll und voll saufen. Sie treiben dieses Tanzen ohne Genuß einer Speise oder starken Tranks meist die ganze Nacht hindurch, so daß ihre Nachbarn wegen des entsetzlichen Geschreis ebenso wenig schlafen können wie sie selbst.

Da jeder Tanz oftmals eine Stunde währt und niemals mehr als zwei Paare zugleich, gemeiniglich aber nur eines allein tanzt, so könnte, sofern das Tanzen nach drei oder vier Stunden aufhören würde, nicht jeder oft zum Tanzen kommen. Sie nehmen daher eine ganze Nacht, zuweilen auch wohl noch ein Stück des vorhergehenden oder folgenden Tages dazu und tanzen also genug. Wobei denn nicht zu vermuten, daß sie müde werden: Sondern, wenn diesem oder jenem der lange Tanz beschwerlich werden sollte, so hockt er oder sie sich nur nieder, und eine andere Person richtet sich auf, und bevor die abgemattete noch sitzt, fängt sie an und setzt den Tanz fort.

Die Männer sitzen oder hocken ordentlich nebeneinander in einer Runde, dessen Umkreis, damit er für die Tänzer nicht zu klein wird, die Weiber vergrößern und also zusammen einen Kreis bilden, in dem dann der Tanz geschieht. Fängt die Gom-Gom das Spielen an, so läßt sich bei den

Weibern der Rommel-Topf bald darunter hören. Und da die anderen Weiber mit Händeklatschen, alle zusammen aber mit Singen dazu stimmen, so finden sich gar bald Liebhaber, die den Tanz anfangen. Wenn auch nur eine Frau sich aufrichtet und mit den Füßen trampelt, daß einer der Männer das Geklapper von ihren Ringen hört, so springt derselbe auch in die Höhe und gibt der Tänzerin einen Tänzer ab.

Da sie nun nicht nebeneinander stehen oder einander gar bei den Händen haben, was niemals geschieht, sondern sich einander gegenüber befinden, wie etwa bei einem Französischen Tanz, so brauchen sie wohl eine halbe Viertelstunde, ehe sie eine Länge von ungefähr zehn Schritten zusammen tanzen. Manchmal kommen sie auch gar nicht zusammen, sondern machen während des Tanzens eine Drehung im Kreise und drehen einander den Rücken zu. Das Kurioseste dabei ist, daß die Tänzerin niemals aufschaut, sondern allezeit gebückt hüpft, damit die Augen nicht von den Füßen entfernt und diese nicht mehr als ein Haar voneinander getrennt werden.

Diese Tänzerin darf nicht ein einziges Glied an ihrem Leib unbewegt lassen, sondern sie ist gehalten, mit den anderen Weibern nicht nur zu singen, sondern auch zugleich in die Hände zu klatschen und dennoch immer dabei zu tanzen. Welch seltene Kapriolen sie dabei sehen lassen, kann mein Herr aus dem bisher Gesagten leicht entnehmen, zumal wenn er bedenkt, wie schwer ihre Beine mit den umhängenden Ringen beladen sind, die jedoch ein anmutiges Klappern bei dem stetigen Stampfen machen. Denn wenn sie ihren Hintern nur ein wenig bewegt, was doch allezeit geschehen muß, so rauscht und klappert es nicht anders durcheinander, als sich ein aufgezäumtes Pferd schüttelt.

Sobald die Musik aufhört, hat der Tanz eine andere Gestalt. Wenn sie mit der Gom-Gom und dem Rommel-Topf ein anderes Lied anstimmen, so machen die Weiber mit den Händen ein zustimmendes Geklatsch dazu, dem die Sänger mit ihrem alten Ho, Ho, Ho, Ho beitreten und den Tanz aufs neue beginnen. Es ist ganz lustig, eine Zeitlang zuzusehen, aber sehr beschwerlich, lange ihrem Geschrei zuzuhören. Ich kann wohl sagen, daß ein Fremder, der es noch nicht gesehen, eine vergnügte Stunde dabei zubringen kann; wer aber schon öfter dabei gewesen und gerne seine Ruhe haben möchte, der gibt ihnen noch etwas zum besten, daß sie nur still schweigen.

Gleichwohl ist die Beweglichkeit an beiderlei Geschlecht zu rühmen, darin sie die Europäer weit übertreffen, obwohl sie in langer Zeit kaum eine kurze Strecke tanzen. Aber alles ist in Bewegung, was an einem Tänzer und an einer Tänzerin gesehen wird, und besonders das Kapriol-Schneiden der Männer ist sehr artig und seltsam anzusehen. Diese hüpfen, obwohl sie wie gespannte Hühner auf der Stelle treten, dennoch immerzu nicht nur in die Höhe, sondern schlagen auch mit ihren Fersen oder Fußsohlen so gegen die Hinterbacken, daß es klatscht, ohne daß sie sich selbst dabei wehe tun.

Weil aber jeder Jäger mit Gewehr versehen sein muß, besonders hier, da nicht nur Hasen, Hirsche, Antilopen und anderes unschädliches Wild anzutreffen, sondern auch grimmige Löwen, grausame Tiger, Luchse und Leoparden, ungeheure Elefanten und wütende Nashörner, außer noch vielen anderen, die Wälder und Felder durchstreifende Tiere zu finden sind, so wird es nötig sein, zu sagen, was denn diese Hottentotten auf solchen gefährlichen Jagden für Gewehr mit sich führen; zumal, als ihre gewöhnliche Kleidung beschrieben wurde, gesagt wurde, daß sie auf der Jagd und im Krieg noch etwas anderes bei sich führen als sie sonst täglich mit sich tragen oder anhaben.

Zwar habe ich schon oft ihr Gewehr erwähnt und gesagt, daß es aus Pfeilen und Assagayen besteht. Da aber niemals mehr darüber gesagt wurde, so ist es nötig, jetzt diese zu beschreiben.

Die Pfeile sind demnach ganz flach, wie ein dünnes Messer geschmiedet, nicht spitz, sondern wie ein halber Mond und auf beiden Seiten mit einwärts stehenden Widerhäkchen, etwa wie eine Angel: dabei so scharf und spitz wie ein Feder- oder Schermesser. Ihre Größe kommt etwa einem halben Batzen gleich. Aus der Mitte läuft ein hohl gebogenes Röhrchen, ungefähr 2 Zoll lang, mit welchem sie diese eisernen, scharfen Pfeile an ein hölzernes, leichtes und hohles Rohr, das beinahe anderthalb Schuh lang ist, befestigen und mit ihren Sehnen oder Spannadern sehr steif und fest anbinden.

Bevor sie diese Pfeile noch gebrauchen, werden sie über und über mit Gift bestrichen, welches sie den getöteten Schlangen aus den Köpfen nehmen, wo es in einer kleinen Blase sitzt. Insbesondere nehmen sie die Kobra dazu und lassen das Gift an der Sonne trocknen. Wenn sie es dann gebrauchen wollen, zerreiben sie die gedörrten Giftbläschen zwischen harten Steinen und machen es mit ihrem Speichel zu einer Salbe, mit der sie dann all ihr Gewehr überziehen und es eintrocknen lassen.

Diese Pfeile schießen sie von einem steif gespannten Bogen aus Eisen- oder Olivenholz oder aus Dornholz so behend, hurtig und sicher ab, daß man sich darüber sehr verwundern muß. Bei stillem Wetter, wenn der Wind nicht allzu stark weht, wird man sie gewiß damit weniger fehlen sehen als einen Scheibenschützen, der das Schwarze zu treffen meint, oft aber die ganze Scheibe verfehlt.

Dieser Bogen hat an beiden Enden zwei starke zurückgebogene hölzerne Absätze, damit die aufgezogene starke Saite, die aus Därmen oder Spannadern gemacht ist, nicht abfallen und der Bogen desto dichter und steifer gespannt werden kann. Er sieht also in allen Stücken einer Armbrust nicht unähnlich, nur daß er größer, dabei aber viel leichter ist.

Zur Aufbewahrung der Pfeile bedienen sie sich eines ausgehöhlten oder ausgebrannten Stück Holzes, welches eben die Länge derselben hat. Einige machen auch diese Büchsen aus dicken Ochsen- oder Elen-, auch Nashorn- oder Elefantenhäuten und befestigen an demselben, damit sie ihn leicht überall hintragen können, einen breiten Riemen, den sie über die eine Achsel und unter dem anderen Arm auf den Rücken hängen und die darin steckenden Pfeile nebst den an dieser Büchse hängenden Bogen alsbald bei der Hand haben.

Ihre Assagayen sind ganz anders und viel größer gestaltet, weil sie diese nicht zum Schießen gebrauchen, sondern als Wurfspieße aus freier Hand werfen. Das Eisen ist am Ende sehr spitz, auf beiden Seiten aber sehr scharf und dünn zugeschliffen. Hinten hinaus ist wieder ein runder, hohler Kanal zu sehen, in welchen sie einen Stock von ungefähr 6 bis 8 Schuh lang stecken und diesen sehr fest hinein stoßen. Das andere Ende dieses Stockes läuft ganz dünn zu, so, daß er nicht viel dicker ist wie eine abgebrochene Rute und ist einem Rechenstiel am änlichsten, nur daß er nicht so glatt ist.

So wie sie, wie vormals berichtet, ihre Waffen selber machen, polieren und schleifen, so vergiften sie diese auch selbst, wie von den Pfeilen gesagt wurde. Hiervon sind die Assagayen oder Wurfspieße nicht ausgenommen, sondern sie werden nur um so stärker vergiftet, weil mit diesen die meisten und größten wilden Tiere getötet werden und auch im Krieg damit die meiste Arbeit getan werden muß. Sie zielen damit aber ebenso wenig wie mit den Pfeilen, obgleich der dünne Stock stetig zittert und bei der geringsten Bewegung wackelt. Sondern sie laufen mit demselben in der Hand herum und werfen ihn bald vor, bald hinter sich, noch ehe sie ihn ganz fahren lassen, bis sie ihn endlich in der Balance haben und damit desto gewisser das vorgesetzte Ziel treffen können.

Dieses sind nun neben dem Rackum-Stock ihre Waffen, die sie sowohl im Krieg als auch auf der Jagd gebrauchen und rechtschaffen hurtig, künstlich und nett damit umzugehen wissen. Man darf daher nicht fragen, wenn man einen Hottentotten damit im Felde trifft und den Pfeilköcher auf seinem Rücken und den Assagay auf seiner Schulter sieht, wo er gewesen, weil die Antwort gewiß sein wird, er sei entweder im Krieg oder auf der Jagd gewesen. Es ist hier nicht verboten, sondern einem jeden steht frei, auf die Jagd zu gehen, wann, wo und wie es ihm gefällt.

Es ist vor allen Dingen anzumerken, daß diese Jagden entweder allgemein sind, da ein ganzer Kral miteinander auf die Jagd zieht, oder aber besonders, da nur dieser oder jener alleine ausgeht und etwa einen Reh-, Stein- oder einen bunten Bock töten will. Von dieser letzten Art werde ich nicht viel zu sagen haben, weil sie dabei die kleinen Tiere mit den Rackum-Stöcken tot werfen und sie nicht einmal eines Assagays wert erachten. Das getötete Wild tragen sie nach Hause und verzehren es. Die herausgenommene Blase aber flechten sie, nachdem das Wasser herausgeschüttet wurde, in ihre schmierigen Haare und lassen sie solange darin, wie ein Stücklein daran ist; zum Zeichen, daß sie Helden sind, die sich auf die Jagd verstehen und vor keinem wilden Tiere fürchten.

Der Hottentotten Manier grosse un

vilde Thier zu jagen: A.

Wenn aber der ganze Kral auszieht und eine gemeinschaftliche Jagd vornimmt, so ist es nicht allein gefällig, ihnen zuzusehen, sondern man hat besonders auf folgende Umstände zu achten. Sobald sie ein wildes Tier antreffen, das groß ist und sie alle zu sättigen vermag, so verteilen sie sich, um demselben alle Fluchtwege zu versperren. Dann probieren sie erst mit ihren vergifteten Pfeilen, demselben Schaden zuzufügen, welches auch gar wohl angeht, wenn die Haut nicht zu dick ist oder aber der Wind die Pfeile nicht wegbläst. Sehen sie aber, daß die Pfeile nicht durchdringen und in das Fleisch gehen, wie es normalerweise bei einem Elefanten oder Nashorn ist, so ergreifen sie ihre Assagaye und werfen ihnen diese tief genug in den Leib.

Es ist artig anzusehen, welche wunderliche Sprünge sie machen, wenn ein solches verwundetes Tier auf sie zuläuft und sie zu töten versucht. Denn sie laufen bald geradeaus, bald wieder auf die Seite und drehen sich so lange und viel herum, bis sie wieder zu den anderen kommen. Von denen erhalten sie dann Hilfe, indem sie noch einen Assagay auf das Tier werfen, wodurch es von jenem abläßt und diese verfolgt. Damit fahren sie so lange fort, bis das Tier endlich selbst müde wird und zu fliehen versucht. Dies lassen sie auch zu, da sie wissen, daß das Gift bald wirkt. Sie laufen ihm deswegen nur nach und sehen, wo es fällt, damit ihnen der erjagte Braten nicht entschnappt oder sie lange nach dem toten Wild suchen müßten.

Noch artiger aber ist zu sehen, welch tolle Sprünge das verwundete Tier macht, wenn es den Assagay im Leib spürt und den langen Stock sieht. Denn dann macht es entsetzliche Luftsprünge, um sich des Speeres zu entledigen. Bald fällt es auf die eine Seite und wälzt sich so lange, bis der Stock abbricht. Dadurch spürt es aber keine Linderung, sondern mattet dadurch nur immer mehr ab und gibt den Jägern

Zeit und Raum, damit sie wieder einen anderen Assagay auf es werfen können. Das Tier wird schließlich nicht durch das Jagen, sondern vielmehr durch das heftige Springen und Walzen so abgemattet, daß es sich den Augen seiner Feinde nicht mehr entziehen vermag.

Die Hottentotten lassen das Tier jedoch davonlaufen und folgen ihm von ferne nach, da sie wohl wissen, daß das Gift das erhitzte Geblüt bald ergreifen und das Tier tötet. Ist es ein Elefant, den man an seinen kreisrunden Fußstapfen gar leicht erkennen kann, besonders, wenn es vorher ein wenig geregnet hat und die Erde weich ist, so laufen sie ihm kaum nach, sondern sehen nur zu, wohin er seinen Lauf nimmt, da sie sicher sind, daß er nicht weit kommt.

Ein Europäer würde nur schwerlich etwas von einem solchen, mit Gift getöteten Wild essen wollen, weil er den Gedanken hätte, es könnte das Gift in seinem Leibe etwas ähnliches bewirken. Einen Hottentotten stört dies aber nicht, sondern er sagt ausdrücklich: Das Gift hat ja nun alle seine Kraft verloren, weil es dieses Tier getötet hat; wie kann es mir denn dann noch schaden?

Deshalb werfen sie von einem getöteten Tier weiter nichts weg als das aufgeschwollene Stück Fleisch, durch das der Assagay gegangen ist. Den Rest verzehren sie aber mit so großem Appetit, als ob es ein zahmes oder ordentlich geschlachtetes Tier wäre.

Auf diese Weise töten sie die Elefanten, Nashörner, Antilopen, Löwen und alle anderen großen Tiere, die ich jetzt nicht nennen kann oder will. Ich muß aber noch hinzufügen, daß es noch eine andere Art gibt, Elefanten, Nashörner, Antilopen und dergleichen zu fangen, von der mein Herr schwerlich etwas gehört haben wird, obgleich in Deutschland eine fast gleiche Art für den Fang von kleinem Wild angewandt wird.

A. B. C. Der Hottentotten Manier die El

. pag. 180.

nten Zu fangen.

Sie erkunden nämlich, welchen Weg die Tiere in der trokkenen Zeit nehmen, wenn sie zum Wasser gehen und trinken wollen. Denn da es im Feld an Wasser mangelt, gehen sie gruppenweise, eines hinter dem anderen, zu den Bächen und treten daher ganz schmale Wege, die man auch nach ihnen benennt. In diese Wege machen die Hottentotten nun, ohne Hauen und Schaufeln, ein tiefes rundes Loch, etwa 6 bis 8 Schuh tief und 3 bis 4 Schuh breit. Mitten hinein setzen und befestigen sie einen dicken, oben aber ganz zugespitzten Pfahl, der nicht über die Grube hinausragt, sondern mit dem Rand derselben abschließt.

Nachdem sie all dies gemacht haben, was auch nicht sehr lange dauert, so decken sie die Grube oben wieder mit dünnen Ästen und anderem Gestrüpp zu, so daß man kein Loch sehen kann. Damit aber auch die wilden Tiere, die ebenfalls schlau sind, besonders die Elefanten, den Betrug und die gelegten Fallstricke nicht merken und sich dadurch abschrecken lassen, streuen sie oben auf diese Äste und das Gesträuch Sand darüber, damit die Tiere nichts anderes vermuten, als daß sie ihren gewöhnlichen Weg gehen.

Kommt nun ein solches Tier den Weg entlang, so tritt es wegen der Schwere seines Körpers gar leicht durch und fällt hinein. Nicht etwa gleich auf den Boden, wo es den Hals brechen würde, sondern es trifft entweder mit dem Hals oder der Brust auf den besagten spitzen Pfahl und spießt sich darauf. Wenn es dann den Schmerz empfindet und keinen Grund fühlt, so versucht es wieder los zu kommen. Allein, alles ist vergebens, und es muß gefangen bleiben. Finden die Hottentotten diese Beute bei ihrer Ankunft bereits tot, so gehen sie nicht eher wieder nach Hause, bis alles verzehrt ist. Ist das Tier aber noch lebendig, so setzen sie sich oben darauf und töten es, entweder durch Einschlagen des Kopfes mit schweren Steinen oder, wie dies öfter geschieht, durch Abschneiden der Adern oder anderer hinter dem Genick befindlicher Sehnen.

Ist dies nun nicht eine listige Art, große, schwere und ungeheuer wilde Tiere ohne Schaden seines Lebens zu fangen? Nach meiner Meinung zeigt diese Erfahrung wiederum keine Einfalt, sondern Leute an, die Gott ebenso mit einem guten natürlichen Verstand begabt hat wie einen Europäer.

Wenn ein Hottentotte ein wildes Tier von einer Größe, wie etwa einen Elefanten, ein Nashorn oder eine Antilope, getötet hat, so muß er, sobald er an seine Hütte und in den Kral kommt, anders gemacht werden. Nicht, daß er etwas zum Schlachten hergeben muß, wie es sonst üblich ist, sondern, weil er sein Leben gewagt und ein solch großes Tier getötet hat, so ist das Schlachtopfer schon getan und er muß nur die übrige Zeremonie ausstehen.

Diese besteht darin: Wenn er, wie gesagt, nach Hause kommt, so kündigt ihm ein alter Hottentotte an, daß er anders gemacht werden müsse. Kommt er nun unter den freien Himmel, so muß er sich sofort auf seine ausgebreitete Matte setzen oder hocken, wie es ihre übliche Sitte ist. Und wenn dies geschehen ist, so tritt der alte Hottentotte vor ihn, macht ihn mit seinem Harnwasser von oben bis unten naß und murmelt einige Worte dazu, deren Bedeutung ich noch niemals erfahren, geschweige denn verstanden habe.

Mit diesem Wasser muß er sich waschen; und weil seine Nägel ziemlich lang sind, so reibt er dies wohl über sein Gesicht wie auch über den ganzen Leib, daß man die Furchen und Züge mit halben Augen erblicken kann.

Wenn dies geschehen ist, so wird eine Pfeife Tabak von allen Umsitzenden in Fröhlichkeit geraucht. Doch der, der anders gemacht wurde und den herrlichen Wildschützen abgegeben hat, bekommt nichts davon als die ausgebrannte

Asche. Diese bringt ihm derjenige, der ihn anders gemacht und angepißt hat und weiht ihn gleichsam damit ein. Er hilft ihm auch, unter tausend artigen Grimassen und seltsamen Luftsprüngen, die gemachten Furchen wieder zuzustreichen. Dadurch ist er für diesesmal völlig anders gemacht und darf unter allen mit großer Reputation erscheinen, weil, wie gesagt, die ausgeleerte Blase in seinen Haaren zum Zeichen der Tapferkeit und Heldenmütigkeit prangt; nicht anders, als ob er bei den Römern einen römischen Bürger errettet und mit dem Lorbeerkranz auf dem Haupt geschmückt worden wäre.

Der andere Grund, der noch merkwürdiger ist, ist dieser: Wenn ein Hottentotte einen Löwen, Tiger, Leoparden oder Luchs erlegt und mit seinem Assagay um das Leben gebracht hat, so schafft er nicht nur eine ungemeine Freude wegen der delikaten Speise, die gewiß nicht schlecht oder gering zu achten ist, wie ich es selbst vielmals probiert habe und das Tigerfleisch ebenso gern esse wie das beste und herrlichste Kalbfleisch, sondern er muß auch darauf achten, daß, nachdem er anders gemacht worden ist, auch seine Frau anders gemacht wird. Eine solche Heldentat achten sie viel höher als wenn einer sich im Krieg noch so tapfer gegen seine Feinde gehalten hätte. Daher würdigen sie ihn auch, wenn er müde geworden ist, damit er wieder zu Kräften kommt.

Die ganze Sache ist nämlich folgende. Wer einen Löwen, Tiger usw. getötet und mit eigener Faust durch seinen Wurfspieß erlegt hat, dessen Frau ist gehalten, daß sie drei Tage hintereinander des Morgens früh, wenn das Vieh ausgetrieben wird, sich mit diesem aus dem Kral begibt. Sie darf auch nicht eher wieder in dem Kral erscheinen und sich sehen lassen, bevor am gleichen Abend das Vieh wieder eingetrieben wird und nach Hause kommt.

Solange sie sich außerhalb des Krals befindet, ist es ihr ferner auferlegt, nichts, es möge auch sein was es will, zu essen. Sie hat also drei Fastentage nacheinander, an denen sie sich aller Speisen bis auf den Abend enthalten muß. Ja selbst am Abend darf sie nicht so viel essen, wie es ihr Appetit erfordern würde, sondern sie muß mit Wenigem vorlieb nehmen, damit sie nur das Leben erhalten kann.

Dies geschieht ohne Zweifel deswegen, damit sie nicht geil werde und etwa bei ihrem Mann zu schlafen verlange. Denn auch davon muß sie sich wie ihr Mann drei Tage lang enthalten, und keiner der beiden darf nicht einmal Miene machen, als ob er zu dem anderen Lust und Belieben habe. Warum dies aber geschieht, und weswegen dies so unverbrüchlich, steif und fest gehalten werden muß, habe ich nicht erfahren können. Ich bilde mir aber ein, es geschehe entweder darum, daß der Mann so viele Kräfte durch die Tötung eines solch grausamen Tieres verloren und daher eine Erfrischung nötig habe. Oder, daß er als ein sieghafter Held dadurch von den anderen unterschieden werden müsse, geehrt und gepriesen; die Frau aber muß sich durch ein keusches und mäßiges Leben eines solchen Helden würdig machen. Es kann aber auch sein, daß sie für unrein geachtet wird und sich erst tugendhaft erweisen muß, bevor sie die Ehre haben darf, an seiner Seite zu liegen.

Die Ursache sei, wie sie wolle, Tatsache ist, daß sie drei Tage nacheinander morgens mit dem Vieh aus dem Dorf oder Kral muß und des Abends nach demselben wieder nach Hause kommen darf. Sie muß auch drei ganze Tage fasten und sich von dem Beischlaf enthalten. Wenn die drei Tage aber verflossen sind, und die Frau am letzten Abend nach Hause kommen will, so schlachtet der Mann zuvor ein fettes Schaf, empfängt dann seine Frau mit Freunden und traktiert mit dem geschlachteten Schaf seine Nachbarn und

Nachbarinnen herzlich. Nach diesem Gastmahl ist es den beiden wieder erlaubt und zugelassen, daß sie zusammen schlafen mögen.

Dieses sind also die zwei merkwürdigen Umstände, die bei dem Jagen noch zu beachten sind. Außer diesen weiß ich nun nichts mehr, was bei ihrem klugen und vorsichtigen Jagen merkwürdig wäre. Ich möchte versichert sein, daß viele Europäer viel zaghafter als diese wilden Hottentotten sein würden, ein solches ungeheures, großes, reißendes und wildes Tier anzutasten, obwohl jene doch mit viel besserem Gewehr versehen, das den Tod weit eher bewirken kann, als diese, die nur mit Pfeilen und Assagayen zu Felde ziehen und auf die Jagd gehen.

Ich will meinen Herrn jetzt, vom Felde zurück, auf die Wasser führen, wo Er auch noch etwas Besonderes von diesen Völkern sehen wird. Die tägliche Erfahrung zeigt nämlich, daß sie mit dem Fischfang ebensogut, wenn nicht besser und listiger, umzugehen wissen wie ein europäischer Fischer.

Ich habe oftmals, wenn ich am Ufer spazieren ging, mit großem Vergnügen und nicht ohne Verwunderung zugesehen, wie artig sie damit umzuspringen wissen, und wie klug sie einen Fisch fangen können. Denn wenn die Zeit ist, daß die Rochen in den Hafen kommen, welches normalerweise im Juni, Juli und August geschieht, so laufen sie mit wachsendem Wasser, wodurch dieser Fisch, der platt und flach ist, zum Ufer zugetrieben wird und auch selbst dorthin strebt, um daselbst frische Nahrung zu suchen, bis über die Knie und auch bis zum Bauch in das Wasser, fühlen überall mit ihren Füßen, wo sich ein solcher Plattfisch oder Rochen befindet, und wenn sie einen unter den Füßen haben, halten sie ihn so lange fest, bis sie ihn mit einem spitz zugeschnittenen Stock durchgestochen haben und dadurch seiner habhaft geworden sind.

Von diesen Fischen fängt einer oft an einem Tag so viele, daß er lange davon zu essen haben könnte, wenn er sie nicht auch den Einwohnern geben würde und gegen Geld, Tabak oder andere Waren verhandelte. Dennoch behält er allezeit soviel für sich, daß er und seine Familie an diesem Tag leben und essen kann. Sie sind auch so hurtig dabei, daß man sich nicht genug darüber wundern kann. Im allgemeinen wird man sehen, daß sich selten einer umsonst bückt, noch weniger aber umsonst den Stecken ergreift und niedersticht. Die so gefangenen Fische hängen sie dann auf einen Riemen und binden denselben um ihren Leib, bis sie schließlich wieder herausgehen und damit hausieren laufen.

Einige können auch in dem zurückgegangenen Wasser Fische mit den Händen fangen, die mit der Flut auf die aus dem Wasser herausragenden Klippen geworfen wurden. Ich habe dies schon beschrieben und sie Klippfische genannt und auch gesagt, daß es ein über alle Maßen niedlicher Fisch ist. Die Europäer gehen auch oft dorthin und fangen diese delikaten Klippfische, die sie dann zusammen braten oder backen. Die Hottentotten müssen sich deswegen nicht sorgen, denn ihnen ist diese Art zu essen nicht erlaubt, weil keine Schuppen daran gefunden werden.

Am seltsamsten ist, ihnen zuzusehen, wenn sie mit der Angel fischen. Diese Angel kaufen sie entweder von den Europäern oder sie machen sie aus einem krummgebogenen Nagel, den sie früher oft gebraucht, jetzt aber selten benutzen, weil die europäischen bequemer und besser sind. Eine solche Angel binden sie an eine lange, aus Därmen oder Sehnen gemachte, auch wohl geschmierte Schnur, halten das eine Ende davon in der Hand, weil sie keine Angelrute oder Stock daran haben, und werfen die Angel in das Wasser, nachdem sie eine Muschel aus der Schale genommen und daran gehängt haben.

A. Wie die Hottentotten die Rochen fangen. p: 637.
durch breite Flüsse schwimmen. pag. 539.

wie sie den Fischen durch Pfeiffen locken. p: 538. C. Wie sie

Dazu stellen sie sich normalerweise auf eine hohe, an dem Ufer befindliche Klippe, und wenn ein Fisch aus dem Wasser herausschaut, begeben sie sich zu demselben und werfen dort ihre Angeln aus. Sobald diese im Wasser liegen, beginnen sie, mit dem Mund zu pfeifen und machen gleichsam den Fischen eine Musik, wodurch diese herbeigelockt und zur Angel gereizt werden. An dem Aas an der Angel haben sie eine Zeitlang zu knabbern, schlucken dies aber dann mit der verborgenen Angel und wollen davonschwimmen; dadurch bleiben sie aber fest, wie sicherlich bekannt ist.

Hilft dieses Pfeifen aber nicht, und wird dessen Schall durch den Wind oder die brausende Wellen verschlagen, daß es die Fische im Meer nicht hören können, so beginnen sie ein wunderliches Geschrei oder einen starken Gesang und versuchen dadurch, die Fische zu beeinflussen. Dies glückt ihnen auch, und auf diese Weise fangen sie viele rote und weiße Steinbrassen, Hottentottsfische und andere große Meeresfische.

Ich möchte nur dies noch anfügen, daß hieraus zu sehen ist, wie unrecht man ihnen tut, wenn man behauptet, sie könnten keine Fische fangen und müßten sich deswegen von toten Walen und Wurzeln ernähren. Dies ist unwahr; wahr ist vielmehr, daß sie nicht nur auf besagte Weise Fische fangen können, sondern sie können auch den Europäern, die mit langen und großen Netzen fischen, getreue und nützliche Dienste leisten. Ein Hottentotte kann viel besser damit umgehen als ein Sklave oder auch mancher Europäer, der den Sprung aus dem Wasser in die Höhe nicht wagt, wenn eine starke und hohe Welle hinter ihm hergerauscht kommt und ihn zusammen mit dem Netz über den Haufen wirft.

Vielleicht möchte aber mein Herr wissen, wie sie denn auf die so weit vom Ufer abgelegenen Klippen kommen, da ja die See tiefer ist als sie lang sind? Ich antworte Ihm darauf, daß sie dieses durch Schwimmen bewerkstelligen. Diese Kunst verstehen sie ebensogut, ja oftmals besser, wie ein Europäer. Immer, wenn sie in ein Wasser, sei es ein Strom oder ein See, hineingehen wollen, bestreichen sie sich vorher mit Sand oder Erde und hüpfen und tanzen, so, als ob sie beten und sich Gott befehlen würden. Wenn sie aber im Wasser sind und keinen Grund mehr haben, so schwimmen sie, daß man nichts von ihnen sieht als die in die Höhe gereckten Arme und den Kopf.

Merkwürdig ist aber ihr Schwimmen über einen breiten Fluß, da man denkt, sie würden über den Grund gehen, den sie nicht erreichen können. Sie nehmen ihre Karosse und die ganze Bagage, wickeln sie zusammen und legen alles auf den Kopf. Diesen halten sie so steif und gerade, daß man glauben könnte, sie wären Wassertreter. Es fällt ihnen auch nicht das Geringste herunter. Sie strecken die Arme in die Höhe und rudern nur mit den Füßen. Welche Bewegung sie aber wirklich machen, habe ich niemals gesehen und von ihnen auch nicht erfahren können, weil sie es nicht anders nennen als Rudern.

Wenn sie über den Strom gekommen oder aus dem Meer herausgeschwommen sind, waschen sie sich wieder mit demselben Wasser ab, hüpfen und tanzen wie vorher, so, als ob sie Gott für den gnädigen Beistand danken wollten. Dieses geschieht immer, wenn sie in das Wasser steigen wollen oder aus demselben wieder herauskommen.

DER 18. BRIEF

Von der Hottentotten allgemeinen Tugenden und Laster, absonderlich von ihrer Liebe zur Gerechtigkeit

Nachdem ich meinem Herrn von ihren Künsten geschrieben habe, wird es sich nicht unfüglich schicken, wenn ich von ihren Tugenden und Lastern etwas erzähle, damit Er daraus sehen möge, wie man ihnen in vielen Stücken zuviel aufbürdet, wenn man sie mit vielen Schmähworten überzieht und sie als Unmenschen darstellt, die, außer der menschlichen Gestalt, nichts Menschliches an sich hätten. Das folgende wird aber sonnenklar erhellen, wie sie uns in vielen Stücken schamrot machen und Dinge unter- und gegeneinander ausüben, die von hunderttausend Christen kein einziger tun würde. Wiewohl sie auch in ihren Lastern vieles mit den Christen gemein haben, ja wohl von einigen darin übertroffen werden.

Ich will eingangs nicht zu viel von ihnen rühmen damit es nicht den Anschein hat, als ob ich sie jedermann als ein Beispiel und Muster vorstellen wollte. Jeder wird schon bei sich selbst finden, daß er zu solcher Vollkommenheit noch nicht gekommen ist, wie sie diese Heiden an sich haben und täglich sehen lassen. Im Gegenteil, er könnte ihnen wegen der Laster nichts vorwerfen, weil vielleicht sein Leben ebenso lasterhaft wie das ihrige sein könnte, wenn man es genau untersuchen würde und es durch eine gewissenhafte Prüfung erforschen wollte.

Damit ich aber zur Sache komme: Eines der größten Laster, das man an allen diesen Nationen tadeln und schelten muß, ist die Faulheit, Trägheit oder die Liebe zum Müßiggang. Denn obwohl sie sehen und wissen, daß ohne Arbeit nicht gut zu leben ist; obwohl sie auch täglich das

Beispiel der Europäer vor Augen haben und erkennen, daß deren Fleiß wohl bezahlt wird; ja, ob sie, wie Herr Böving richtig schreibt, mit ihren Augen sehen, wie unsere Holländer säen, bauen, pflanzen und von dieser ihrer Hände Arbeit die schönsten Früchte genießen, so wollen sie diese zwar gern essen und den Wein trinken, mag er auch sein wie er will, dick oder dünn, trüb oder hell, alt oder jung, ohne Hefe oder mit derselben vermengt (diesen unappetitlichen Wein haben sie ebenso lieb wie den anderen und lecken das Maul danach, streichen auch wohl die Hefe mit den Fingern heraus und fressen sie auf): Allein die verfluchte Liebe zum Müßiggang läßt es nicht zu, daß sie in der Holländer Fußstapfen treten, sondern sie wollen lieber elend und arm sein.

Diese ihre Faulheit ist so groß, daß sie lieber oftmals Hunger leiden als nur einen Fuß versetzen wollen. Ich weiß aus Erfahrung, daß ein Hottentotte, wenn er keinen Hunger hat, einem Europäer keinen Schritt von der Stelle gehen würde, und wenn man ihm das Beste und Liebste, nämlich Tabak, Branntwein und alles, was er sonst in hohen Ehren hält, anbieten würde; er hätte entweder schon genug davon, nämlich soviel, wie er für einen Tag braucht, oder aber er hätte soviel Geld, um das Angebotene selbst zu kaufen; er würde gewiß nicht einmal aufstehen, noch sich umsehen, sondern sitzen bleiben, als ob ihn die Sache nichts anginge.

Wollte man zu einem solchen faulen Hottentotten gehen und ihm mit dem Stock in der Hand die besten Worte geben, daß er dieses oder jenes tun sollte, so würde er denjenigen, der zu ihm kommt und mit ihm vorher geschrien hätte, nicht erwarten, sondern sich aus dem Staub machen. Teils, weil er sich einbildet, es würde Schläge regnen, teils auch, weil er befürchtet, man könnte ihn doch bereden und von seinem Eigensinn abwenden.

Verspricht man ihnen auch, den Lohn im voraus zu geben und hält sein Wort, so ist man wiederum mit ihnen betrogen. Denn sobald sie den Lohn haben, gehen sie fort und sehen sich nach dem Bezahler nicht um. Ja, sie bleiben sogar aus und meiden eine Zeitlang das Haus, bis es vergessen ist. Es haben daher die hier wohnenden Holländer den Brauch, keinem Hottentotten, es mag sein wer will, etwas im voraus zu geben, bevor er den Lohn nicht verdient hat, weil sie schon oft mit dergleichen Vögeln gewitzt wurden.

Sollten nicht auch solche Faulenzer und Müßiggänger unter den Christen angetroffen werden, die ebenso gern lieber die bitterste Armut ertragen als mit ihren Händen zu schaffen? Ich glaube leider (!), es gibt deren mehr als genug und kann nur an die jungen, starken und gesunden Bettelleute in Deutschland erinnern, die viel lieber von anderer Leute Gnade leben, als daß sie sich selbst zu einer Arbeit bequemen wollen. Hätten sie es noch so leicht, wie diese an die Nahrung zu kommen, ich glaube, es würde derer noch mehr geben.

Dieses Laster wäre aber noch zu erdulden und mit einem glimpflichen Auge anzusehen, weil durch andere rühmliche Sitten dieses gelindert würde. Aber unmittelbar darauf folgt die Völlerei und Trunkenheit. Diesem Laster sind diese Menschen so ergeben, daß sie weder Maß noch Zeit zu halten wissen. Ich bin fest davon überzeugt, daß wenn man ihnen ein Faß mit Branntwein oder anderes starkes Getränk geben würde, sie nicht eher davongehen, bis der letzte Tropfen herausgelaufen wäre, obwohl sie wüßten, daß sie das Leben dabei einbüßen und augenblicklich darüber sterben sollten.

Ich möchte ein Beispiel anführen, das mir im Hause meines damaligen Wirts, Herrn Valentin Kleinschmid, und in dessen und seiner Frau Gegenwart begegnet ist. Er hatte nämlich eine Hottentottin, die täglich in seinem Haus aus- und einging und auch die ganze Wäsche des Hauses reinigte. Diese plagte mich, als einen damals Fremden und kürzlich Angekommenen, überall, wo sie mich nur sah, um ein Glas Wein, weil sie wußte, daß ich mich mit einem kleinen Fäßlein eingedeckt hatte. Weil ich sie nicht los werden konnte und auch über ihr wiederholtes Mahnen und über ihre beschwerlichen Aufführungen verdrießlich wurde, so gab ich ihr einmal am Abend eine Maß desselben und sagte ihr, daß sie diesen zwar trinken, mich zukünftig aber nicht mehr belästigen sollte.

Dieses versprach sie zwar und trank die Maß aus. Weil aber der Appetit dadurch nicht gestillt, sondern vielmehr gereizt wurde, so kam sie bald wieder und fragte, ob ich ihr nicht noch etwas geben wollte? Mein Wirt lachte mich aus und sagte, weil ich nun angefangen hätte, würde ich wohl nicht ohne Ruhe bleiben, bevor sie sich einen Rausch angetrunken hätte. Mich interessierte nicht nur der Wein, sondern ich wollte sie loswerden. Ich gab ihr deswegen noch eine Maß und sagte ihr, daß sie diese austrinken sollte. Darüber lachte sie fröhlich und tanzte mir etwas vor. Sie wurde aber immer mehr erhitzt und war bald so voll und berauscht, daß sie weder gehen noch stehen konnte.

Darauf begann erst die eigentliche Unruhe. Bald lachte sie aus allen Kräften, augenblicklich aber weinte sie wieder mit größtem Geschrei und Heulen. Bald zankte sie mit sich selbst. Bald zankte sie mich wacker aus, daß ich sie betrunken gemacht hätte. Von allem aber, was sie tat, wußte sie nichts und fuhr so fort bis Mitternacht. Niemand im Haus konnte wegen ihres Geschreis und Tumultierens schlafen. Dieses verdroß schließlich auch meinen Wirt, und deswegen ging er mit dem Stock in der Hand zu ihr und bedrohte sie, daß, wenn sie sich nicht beruhigen würde, er sie tapfer prügeln und aus dem Haus hinausjagen würde. Diese Drohungen vermochten, daß sie schlief und niemand mehr belästigte.

Als sie nun am nächsten Morgen aufwachte und man ihr vorhielt, was sie getan hatte, bereute sie und sagte, daß sie nichts davon wisse, bat auch jedermann um Vergebung und verrichtete weiterhin ihre Hausarbeit, wiewohl nicht ohne Kopfschmerzen. Seit dieser Zeit hat sie mich niemals mehr um Wein oder etwas anderes angesprochen. Daraus ist ersichtlich, daß Männer und Weiber diesem Laster dermaßen ergeben sind, daß sie lieber das Leben einbüßen als aufhören würden.

Den Deutschen wird im allgemeinen der schöne Ehrentitel unter den zivilisierten europäischen Völkern zugelegt, daß sie wacker saufen können, und sie würden den Hottentotten hierin nicht viel vorausgeben. Aber ich habe auch bei anderen Völkern dergleichen Liebhaber in großer Menge angetroffen, da ein Holländer, Engländer, Däne, Schwede, Moskowiter usw. oder ein anderer Europäer hierin keinem Deutschen einen Fußbreit weicht.

Aus der Trunkenheit entspringt nicht nur Hader und Zank, welche bei den Hottentotten ebenso vielfältig vorkommen wie bei den Europäern. Es folgt oft auch Mord und Totschlag daraus. Bei den Hottentotten ist es aber nicht mehr so, wie es früher gewesen ist. Man bekommt kaum mehr etwas davon zu hören, vielleicht geschieht es noch bei denen, die tiefer im Land wohnen.

Man hat von ihnen immer vermutet, aber nie Gewißheit gehabt, daß sie die auf dem Meer gestrandeten und ihr Land zu Fuß durchreisenden Europäer ermordet hätten. Es kann vielleicht sein, daß mancher durch ihre Hände hat sterben müssen, der vielleicht etwas Blinkendes an seinem Leib getragen hat, allein, daraus folgt noch lange nicht, daß, wenn keiner zurückgekommen ist, er notwendigerweise von den Hottentotten ermordet worden sein muß.

Ganz zu schweigen von den vielen Ungemachen, die einem auf dem Weg begegnen können. Es gibt ja auch wilde Tiere genug, die einem den Garaus machen können, zumal, wenn man von allem, was einem zum Schutz dienen könnte, beraubt wurde. Es ist überdies bekannt genug, daß viele große und unüberschreitbare Flüsse das Land durchströmen, vor denen man entweder umkehren oder einen großen Umweg machen muß. Dabei begibt man sich in größere Gefahr. Endlich ist auch jedermann bekannt, daß es außer den Flüssen nur wenige Brunnen oder anderes Wasser im Land gibt und daß weite Einöden zu finden sind, die man mit großer Lebensgefahr wegen der wilden Tiere durchreisen muß. Wenn nun der Durst dazu kommt, wo soll ein solch abgematteter und schmachtender Wandersmann hin? Er muß sicherlich den Geist aufgeben. Und deswegen kann man die Hottentotten nicht beschuldigen, daß sie die ihr Land durchreisenden Europäer totgeschlagen hätten.

Sie werden auch beschuldigt, daß sie die entlaufenen Sklaven töten würden. Denn diese Flüchtenden sind mit noch geringerem Vorrat versehen wie die Europäer. Um nun weiterem Unheil vorzubeugen, hat man den Hottentotten Macht gegeben, keinen mehr, sei er allein oder in Gesellschaft anderer Sklaven, ins Land hineinlaufen zu lassen, sondern sie können sie fangen und gebunden hierher bringen. Sie erhalten die Versicherung, daß ihnen der Eigentümer des Sklaven drei Reichstaler für ihre Mühe bezahlen muß. Dies geschieht auch unverzüglich.

Von der großen Rachgier, die sie gegeneinander haben, wenn einer von einem anderen beleidigt wurde, hat Herr Böving in seiner Reisebeschreibung Zeugnis abgelegt. Ich möchte weiter dazu nichts sagen. Zu wünschen wäre nur, daß dieses Laster unter den Christen nicht so dick gesät wäre, da mancher, wenn er dürfte, seinen Gegner töten würde. Doch was ein solcher Mensch mit der Tat nicht bewerkstelligen darf, das verrichtet er mit Mienen, Worten und Gedanken und ist also in den Augen Gottes ebenso ein Totschläger wie einer, der seine Hände in seines Bruders Blut gewaschen hat.

Herr Böving zählt auch die Vielweiberei zu ihren Lastern. Doch sagt er, daß nur die Reichen viele Weiber hätten, die Armen müßten es aber lassen. Wenn er allerdings gewußt hätte, daß die Weiber das meiste in der Haushaltung tun und fast den Mann ernähren müssen, wie aus vielen meiner vorigen Briefe erhellt wird; und wenn er auch den Brauch gekannt hätte, daß sie einander wieder verlassen können, wenn sie sich nicht verstehen und noch keine Kinder haben, so hätte er bestimmt die Armen ebensowenig wie die Reichen von der Vielweiberei ausgenommen.

Ich könnte ihm viele zeigen, die mehr als eine Frau haben, obgleich sie wenig Vieh, welches ihr größter Reichtum ist, besitzen und weiter nichts haben als Frauen und Kinder, dazu ihre Waffen und anderen geringen Hausrat. Da sich diese Vielweiberei nicht höher als zwei, höchstens drei erstreckt, und da im Gegenteil bei anderen afrikanischen und indischen Völkern es bei dieser kleinen Zahl nicht bleibt, so scheint es ein Übel zu sein, das bei allen diesen Völkern ebensowenig auszurotten ist wie man den Krebs glücklich kurieren kann.

Von dem schändlichen und abscheulichen Laster des Kindermords habe ich meinem Herrn früher schon berichtet, und es ist nicht nötig, mehr davon zu sagen. Zu wünschen wäre nur, daß es dabei bliebe und sich die Hottentotten nicht mit der alten Leute Tod ebenfalls zu Mördern machen. Dazu möchte ich Ihm jetzt einiges erzählen.

Wenn ein alter Mann oder eine alte Frau krank wird, so sorgen sie sich zwar sehr um ihre Genesung, laden sie sogar auf ihre Tragochsen, wenn der ganze Kral aufbricht, und nehmen sie mit.

Sind sie aber so alt und schlaff, daß sie nicht mehr fortgehen und sich auch ihre Nahrung nicht mehr suchen können, so hat auch ihre Barmherzigkeit und Liebe ein Ende. Doch schlagen sie diese nicht mit Händen, Stecken oder einem anderen Gegenstand tot, sondern sie geben ihnen auf eine Weise den Rest, die noch grausamer und barbarischer ist. Denn sie suchen eine Einöde auf, wo wenig Menschen hinkommen, und bauen entweder nach ihrer Art eine Hütte auf oder aber, wenn es dort viel Holz gibt, machen sie eine grüne Laubhütte und gehen wieder davon.

Wenn sie nach Hause kommen, zeigen sie ihren Vorsatz im Kral an und nach erfolgter Genehmigung laden sie den alten Mann oder die Frau auf einen Tragochsen und führen ihn oder sie in Begleitung des ganzen Krals, der mit Sack und Pack folgt, fort, nachdem sie vorher geschlachtet und anders gemacht haben. Man kann dies auch als Abschiedsschmaus für die alte Person bezeichnen. Sobald sie an den Ort kommen, an dem die Hütte steht, laden sie die beschwerliche Bagage ab und bringen sie in ihr künftiges Wohnhaus. Sie nehmen Abschied, und nachdem sie einige wenige Nahrung hinterlassen haben, ziehen sie davon. Mit dem zurückgelassenen Alten kann es dann gehen wie es will.

Findet sich kein wildes Tier, das der alten Person das Leben abkürzt und eine Mahlzeit damit hält, so muß selbige notwendigerweise, nachdem die Nahrung aufgezehrt ist, verhungern und verdursten, weil sie nicht selbst gehen und sich andere Nahrung suchen kann. Erbarmt sich aber ein wildes Tier beizeiten um sie, so ist der Kummer aus, und eine solche Person hat nicht lange leiden brauchen. Die andern aber, die von ihr weggezogen sind, kümmern sich gar nicht mehr darum, sehen auch nicht nach, ob eine solche Person noch lebt oder tot ist, sondern sie lassen es einfach geschehen, weil sie wohl wissen, daß ein wildes Tier sich seinen Appetit damit stillen wird.

Es ist bei allen Brauch, und sie machen keinen Unterschied zwischen Reichen und Armen. Ein Reicher, der seinem Reichtum nicht mehr vorstehen kann, muß diesen seinem ältesten Sohn übergeben und hat nichts anderes zu erwarten als ein Armer. Es sei denn, daß der Sohn eine recht inbrünstige Liebe zu ihm hätte und ihn, solange er lebt, erhalten wolle, welches aber gar selten geschieht. Dies machen sie nicht, damit man sie als grausam ansieht, sondern sie bilden sich noch ein, daß sie diesen alten und verlebten Leuten damit einen Gefallen täten, weil sie dadurch von ihrem Kummer und Elend loskämen.

Woher sie diese schändliche, sündige, abscheuliche und ganz verdammenswürdige Gewohnheit haben, weiß ich eigentlich nicht. Ich könnte mir aber vorstellen, daß sie sie von den Troglodyten gelernt haben. Wenn dies auch bei den Christen üblich wäre, wie manch ungeratenes Kind würde sich finden, welches, wenn die Eltern reich wären, diese nicht einmal das hohe Alter erwarten lassen würde, sondern ihnen noch früher den Weg in die andere Welt zeigen würde.

Nun sei genug über die Laster der Hottentotten geredet. Wer wollte sie alle noch aufzählen, da ihre Summe unaussprechlich.

Die Schuldigkeit erfordert es jetzt, daß ich auch von den Tugenden der Hottentotten etwas berichte. Ich bin schon im voraus davon überzeugt, daß viele Christen in ihrem Gewissen gerührt werden, wenn sie die Vollkommenheit eines ehrbaren Tugendwandels nicht an sich spüren oder wahrnehmen, den man jedoch an den Hottentotten täglich erblicken kann, wenigstens dem äußeren Ansehen und Schein nach. Sie müßten daher schamrot vor ihnen stehen und sich für Knechte erklären, die, weil sie des Herrn Wille gewußt, ihn aber nicht erfüllt haben, doppelter Schläge schuldig sind.

Ein Hottentotte rühmt sich, und das mit größtem Recht, seiner natürlichen Freiheit. Er ist niemand gerne untertänig, leidet lieber Armut und Dürftigkeit, als daß er sich verkaufen würde. Wenn ihn aber die höchste Not treibt, Dienst bei einem andern für eine gewisse Zeit anzunehmen, so geschieht das doch immer mit der Bedingung, daß seine Freiheit dadurch keinen Schaden erleiden dürfte.

Auf diese Freiheit folgt aber gleich eine weitere Tugend, nämlich die Vergnüglichkeit. Dadurch sind sie mit allem, was ihnen begegnet, zufrieden und fragen nicht nach Köstlichkeiten, Reichtümern und anderen weltlichen Schätzen, Ehren oder hohen Würden, sondern sie nehmen mit allem vorlieb, was ihnen widerfährt, da sie darauf vertrauen, daß alles von ihrem Tiquoa Gouna oder Herrn aller Herren herkommt.

Ich kann mich erinnern, daß sie mir ins Gesicht gesagt haben, daß sie auch deswegen keine Christen werden möchten, weil keiner mit seinem Leben zufrieden, sondern es allezeit noch besser haben wolle. Jeder könnte tausendmal vergnügter sein, wenn nicht die leidige Bauchsorge und der Appetit nach mehr Reichtum ihr Herz so eingenommen hätte, daß sie sich Tag und Nacht damit plagen, so schrecklich danach wühlen und bis ins finstere Grab ängstigen müssen.

Auf diese Art übertreffen sie hierin viele tausend Christen, die doch vor allem ihnen mit einem guten Beispiel vorangehen und sie durch allerhand Tugenden zum Christentum anlocken sollten. Aber leider(!) stehen sie ihnen in den Lastern nicht viel nach, und in den Tugenden müssen sie noch von ihnen lernen.

Diese Vergnüglichkeit bietet der Guttätigkeit und dem hilfreichen Beistand die Hand. Sie stehen ihrem notdürftigen Nächsten nämlich nicht nur mit Rat, sondern auch mit der Tat bei und helfen ihm, wo immer sie nur können und soviel in ihrem Vermögen steht.

Dies ist nicht nur aus vielen erzählten Handlungen zu ersehen, da sie einander ohne Entgelt Dienst tun, sondern es wird sich auch durch andere Umstände noch mehr erhellen. Zum Beweis dieses Satzes will ich mich wieder fremder Worte bedienen. Herr Tachard schreibt nämlich in seiner Siamischen Reise folgendermaßen: »Die Hottentotten sind guttätig und hilfreich, haben nichts für sich. Schenkt man ihnen etwas, so teilbar ist, geben sie dem ersten ihrer Kameraden, der zu ihnen kommt, etwas davon, ja sie suchen ihn deswegen auf und behalten von dem, was sie haben, das kleinste Stück für sich.«

Sollte dies nicht eine herrliche Tugend bei ihnen sein? Man probiere es, wie ich es wohl tausendmal getan, und verehre einem nur eine Pfeife Tabak und sehe zu, ob er sie allein ausrauchen werde. Sobald einer zu ihm kommt und sich ebenfalls bei ihm niederhockt, wird er sogleich die Pfeife aus dem Mund nehmen und sie seinem Kameraden übergeben. Wenn dieser dann einige Züge getan, übergibt er sie dem ersten wieder. Kommt aber ein dritter oder vierter dazu, so bekommt dieser die Pfeife und geht diese also in die Runde, solange etwas darinnen ist.

Mit Brot und anderen Eßwaren geht es ebenso. Mir ist ein merkwürdiges Erlebnis mit dem Capitain Pegu bekannt. Dieser kam zu mir und klagte über Hunger, mit dem Zusatz, er hätte bereits seit drei Tagen, die er unterwegs sei, wenig oder nichts gegessen. Ich gab ihm soviel wie ich dachte, daß er benötigte, um seinen hungrigen Magen zu sättigen. Er fing auch wacker zu essen an. Als er aber einen seiner Kameraden vorbeigehen sah, der ihn nicht anblickte, rief er ihn gleich zu sich und lud ihn ein, mit ihm zu speisen. Dazu fand sich jener auch willig ein. Ich aber sagte ihm, daß ich ihm und nicht jenem zu essen gegeben hätte, deswegen sollte er sich selbst sättigen und den Rest für seine Heimreise aufsparen. Allein der Capitain Pegu sagte mir darauf: »Dieses ist der Brauch bei den Hottentotten. Ich mag nicht allein essen, sondern dieser muß auch etwas davon haben und versuchen. Denn wenn ich einmal zu ihm komme, so gibt er wieder mir von demjenigen, was er bekommt.«

Es ist also ohne Unterschied bei ihnen üblich, ob sie nun einen kennen oder nicht, so geben sie ihm von dem ihrigen etwas oder lassen ihn mitessen. Wo bleiben hier die Christen, die normalerweise ihrem bedürftigen Nächsten nicht viel von ihrem reichen Überfluß zuwenden, sondern alles auf die alten Tage und für zukünftigen Gebrauch hinlegen? Es scheint, als ob sie nicht glauben, daß Gott ihnen einen viel reicheren Segen zuwenden würde, wenn sie den bereits empfangenen zu seinen Ehren anlegen. Dies heißt ja dann mit Recht, an der Vorsorge Gottes zu zweifeln. Darin ist ein Hottentotte abermals rühmenswert, weil er alles den anderen zukommen läßt und sich um den morgigen Tag gar nicht kümmert.

Viele der hiesigen Einwohner glauben, daß die Hottentotten nur deswegen so guttätig, hilfreich und liberal wären, damit sie in bürgerlicher Gesellschaft ruhig zusammenleben könnten und einer den anderen nicht tot schlagen würde. Darauf gebe ich aber zur Antwort, daß, wenn dies der Zweck wäre, solches dennoch zu loben sei. Denn wenn man dadurch Hader, Zank, Streit, Dieberei, Mord und Totschlag und viele andere dergleichen Laster aus einem gemeinen Wesen schaffen kann, so verdient es allerdings, beachtet zu werden. Weil sich diese ihre Guttätigkeit nicht nur gegen die Armen, sondern auch gegen die Reichen wendet, so kann man ganz unfehlbar vermuten, daß diese aus einem ganz anderen Prinzip herrührt und tiefere Wurzeln gezogen haben muß.

Als der schon erwähnte Capitain Theunis Gerbrantsson van der Schelling auf seiner Reise in das Land zu einem einzelnen Hottentotten kam, der die Deutschen oder Europäer kannte und ihre Sprache etwas verstand, mußte er schon allen guten Willen zusammennehmen, obwohl er kein Hottentotte war, aber völlig nackt daher ging, weil er von anderen Hottentotten ausgeplündert worden und auch aus anderen Gründen so zugerichtet worden war. Dieser Hottentotte führte ihn nicht nur in seinen Kral, sondern bewirtete und pflegte ihn auch. Er hatte nämlich seit zwei Monaten nichts als rohe Seemuscheln und kaltes Wasser genossen, und sein Magen war dadurch auch ziemlich verdorben und die Ruhr hatte ihn ergriffen. Es mußte nicht nur einer zu dem in der Nähe wohnenden Capitain Claas laufen und diesem davon Nachricht geben, sondern er wurde auch mit Essen versorgt, damit er nicht sterben würde.

Da jener in den letzten drei Tagen gar nichts, davor aber nur rohe Seemuscheln gegessen hatte, meinte der Hottentotte, der ihn zuerst erblickt hatte, daß es nicht dienlich sei, ihn gleich mit gekochter Speise zu versehen. Er gab vor, sein Magen würde noch mehr ruiniert und verdorben. Daher schnitt er ein dünnes Stückchen Schaffleisch, etwa ein Lot schwer, von einem frisch geschlachteten Hammel ab und gab es jenem zu essen. Darauf kochte er einige Stücke, und als sie halb gar waren, nahm er die Suppe und ließ ihn davon trinken, damit sein Magen nur etwas erwärmt und das rohe

Schaffleisch desto leichter verdaut werden könnte. Am Abend aber gab er ihm von diesem halb gar gekochten Fleisch ein Stücklein zu essen, damit er den Magen nicht überladen möge, und von der warmen Suppe ließ er ihn trinken. Am folgenden Tag, als er sah, daß der Patient es vertragen konnte, gab er ihm ganz gekochtes Fleisch, doch jedesmal nicht viel, sondern er ließ ihn innerhalb von zwei oder drei Stunden immer nur ein Stücklein zu sich nehmen und kurierte ihn soweit wieder, daß er imstande war, mit dem Capitain Claas, auf dessen Befehl er auch Karosse bekam, um sich zu bedecken, zum Kap zu reisen.

Welcher unter den Christen hätte eine solche Barmherzigkeit, Liebe, Treue und Guttätigkeit an einem landfremden Menschen erwiesen, den er zeitlebens niemals gesehen und von dem er sich keinen Vorteil erhofft hätte. Ach(!), ich glaube, es würden, wie dort im Evangelium steht, nicht einer, sondern wohl tausend Priester und Leviten vorbeigehen und sich nicht nach einem solch Elenden umsehen. Sondern sie würden die Ehre gern einem Samariter überlassen, ihn zu verbinden, auf sein Tier zu nehmen, ihn mit in die Herberge zu führen und für ihn zu bezahlen. Dermaleinst am strengen Gerichtstage Gottes werden uns diese Heiden nicht wenig beschämen.

Eine nicht geringe Tugend ist ferner ihre Treue und Redlichkeit, worin sie viele Christen übertreffen. Dies erhellt sich genugsam aus dem, was bereits gesagt wurde, zum Teil kann es aber auch von dem abgenommen werden, daß man auf ihr gegebenes Wort ebenso sicher vertrauen darf, als ob sie Geld in die Hand bekommen hätten. Keiner verspricht etwas, was er nicht auch selbst halten könnte.

Ich habe schon früher gesagt, daß, wenn einer ein fingerlanges Stückchen Tabak annimmt und verspricht, zu dieser oder jener Zeit dieses oder jenes zu tun, man darauf bauen dürfe, daß er den ausbedungenen Lohn bereits bekommen hätte.

Es zeigt auch dies ihre Redlichkeit an, daß sie vor dem Diebstahl, dem Ehebruch und der Hurerei einen solchen Abscheu haben, daß man von diesen Lastern bei ihnen selten etwas hören wird.

Herr Böving und auch Herr Tachard haben in ihren Berichten geschrieben, daß die Holländer und alle hiesigen Einwohner sie in ihren Häusern herumgehen lassen, weil sie nicht stehlen. Die tägliche Erfahrung zeigt aber auch, daß man keine Huren unter ihnen findet, zum wenigsten keine solchen, die neben ihrem Ehestand Kinder zeugen, welches doch, wenn es ihrer viele gäbe, notwendigerweise geschehen müßte. Von dem Ehebruch ist bekannt, daß derselbe mit dem Tod, ohne Ansehen der Person, ausgeführt wird.

Ein einziges Beispiel ist mir von einem diebischen Hottentotten bekannt, der in dem Haus eines Bürgers einen leichten leinernen Rock mit silbernen Knöpfen mitgenommen hat. Man hatte keinen Verdacht auf ihn, weil vorher niemals etwas gestohlen wurde, sondern man verdächtigte die Sklaven, weil diese gern lange Finger machen, wenn man ihnen nicht allzeit auf die Finger schaut. Doch ehe es noch zu einer genauen Untersuchung bei den Sklaven kam, geschah es, daß der betreffende Hottentotte den Rock mit den Knöpfen verkaufen wollte. Der Käufer aber hielt ihn in den Händen, prüfte ihn und wußte, daß er nicht auf seinem Mist gewachsen war.

Der Dieb gab zwar vor, er hätte ihn von einem Steuerbeamten geschenkt bekommen, allein, weil damals keine fremden Schiffe auf Reede lagen, so konnte er den Schenkenden nicht namhaft machen. Deswegen lief er, unter Zurücklassung des Rocks, davon und sah sich nicht weiter danach um. Die Umstehenden vermuteten gleich und nicht unbillig, es müsse nicht richtig mit ihm sein. Dies kam auch bald heraus. Denn noch am gleichen Abend beklagte der Bestohlene gegenüber einem seiner Mitbürger die Untreue seiner Sklaven und daß sie einen Rock mit silbernen Knöpfen gestohlen hätten. Dieser versetzte ihm zwar, daß es wohl geschehen könne, daß sie mit unter der Decke lägen, doch wären sie vielleicht nicht allein die Diebe, weil der Rock durch einen Hottentotten zum Kauf angeboten worden wäre, der, als man ihn gefragt, nichts zu sagen gewußt hätte, sondern davongelaufen wäre und den Rock bei seinem Nachbarn zurückgelassen hätte.

Wer war froher als der Bestohlene? Er erhielt ihn danach unversehrt wieder und nachdem er nach Hause kam, fragte er abermals seine Sklaven, befand sie aber alle als unschuldig. Die Hottentotten aber, als dies ruchbar wurde, verdroß es nicht nur, daß sie ihren Kredit bei allen Leuten durch einen einzigen aus ihrem Volk verlieren sollten, sondern sie ermittelten den Dieb und brachten ihn gefangen an das Vorgebirge mit der Bitte, man möge ihn ernstlich bestrafen und sie außer Verdacht setzen.

Da das Diebesgut wieder an seinen rechten Platz gekommen war, so ließ man ihm zwar sein Leben, strafte ihn aber am Geißelpfahl auf dem öffentlichen Markt dermaßen, daß mancher lieber statt dessen den Tod erlitten hätte. Nicht etwa, daß er mit Ruten oder, wie es hier üblich, mit Spanischem Rohr geschlagen worden wäre, sondern man schlug ihm, nachdem er fest angebunden war, auf seine nackten Hinterbacken mit einem armdicken und etwa drei bis vier Schuh langen Seil oder Tau so lange, bis nicht nur die Hinterbacken wie ein Hefeteig aufgeschwollen waren, sondern auch, bis ihm das Blut zum Hintern herauslief und er darüber in Ohnmacht sank.

Bei dieser Exekution schauten nun sehr viele Hottentotten zu, schrien am Anfang, es geschiehe ihm recht, und lachten ihn aus. Aber als sie sahen, daß er jämmerlich schrie und der Beamte mit dem Zuschlagen nicht aufhören wollte, so erbarmten sie sich seiner wieder, und weil sie sich nicht trauten, für ihn zu bitten, warteten sie, bis er wieder frei gemacht wurde. Darauf faßten sie ihn an und führten ihn etwas hinweg. Als sie nun endlich sahen, daß er nicht fortgehen konnte, nahmen sie ihn in seine Karoß, legten ihn darauf und trugen ihn an den vier Zipfeln oder Ecken hinweg zu einem ihrer Häuschen, pflegten ihn dort, bis er wieder gesund war, und ließen es nicht zu, daß er in ein Haus ging, sondern er mußte sich von dem Kap entfernen wie einer, der verbannt worden war.

Dieses Beispiel zeigt genügsam, wie mir scheint, daß die Hottentotten Erzfeinde des Diebstahls sind, weil sie einen Dieb zur gebührlichen Strafe überliefern. Man kann hieraus aber auch ableiten, daß sie viel auf einen ehrlichen Namen halten, weil dies der Grund gewesen ist, weshalb sie den Verbrecher selbst eingeliefert und besucht haben. Hieraus erhellt es außerdem, daß sie sonderbare Liebhaber des Rechts sind, weil sie nicht leiden können, daß jemandem Unrecht geschieht. Dies ist aber der Punkt, den ich, bei Zurücksetzung aller anderer rühmlicher Tugenden, abzuhandeln entschlossen bin. Viele von diesen Tugenden könnten bei ihnen noch gerühmt werden, und es gäbe noch viele, wenn sie auch nicht alle von solch großer Wichtigkeit sind wie die jetzt erzählten und die späteren. Trotzdem will ich hier die ganze Materie beschließen.

Ich verstehe hier aber unter dem Namen des Rechtes und der Billigkeit nicht etwa die Gerechtigkeit, sofern sie sich auch auf die Rechtfertigung des Krieges erstreckt und folglich das Kriegsrecht genannt wird. Davon muß künftig noch etwas weitläufiger abgehandelt werden; ich verstehe hier allein das bürgerliche Recht und möchte davon das Notwendigste beitragen, auf daß man erkennen möge, wie diese Völker nicht gänzlich ohne Gesetze leben, sondern diejenigen Gesetze, die die natürliche Erkenntnis vorschreibt, gar genau, steif und unverbrüchlich halten.

Was bürgerliche Sachen und die über kleine Streitereien entstehenden Differenzen anbetrifft, die sich freilich gar oft zu ereignen pflegen, so werden diese von den Parteien selbst beigelegt. Es geschieht solches entweder nur mit Worten, da einer dem anderen nachgibt und seinen Gegenpart recht verstehen lernt, oder aber mit heftigem Herumschlagen, da einer dem anderen ein paar blaue Fenster anhängt und sich alsdann wieder mit ihm vergleicht, worauf sie einander ebenso gut sind, wie sie vorher gewesen waren. Um solche Streitigkeiten kümmert sich niemand außer den Weibern, die um Mord und Totschlag zu verhüten, zwischen beide Parteien treten und ihnen zureden, wenn sie haben wollen, daß keine weitere Verbitterung unter ihnen bestehen soll. Es ist nämlich die größte Schande bei ihnen, wenn sie in der Gegenwart von Frauen weiterhin zanken und streiten.

Ich möchte nebenher noch vermelden und einrücken, daß dies eine sehr löbliche Gewohnheit ist, die man bei sehr wenig Völkern antreffen wird. Ich habe mich öfter selbst darüber verwundert, aber diese Gewohnheit ist so verbreitet, daß nicht ein einziger Mann gefunden werden wird, der seinen Frauen, wenn er auch deren drei hätte, zeitlebens nur einen einzigen Schlag gegeben hätte. Zweifelsohne deswegen, weil sie wohl wissen, daß bei diesem Geschlecht die Schläge wenig Nutzen schaffen oder daß sie wenig Ehre damit erjagen. Wenn sie aber in stetigem Zank und Widerwillen miteinander leben sollten, so finden sie es viel ratsamer, voneinanderzugehen und sich anzustellen, als ob sie sich niemals gekannt hätten, welches auch oft geschieht, wenn sie keine Kinder miteinander gezeugt haben.

Von diesen geringen Streitigkeiten, Zänkereien, und Schlägereien, wenn sie auf diese Weise vermittelt und zu Ende gebracht werden, hat kein Mensch einen Nutzen oder Schaden zu erwarten; sondern von fern sehen oft andere zu, die sich einmengen wollen und sich darüber lustig machen, wie ich oft gesehen habe. Sie wissen nämlich wohl, daß sie mit ihren Kiris einander nicht viel anhaben und mit Werfen nichts ausrichten können, sondern sich wohl bald, wenn der erste Zorn vorüber, wieder miteinander vergleichen und noch in derselben Stunde eine Pfeife Tabak oder Dacha zum Zeichen der gänzlichen Befriedigung miteinander rauchen werden.

Gleichwohl aber diese Streitigkeiten ganz ohne Gesetz und ohne Form eines Prozesses, auch ohne Vermittlung durch niemanden außer ihren Weibern abgetan werden, so verhält es sich in Kriminalangelegenheiten doch sehr viel schwieriger. Sie leiden dabei keinen Aufschub, sehen auch ganz und gar nicht auf den Stand, Reichtum oder das Ansehen, noch etwas ähnliches.

Sondern wer bei einem halssträflichen Laster ertappt, oder wem dies nachgewiesen wird, der kann sich gar bald die sichere und gewisse Rechnung machen, daß er ihren Händen, wenn er einmal ergriffen worden ist, nicht leicht entkommen wird, viel weniger noch das Leben davonbringen kann.

Bei ihnen sind halssträfliche oder Kriminalsachen nicht nur Morden und Totschlagen, wie bei uns in Europa, sondern es wird von ihnen auch der Ehebruch darunter gezählt. Der Diebstahl ist ebenso wie bei den Europäern ein kapitales Verbrechen und schließlich der Landesverrat nebst noch anderen der gleichen großen Übertretungen, die ich, weil ich kein Beispiel davon bei ihnen gesehen habe, nicht nennen kann. Doch ich will sie nur mit den Namen anzeigen und das übrige meinem Herrn zur Beurteilung überlassen, ob sie Recht oder Unrecht daran tun. Es gibt nämlich in dieser Klasse auch noch die Blutschande und weiter die Sodomie.

Wenn nun solch ein Delinquent bekannt und eingezogen wird, so setzt man ihn nicht lange gefangen und verhört ihn, viel weniger gibt man ihm auch einen Advokaten, da diese Leute bei ihnen völlig unbekannt sind: Sondern man geht den einfältigsten und natürlichsten Weg. Man läßt ihn nämlich selber seine Sache verteidigen, bringt auch, wenn sein Bekenntnis nicht bald erfolgen will, die gegen ihn bekannten Zeugen herbei und stellt ihm diese vor. Kann er sich nun gegen diese beschützen und einen klaren Beweis vorbringen oder nachweisen, so ist ihm für dieses Mal das Leben geschenkt, und er wird wieder auf freien Fuß gesetzt. Man weiß nämlich, daß er, wenn er unschuldig ist, nicht davonläuft noch etwas zu befürchten hat.

Unterdessen aber ruhen die so beschimpften Zeugen selbst nicht, sondern forschen der Sache weiter nach. Finden sie nun, daß ihre Anklage falsch und auf einen bösen Wahn gegründet gewesen ist, so müssen sie dem Angeklagen mit einer gewissen Anzahl von Vieh Genugtuung geben und Abbitte tun. Kommt es aber anders heraus, und ist er der Anklage schuldig, so wird ihm aufs neue seine Missetat vorgehalten und ihm wie vorher alles vorgestellt, damit er nicht sagen könnte, er wurde ungehört bestraft. Man kann gar bald hören, ob einer eine gerechte Sache hat oder nicht. Sobald der Beweis da ist oder er auf die Anklage verstummt und gleichsam stillschweigend ja sagt, so wird ihm sein Todesurteil alsbald gesprochen und auch gleich darauf ohne weitere Ausstellung vollzogen.

Hiermit geht es nun folgendermaßen zu. Der Capitain des Krals sammelt all sein Volk zusammen und läßt den Deliquenten gleich anfangs, wenn der Prozeß beginnt, die Klage und Zeugen gehört und auch seine Verantwortung vernommen werden soll, mitten in den von ihnen gemachten und geschlossenen Kreis bringen, damit jeder Anwesende die Sache anhören und nach Billigkeit darüber urteilen kann. Er wird auch nicht wieder herausgeführt oder gelassen, wenn er überwiesen ist, sondern er muß darin bleiben und das Urteil und die Stimmen selbst mit anhören, damit er gleich wissen kann, wie es mit ihm gehalten wird.

Wenn dieses Urteil gesprochen wurde, welches allezeit unter freiem Himmel gefällt wird, wie auch der ganze Prozeß unter freiem Himmel gehalten wird, so bereden sich die Umstehenden nicht allzu lange und gönnen ihm weiter nur wenige Augenblicke, sich auf den Tod vorzubereiten. Der Capitain, bei welchem das Recht über Tod und Leben steht, springt vielmehr bald auf ihn zu und schlägt ihn mit seinem Kirri so in den Nacken, daß er von diesem einen Schlag gleich zu Boden fällt. Diesem folgen unmittelbar alle anderen, und zwar nicht nach Rang und Ordnung, sondern in einer völligen Unordnung; wer nämlich nur am ersten und schnellsten dazukommen und ihm am ehesten den Garaus machen kann. Ja, sie sehen nicht einmal weiter nach, ob er noch atmet, sondern sie prügeln vielmehr nur immer so lange darauf, bis entweder der Bauch von dem vielen inwendigen Blut aufschwillt, oder aber der ganze Kopf zerschlagen ist.

Nach dieser vollendeten Gerichtsverhandlung nehmen sie den toten Körper und biegen ihn, wie sie es gewöhnt sind, zusammen und binden ihn in seine Karoß, die er zeitlebens getragen hat. Hierauf beerdigen sie ihn mit allem, was er in seinem Leben benutzt und getragen hat. Doch die kupfernen Perlen und seine Waffen lassen sie heraus und geben diese seinem ältesten Sohn. Es geschieht also weder dem Körper noch der Familie weiter kein Schimpf, sondern die Kinder sind ebenso gut geachtet wie vor der Missetat des Vaters, für die sie ja nichts können, und der Körper wird ebenso ehrlich begraben wie der Leichnam eines jeden anderen.

Hieraus erhellt sich nun genügend, daß sie die einfachste und bestgegründetste Manier brauchen: Einer kann sich des beschuldigten Verbrechens entweder verteidigen oder aber schuldig bekennen. Es werden auf diese Weise auch alle Gerichtskosten erspart, die bei den Europäern oft sehr hoch sind. In Europa kostet ein solcher Delinquent manchmal sehr viel, ihn in seiner Gefangenschaft zu unterhalten, und es laufen überall eine Menge Unkosten auf, die schließlich eine merkliche Summe aufweisen; dies alles ist durch die geschwinde Bewerkstelligung und Ausführung der Exekution bei den Hottentotten vermieden worden.

Bei diesen sonst einfältigen, aber hierin ganz klugen und verständigen Leuten besteht kein Ansehen der Person, viel weniger des Reichtums, der Ehre und der Herrlichkeit. Denn der Reiche und Hohe hat hierbei ebenso wenig im voraus, wie der Arme und Bedürftige. Der Capitain selbst, wenn er eines solchen Lasters schuldig befunden wird, wird ebensowenig geschont wie ein anderer.

Ich muß noch sagen, wie es mit solchen gehalten wird, die um dieser oder jener Missetat willen flüchtig werden. Ein solcher kann nicht aus dem Lande laufen, wenn er sich nicht von anderen als ein Spion und Verräter ansehen lassen will und von ihnen getötet wird. Er hat nirgendwo einen sicheren Unterschlupf und kann nur zu seinesgleichen, Banditen, Schelmen, Dieben und Räubern, den schon genannten Buschmännern, gehen, die ihn, weil sie dadurch verstärkt werden, gern aufnehmen und zugleich eine Kundschaft erhalten, wo etwas zu rauben oder zu stehlen sein könnte.

Die Buschmänner müssen sich, wie oben schon erwähnt, in der Wildnis und zwischen den Gebirgen aufhalten, wo man ihnen so leicht nicht beikommen kann. Sie streifen daher bald hier, bald dort herum und treiben ihren Nachbarn während der Nacht das Vieh weg, welches sie in die Gebirge jagen, dort schlachten und dann essen.

Ich habe einst die Ehre gehabt, von drei solcher Buschmänner an dem warmen Bade besucht zu werden. Meine anderen Hottentotten hätten sich ihrer gern erbarmt, wenn sie meine Zustimmung erhalten hätten. Allein ich gab ihnen ein Stückchen Tabak, da sie mich wegen eines Hasens angesprochen hatten, den sie unterwegs totgeschlagen hatten, aber nicht essen durften.

In Wahrheit kann man sie gar bald von den anderen unterscheiden. Denn ihre ganze Gestalt ist viel wilder, trutziger und unhöflicher als die aller anderen. Nicht, daß ich mich etwa vor ihnen gefürchtet hätte, sondern ich sorgte mich, daß einer von den nahegelegenen Kralen dazukommen könnte und einen Mord oder Totschlag begehen würde, da es ganz sicher ist, daß die Hottentotten, wenn sie solche Feldflüchtlinge antreffen und ihrer habhaft werden können, nicht lange Federlesens mit ihnen machen, sondern sie je eher je lieber des Lebens berauben.

Es geschieht solches nicht aus Grausamkeit oder Mordlust, sondern weil sie von ihnen selbst nicht anders behandelt werden und noch dazu ihr Vieh von ihnen weggetrieben wird. Dies ist auch die Ursache, warum ein solcher Totschlag, wenn er auch ruchbar wird, an dem Täter nicht gesühnt, sondern vielmehr gerühmt und gelobt wird.

DER 19. BRIEF

Von der Hottentotten Ursachen und Manier, Kriege untereinander zu führen, desgleichen von ihren Waffen, die sie sowohl hierbei als auf der Jagd gebrauchen

Wenn ein Krieg angefangen werden soll, so müssen bei den Europäern nicht nur die benötigten Waffen und die notwendige Munition herbeigeschafft werden, sondern es müssen auch die Völker und zu deren Unterhalt die erforderlichen Lebensmittel vorhanden sein, damit sie während der Zeit des Krieges nicht Hungers sterben oder ausreißen müssen, wenn überdies auch kein monatlicher Sold erfolgen will. Alles dies haben die Hottentotten nicht notwendig, weil sie weder Pulver noch Blei, viel weniger dergleichen Schießgewehre im Gebrauch haben, sondern ein jeder macht sich seine eigenen Waffen selbst, die vormals bei der Jagd schon beschrieben wurden, oder aber es können diese auch von anderen gegen Vieh und ähnliches erhandelt werden.

Eines Kriegsvolkes bedürfen sie auch nicht, weil jeder von ihnen selbst ein Soldat ist und mit ins Feld muß, wenn ein Feind vorhanden ist. Die benötigten Lebensmittel zeigen sich ohnedies schon im freien Feld, sowohl für die Menschen als auch für die mitgeführten und vormals schon beschriebenen Backeley-Ochsen, so daß sie keine große Vorbereitung zum Krieg benötigen, besonders auch, da sie von keinem Geld oder anderem Sold etwas wissen.

Bei den Europäern ist es ebenfalls gebräuchlich, einander den Krieg ordentlich anzukündigen und solchen durch Manifeste zu publizieren. Bei den Hottentotten, die weder schreiben noch lesen können, ja nicht einmal eigene Buchstaben haben, braucht es solcher Manifeste gar nicht, sondern die ganze Kriegsankündigung kommt auf eine ernste Bedrohung an, auf welche der Überfall bald erfolgt. Denn sie lassen ihren Feinden selten so viel Raum und Zeit, daß sie ihr Vieh, welches ihr einziger Reichtum ist, in Sicherheit bringen können, sondern sie nehmen es mit und treiben es auf ewig in die Gefangenschaft, d. h., sie schlachten es alsbald zu Hause ab, damit ihre Feinde sich nicht wieder daran erholen können.

Man weiß zwar nicht, wie sie sich vor der Ankunft der Europäer in ihren Kriegen aufgeführt haben, weil man keine Berichte bei ihnen darüber findet. Doch ist es wohl zu vermuten, daß sie es nicht anders gehalten haben als heutigentags: Da sie auch andere ihrer alten Gewohnheiten nicht verändert haben, noch zu verändern gedenken, sondern bei ihren alten Weisen bleiben. Es könnte höchstens sein, daß man sagen wollte, die Europäer hätten ihnen andere Manieren beigebracht, dieweil sie mit ihnen viele und lange Kriege am Anfang geführt haben. Diese Mutmaßung ist zwar möglich, dafür gibt es aber keine Gewißheit.

Damit sei es, wie es wolle. So ist es doch gewiß, daß die Kriege zwischen ihnen nicht auf einerlei Weise geführt werden, sondern es hat immer eine Nation etwas Besonderes und Verschiedenes von anderen. Denn manchmal verbinden sich zwei Nationen gegen eine dritte und suchen so gemeinschaftlich ihren Vorteil. Diese Bündnisse bestehen auch oft nur, solange wie der Krieg währt, dann und wann aber auch auf ewig und für alle Zeiten, nachdem nämlich ihr Feind immer den Meister spielt oder aber sie in das Abnehmen geraten.

Man hat in den früheren Jahren noch einen Unterschied, aber von keinem besonderen Erfolg, gemerkt, da sich viele Nationen zusammen gegen die Europäer verbunden und ihnen den Weg zum Land hinaus zu weisen getrachtet haben, welches auch diejenigen, die gegen Monomotapa grenzen, den Portugiesen zu tun getrachtet haben sollen. Man hat ihre vergifteten Pfeile und Assagayen nicht groß geachtet, sondern man hat sie mit Pulver und Blei das Reißausnehmen gelehrt; daher haben sie jetzt ganz andere Maßnahmen ergriffen, und sie suchen lieber friedlich mit ihnen zu leben als sich dem weiteren Verderben und der Vernichtung ihrer Krieger zu unterwerfen.

Gleichwohl hat man aber alle Umstände sehr wohl zu überlegen und zu erwägen, wenn man über ihre Kriege ein rechtes Urteil fällen will. Das Hauptsächlichste wird darauf ankommen, daß man weiß, ob der Krieg gegen eine auswärtige oder eigene Nation geführt wird. Wiederum, wenn es gegen eine hottentottische Nation geht, ob dieselbe allein ist oder ob sie auch Alliierte hat und zur Unterstützung gebraucht. Endlich, welche Gründe sie haben, einen Krieg anzufangen. Denn nach allen diesen Umständen wird sowohl die angedeutete Veränderung der Kriegsführung als auch die Dauer und Langwierigkeit derselben offenbar, wie auch nicht weniger, wie sie Frieden machen und durch wen dieser heutigentages meistenteils vermittelt wird.

Was die Ursachen ihrer Kriege angeht, so kennt man fast keine anderen als diese drei. Der erste ist, daß eine Nation der anderen, wenn sie auf ihren vermeintlichen Grenzen weiden, das Vieh wegtreibt und nicht wiedergibt, es sei denn, daß sie solches mit Gewalt holen und noch mehr dazu, wie sie früher gehabt haben. Aus einer solchen Beraubung kann schließlich nichts anderes als ein Krieg entstehen.

Die zweite Möglichkeit ist, wenn eine Nation der anderen ihre Weiber abfängt und diese bei sich behält. Diesen Affront erwidern sie als einen allzu großen Hohn und zu große Beschimpfung wiederum mit einem Krieg und führen ihre Weiber mit davon. Der dritte ist, wenn sie auf den oben genannten Grenzen einander die Weide nehmen und verhindern, daß ihre Nachbarn mit ihrem Vieh dorthin kommen können.

Diese letzte Ursache gibt wohl den meisten Anlaß zu allen ihren Kriegen, die sie untereinander führen, da ja die Grenzen, wie weit eine jede Nation gehen darf, weder gemessen noch entschieden sind. Wenn sie auch selbst dort nicht weiden, so können sie ihren Nachbarn dennoch großen Schaden zufügen und verhindern, daß sie nicht hinkommen können, wenn sie nur in der Trockenzeit das dürre Gras an unterschiedlichen Orten zugleich in Brand stecken und alles, auch etliche Meilen weit, verbrennt. Denn dadurch verhindern sie, daß ihre Nachbarn, wenn sie mit ihrem Vieh dorthin kommen, weder Laub noch Gras finden und folglich wieder weiterziehen müssen.

Die anderen zwei Ursachen ereignen sich so oft nicht, da es meist aus Frevel geschieht, daß sie ihren Nachbarn die Weiber nehmen, von denen sie selbst doch genug haben. Sie suchen auch mit Fleiß eine Ursache zum Hadern, wenn sie ihnen ohne Beleidigung das Vieh wegtreiben, weil ihre Grenzen so genau gar nicht entschieden sind und es auf drei, vier oder mehrere Meilen so genau nicht ankommt.

Wenn nun ein Krieg zwischen zwei nahegelegenen Nationen beginnt, die keine Verbündeten haben, so greifen sie zwar einander mit ungemeiner Heftigkeit an, machen dabei auch ein entsetzliches Feldgeschrei, so daß man denken soll, es wären alle Furien losgelassen. Aber diese Standhaftigkeit währt nicht allzu lange, da diejenige Nation, die am meisten von ihrer Mannschaft verloren oder auch denen die meisten Backeley-Ochsen weggetrieben wurden, gar bald den Reißaus nimmt und geradewegs zu ihren übrigen Herden eilt, diese in Sicherheit bringt und darauf dem Feind ein gewonnenes Spiel gibt.

Weil ein solcher Krieg gewöhnlich durch eine Niederlage oder Schlacht beendet wird, bleibt er aber so lange ungewonnen, bis die unterliegende Partei an die Holländisch-Ostindische Kompanie einiges von ihren Mitteln abschicken kann und ihre Not darstellt und um deren Beistand und Vermittlung nachsucht.

Sobald eine Nachricht davon bei der hiesigen Regierung oder dem Herrn Gouverneur einläuft und die Abordnung die Umstände richtig erzählt hat, wird alsbald, besonders wenn das Kriegsfeuer sich den Kolonien zu nähern beginnt, der Befehl erteilt, daß einige Freiwillige mit ihnen reisen, um den Frieden zu vermitteln, der auch, sobald die siegende Partei die Europäer bemerkt und erblickt, alsbald getroffen wird. Jedem wird das Seine wieder herausgegeben, und es werden auch andere heilsame Bedingungen, die beiden Parteien zuträglich sind, ausbedungen.

Was die etwas weiter abgelegenen anderen Nationen anbelangt, so können sich diese des gewünschten Vorteils nicht so leicht erfreuen, weil die Kompanie den wenigsten Teil ihrer aufgewendeten Unkosten wiederbekommen würde und weil sie auch von den nahegelegenen fremden Völkern, wie den Portugiesen und Monomotapensern, keine Hilfe bekommen werden. Sie sind daher gezwungen, sich gegen ihre mächtigen und sie mit Krieg überziehenden Nachbarn bei ihren angrenzenden Nachbarn Hilfe zu suchen und sich mit diesen in eine Allianz einzulassen, Jede weiß wohl, daß, wenn der Starke den Schwächeren über den Haufen geworfen und sich daher noch stärker gemacht hat, es mit der Zeit auch ihm so gehen und er von diesem Vielfraß aufgeschluckt werde.

Aus diesem Grunde haben sich früher schon die Susaquas und Odaquas oder Udiquas mit den Kleinen Namaquas in ein ewiges Bündnis eingelassen, um gegen die mächtigen und erfolgreichen Namaquas imstande zu sein, sich zu verteidigen. Ebenso haben die Dunquas mit den Dumaquas gegen die Gauros gehandelt. Andere, die sich auf kurze Zeit und nur so lange, wie dieser oder jener Krieg gewährt hat, in ein Bündnis mit anderen eingelassen haben, hier alle aufzuzählen, würde fast ebenso unmöglich sein, wie es nicht möglich ist, alle Bündnisse, die diese oder jene Potentaten in Europa gegen einen Dritten gemacht haben, mit kurzen Worten namhaft zu machen.

Der Unterschied, den ich oben erwähnte und der bei allen ihren Kriegen beachtet wird und nach dem sich der gemeine Mann hauptsächlich richtet, ist kurz gesagt dieser: Einige Nationen, zu denen besonders die Heykoms und Chamtouers gehören, haben den Gebrauch, daß sie so lange vom Fechten nicht ablassen, wie ihr General oder Anführer auf einer Pfeife oder Flöte zu blasen nicht aufhört. Denn sie glauben, daß es ihre Pflicht sei, sich nach seinem Befehl zu richten und so lange zu fechten, obwohl die meiste Mannschaft gefallen und verloren gegangen ist. Wenn aber dieser im Pfeifen nachläßt oder ihnen sonst ein Zeichen des Abzugs gibt, sind sie wiederum bereit und schuldig, seinem gegebenen Befehl zu gehorchen und ihn willig zu befolgen, ja selbst dann, wenn es nicht ratsam ist, ihn zu befolgen.

Andere Nationen, zu denen die Kleinen Namaquas mit ihren Verbündeten, den Susaquas und Udiquas gehören, haben den Gebrauch, daß sie ihren Feinden so lange den Kopf bieten, solange sie nicht sehen, daß viele von ihren eigenen Leuten fallen und umkommen oder wenigstens mehr auf der Feindesseite auf der Strecke bleiben. Denn sobald sie das erste sehen, daß mehr von ihnen als von den Feinden, den Großen Namaquas, auf dem Felde bleiben, ergreifen sie die Flucht und reißen aus. Bleiben aber von der gegnerischen Partei mehr als bei ihnen, so schöpfen sie Mut und suchen jene, obwohl mit einem hartnäckigen Gefecht, auf die Flucht zu schlagen. Dies unter dem Vorwand, weil die Großen Namaquas ihnen ohnehin allezeit überlegen wären.

Außerdem gibt es einige, die etwas Besonderes haben und so lange fechten, wie ihr oberster General oder Anführer noch am Leben ist. Wenn aber dieser fällt oder tot bleibt, nehmen sie alle zugleich den Reißaus und kehren dem Feind den Rücken. Auf diese Weise handeln die Dunquas und Damaquas, wenn sie mit den Gauros Krieg führen, welche beide, wenn ihr General oder Anführer auf dieser oder jener Seite fällt, das Hasenpanier ergreifen und den Feinden den vollkommenen Sieg hinterlassen.

Doch ist bei allen bisher erwähnten verschiedenen Nationen dieses noch rühmlich, daß keine Partei der anderen wegen der Toten und Zurückgebliebenen etwas antut noch dieselben verstümmelt oder sonst barbarisch mit ihnen handelt. Sondern wenn die Sache getan und die Schlacht vorbei ist, kann jede Partei kommen und ihre Toten unbehindert begraben. Welches ja bei solchen, als wild bezeichneten Menschen noch etwas Menschliches und ganz Vernünftiges anzeigt.

Die Kriege mögen geführt werden gegen wen sie wollen, und wie immer sie auch beschaffen sein mögen, so wird doch ganz und gar keine Ordnung dabei beobachtet. Sie stehen nicht in Reih und Glied, wie unsere Soldaten es tun müssen, sondern sie sind in ständiger Bewegung, wie ich vormals bei ihrer Jagd und auch bei anderen Beschreibungen gesagt habe. Sie laufen bald hier bald dorthin, sie haben ihre Pfeile und Assagayen beständig in der Hand, bis sie endlich ihren Zweck zu erreichen gedenken und losdrücken oder hinwerfen. Andere jagen dazwischen beständig Backeley-Ochsen hin und her und machen sie so toll, daß sie mehr Menschen

Der Hottentotten Manier Kriege zu führe

pag: 539.

mit ihren Hörnern zuschanden richten und über den Haufen stoßen, als sonst von ihren eigenen Geschossen verwundet würden.

Wie könnte es auch ordentlich zugehen, da es keine Ordnung unter ihnen selbst gibt, denn sie haben keine Kriegsoffiziere wie andere zivilisierte Nationen, die einem General mit Rat und Tat beistehen, die den Fehler, der hier oder dort sich einschleichen will, verbessern und also dem Krieg ein löbliches und nützliches sowie ersprießliches Aus- oder Ansehen geben.

Es kommt vielmehr alles auf den General oder Anführer allein an. Wenn nun dieser nicht ein kluger und verschmitzter Kopf ist, sondern sich bald über den Tölpel werfen läßt, so ist es auch gar bald mit ihnen getan, und die Parteien werden sehr leicht getrennt.

Zwar haben die Kaffern, die gegen Natal wohnen, noch besondere Waffen, mit denen sie sich sehr wohl verteidigen können, indem sie große Schilde von harten und dicken Rhinozeros- oder Antilopenhäuten vor sich her tragen, fast auf die Art, wie sie die alten Römer, Skythen und andere Völker geführt haben, und damit die Pfeile und Assagayen auffangen und deren Gift glücklich entrinnen und unverwundet bleiben. Allein, sie haben auch wieder die Ungelegenheit davon, daß sie nicht so gut als die anderen laufen, viel weniger sich hier oder dorthin bewegen noch frei aus ihren Augen sehen können. Von ihnen bleiben daher auch ebenso viele wie von den anderen auf der Strecke, wenn es zu einem heftigen Gefecht kommt, weil sie sich nicht schnell genug umkehren und umwenden können und daher, ehe sie sich vermuten, oft von hinten oder von der Seite einen Pfeil oder Assagay in den Leib bekommen.

Der Ausgang aller dieser Kriege, sie mögen gegen auswärtige oder fremde Nationen geführt oder auch untereinander selbst darin verwickelt werden, ist und bleibt doch allezeit schlecht, und er bringt selten weder der einen noch der anderen Partei Vorteil. Denn sie können solchen zwar gegen die Holländer am allerwenigsten erzielen, weil diese in besserer Ordnung und mit anderen Gewehren gegen sie aufziehen. Gleichwohl haben diese ebensowenig Vorteil davon wie die Hottentotten selbst, derweil sie ihre aufgewendeten Unkosten mit nichts gutzumachen wissen als mit Vieh, welches sie aber nicht allezeit bekommen können.

Führen sie den Krieg aber untereinander und sind nahegelegen, auf 60 oder 70 Meilen kommt es aber nicht an, so muß schließlich die Holländisch-Ostindische Kompanie den Schiedsrichter spielen und zwischen den streitenden Parteien Frieden stiften. Dieses bringt abermals keinen Vorteil, indem die erwähnte Kompanie ihre Unkosten durch das erhandelte und bezahlte Vieh berauszubringen gedenkt.

Sind sie aber weit abgelegen und können auf diese Weise nicht auseinandergebracht oder zum Frieden bewogen werden, so ist es noch schlechter. Jeder behält, was er hat, nur daß sie keine Gefangene nehmen, sondern selbige lieber als frei geborene Leute dem Tode opfern als ihnen die Fesseln der Dienstbarkeit oder einer langen Gefangenschaft anlegen.

So schlecht aber der Ausgang des Krieges auch sein mag, so löblich ist gleichwohl der Anfang, und es wäre zu wünschen, daß alle christlichen Nationen, wenn sie zum Kriege geneigt und damit diese oder jene Nation überziehen wollen, ein gleiches beobachteten. Sie suchen dessen Ursache nicht vom Zaun herunterzubrechen, wie mancher christliche Potentat leider bereits getan hat, sondern wenn keine von den oben angeführten Ursachen oder auch mehrere zusammen vorhanden sind und sie daraus schließen können, rechtmäßige und billige Ursachen zu einem Krieg zu haben, so werden sie gewiß zu keinem Krieg kommen, sondern ihren Nachbarn gütliche Vorschläge machen, dergleichen hinfort zu unterlassen, damit die Schuld nicht täglich größer anwachse und sie genötigt sein würden, ihnen den Krieg anzukündigen.

Auch dieses ist an ihnen höchst preiswürdig und vor der ganzen Welt zu loben, daß sie, wenn einmal der Friede geschlossen und die Vertragspunkte verabredet und auch beiderseits zugestanden sind, werden diese, obwohl sie nicht schriftlich verfaßt wurden, sondern nur in bloßen Worten bestehen, dennoch steif und fest in ihrem Gedächtnis bewahrt, ihren Nachkommen erzählt und diese zu ihrer Beachtung ermahnt, so, als ob sie mit einem teuren Eid bekräftigt seien. Dieses ist gewißlich sehr bewundernswürdig von einer Nation, die als so brutal und dumm beschrieben wurde.

Sollten nun, wenn man diese Sachen an blinden Heiden erblickt, viele hohe Potentaten in der Welt, die tausendmal weiser, klüger und verständiger sein wollen als die dummen Hottentotten, hierüber nicht schamrot werden?

DER 20. BRIEF

Von der Hottentotten Spionen. Wie es denselben ergeht, wenn sie ertappt werden. Desgleichen von dem Erbrecht, wie es nach des einen oder anderen Tod mit seiner Hinterlassenschaft gehalten wird. Nebst einer Nachricht von dem eingewurzelten Haß zwischen Sklaven und Hottentotten

Was die Feldflüchtigen anbelangt, so habe ich schon oben bei anderer Gelegenheit gesagt, daß sie, wenn sie wegen einer Missetat davongegangen sind, nirgends einen bleibenden Ort finden als bei den Buschmännern oder Räubern, die aber alle bei den anderen so verhaßt sind, daß sie vogelfrei betrachtet werden und darum ohne Scheu oder Furcht einer Rache totgeschlagen werden. Deshalb können sich auch solche Entwichenen niemals freies Geleit erhoffen, sondern wer einmal von ihnen abtrünnig geworden ist und sich zu den Feinden der ganzen Nation, ja aller Nationen, gewendet hat, der ist und bleibt auf ewig in das Register derjenigen eingeschrieben, die nimmermehr wiederkommen dürfen, wenn sie nicht ihre gebührende Strafe gutwillig ausstehen wollen.

Mit den Überläufern geht es nicht viel besser. Solange etwa der Krieg währt, in den sie verwickelt sind, werden sie wohl behandelt, da sie denjenigen, zu denen sie übergelaufen sind, manchen guten und nützlichen Dienst tun können, wenn sie ihnen ihre Furcht, Mannschaftsstärke und andere Dinge verraten oder auch besonders den Ort offenbaren, an den sie mit ihrem Vieh geflohen sind. Diese gute Behandlung währt aber nicht länger als bis eine Schlacht gewonnen oder verloren wurde, indem sich diejenigen, die eine Niederlage erlitten, alsbald mit ihrem Vieh anderswohin begeben, damit die Sieger, wenn es ihnen verraten wurde, den Ort dann nicht finden könnten und daher diesen Überläufer als einen Betrüger, Verräter u. a. ansehen mögen. Diese Laster sind kriminell, wie ich vorher schon gesagt habe.

Gesetzt auch, es währte noch ein wenig länger, bis der völlige Friede folgt, so hat doch der Überläufer keinen anderen Lohn als den Tod zu erwarten, denn es begehren insgemein diejenigen, von denen er abtrünnig wurde, unter anderen Friedensbedingungen auch den Überläufer wieder zurück und in ihre Gewalt. Sie erhalten ihn auch oftmals ganz willig, und dann ist sein ganzer Prozeß innerhalb von zwei Stunden fertig und derselbe tot und begraben.

Wenn ihn aber diejenigen, die ihn bisher liebkost haben, nicht ausliefern, sondern in ihrem Schutz behalten, so trauen sie ihm doch selbst nicht weiter als sie ihn sehen. Sie erzählen ihm auch nichts von ihren Heimlichkeiten und halten ihn so schlecht wie nur immer möglich. Geschieht nur das Geringste, oder fällt er mit einem anderen in Zank oder Uneinigkeit, wie gar bald geschieht, so mag es leicht zu Schlägen kommen und sein Gegenpart getroffen werden, so ergreift man ihn und gibt ihm seinen gebührenden Lohn. Nicht darum, weil er sich mit diesem herumgeschmissen, sondern weil ihm als einem Verräter seines eigenen Volkes nicht zu trauen ist und diesen vielleicht nur probiert hat, damit er bei anderen wieder etwas zu ihrem Nachteil anbringen und verraten könne.

Ebenso verfährt man auch mit einem Spion, wenn man seiner habhaft werden kann, und wartet nicht einmal so lange wie bei einem Überläufer, sondern man beginnt seinen Prozeß alsbald und gibt ihm den Rest. Man wird auch deswegen selten sehen und hören, daß ein Hottentotte gegen eine andere Nation sich zu einem Spion oder Überläufer gebrauchen läßt, da er wohl weiß, daß der Tod die unfehlbare Bezahlung und der schuldige Lohn seines Verbrechens sei.

Bei den Holländern dienen sie aber gern dieserart, weil sie versichert sind, daß man ihnen dort nichts tun darf und daß auch die Holländer keinen ausliefern, solange er in den gebührenden Schranken bleibt und sich nicht zu weit unter sie wagt; dann gehen sie freilich nach ihrem eigenen Belieben und nach ihrem Landesrecht mit ihm um und töten ihn.

Das Erbrecht erstreckt sich bei ihnen keineswegs wie in Europa auf beiderlei Geschlecht, sondern es geht einzig und allein das männliche Geschlecht an, und das weibliche ist gänzlich und allezeit ausgeschlossen. Es ist vormals schon erwähnt worden, daß kein Hottentotte wegen des Reichtums eine Frau nehmen darf, weil sie, obwohl sie die älteste ist, gar nichts als Heiratsgut bekommt als ihre Kleider und ein paar irdene Töpfe samt einigen, höchstens aber 3-4 Lämmern, die ihr der Vater, so noch am Leben, oder nach dessen Tod ihre Brüder schenken und verehren wollen. Nach des Vaters Tod aber ist sie ebensogut als vor demselben von dem Erbe ausgeschlossen, hat sich weder vom Väterlichen noch Mütterlichen etwas zu erhoffen, besonders auch, da ihre Mutter selbst nicht mehr ins Haus gebracht hat, als sie jetzt wieder bekommt.

Von den Brüdern erbt wieder nur der älteste und Erstgeborene, der sich der ganzen väterlichen Nachlassenschaft erfreuen kann. Auch kann der Vater, wenn er auf seinem Krankenbett liegt, nichts mehr verschenken, sondern was er hätte tun wollen, müßte bei gesunden Tagen geschehen sein. Wenn er es trotzdem täte und gäbe diesem oder jenem etwas während seiner Krankheit, so würde es doch nicht gelten, wenn nicht der älteste Sohn seinen Willen mit dazu hergäbe, andernfalls hätte er Fug und Recht, das Weggeschenkte als das Seinige wieder anzugreifen und ohne jemandes Gegenrede wegzunehmen.

»Aber«, möchte er fragen, mein Herr, »wie steht es denn um die anderen Brüder, wenn einige vorhanden? Muß denn der älteste diesen auch nichts davon geben?«

Ich antworte kurz hierauf: Schuldig ist er ihnen von Rechts wegen nichts, und was er ihnen freiwillig schenken will, ist ihm zwar nicht verwehrt, es geschieht aber gar selten. Sie sind vielmehr schuldig, ihm zu dienen und müssen ihm zur Erhaltung des erlangten Reichtums behilflich sein, damit das Gut nicht vermindert, sondern vermehrt und ihre Familie in einem blühenden Wohlstand erhalten werde.

Diese Dienstbarkeit ist den jüngeren Brüdern, da sie sonst alle so große Liebhaber der Freiheit sind, ziemlich verdrießlich, und trotzdem können sie sich derselben nicht wehren. Sie wird aber oftmals dadurch gelindert, daß der ältere Bruder, der ihnen für ihre Dienstbarkeit aus dem väterlichen Vermögen leiblichen Unterhalt verschaffen muß, entweder nicht allzu lange lebt und ohne Kinder, vornehmlich ohne Söhne, verstirbt, mithin dennoch ihm als dem Folgenden die erlangte Erbschaft wieder überläßt.

Oder aber, wenn ihm so viele Mäuler zu unterhalten zu schwer fällt, kann er zugestehen, daß sie anderwärts bei den Europäern sich auf eine gewisse Zeit in Dienst einlassen und bei denselben etwas verdienen mögen, damit sie auch an ein eigenes Vieh kommen und für sich selbst bestehen können.

Solches tun sie auch gern, unerachtet der Deutschen Dienstbarkeit viel schwerer als diejenige ist, so sie bei ihrem Bruder erdulden müssen. Denn dort haben sie weiter nichts zu tun als das Vieh zu weiden und etwa manchmal mit auf die Jagd zu gehen oder sonst dergleichen leichte Dienste wahrzunehmen. Hier aber werden sie nicht nur zum Viehhüten, sondern auch zu allerhand schwerer Haus- und Bauernarbeiten, wie Ackern, Schneiden usw., mit angehalten, welches sie auch so leicht begreifen und so gut verstehen wie mancher Bauer selbst.

Wenn sie auch in Diensten stehen, kann man ihnen dennoch nicht verwehren, daß sie einige Tage, nachdem sie vorher davon Nachricht gegeben haben, weg und in das Land hineinlaufen, teils um von dem ersparten Verdienst, wie Tabak, Perlen und dergleichen, Vieh einzuhandeln oder durch ihre Brüder einhandeln zu lassen, teils auch um zu zeigen, daß sie keine Sklaven, sondern freigeborene Leute sind.

Aus allem bisher Gesagten erhellt, wie mir dünkt, genugsam, daß die Erstgeburt sehr herrliche Vorrechte hat, und scheint mir darum abermals gänzlich zu zeigen, daß sie von den alten Juden herstammen müssen, weil selbigen die Erstgeburt auch absonderlich lieb war und viele Vorrechte vor anderen genoß.

Es ist gewiß, daß die Hottentotten keine andere als die jetzt beschriebene Erbfolge haben, zu welchem ich auch nichts mehr hinzufügen möchte.

Ich möchte jetzt noch von dem eingewurzelten Haß, der sich zwischen den Hottentotten und den Sklaven alle Tage spüren und wahrnehmen läßt, das Nötigste berichten.

Ehe ich aber dazu komme, wird es nicht undienlich sein, von den Sklaven das eine oder andere zu erwähnen, damit aus der Gegenüberstellung ihrer Lebensart mit der Hottentotten ihrer desto leichter begriffen werden kann, woher sie denn kommen mögen und daß sie gegeneinander so gehässig sind. Ihr Vaterland ist meistenteils Afrika, so wie es der Hottentotten ihres auch ist, nur daß die Geburtsländer ein wenig weiter voneinander entfernt liegen, denn die meisten kommen wohl von Madagaskar, einer großen afrikanischen

Insel gegenüber von Moçambique gelegen, doch gibt es auch andere, die von Kap Verde, Luanda, St. Paul, Vita, Kongo und anderen afrikanischen Königreichen und Ländern hierher gebracht werden.

Noch andere findet man, die aus Asien und dessen unterschiedlichen Königreichen hierher gebracht werden, als da sind Javanen, Ceylonesen, Ambonesen, Makassaren, Bandanesen, Ternatanen, Bengaler, Balinesen und noch viele andere mehr. Allein, weil es deren teils nicht so viele wie die Afrikaner, teils auch nicht von einerlei Sprache und Vaterland wie diese gibt, so soll ihnen nicht besonders gedacht, noch weniger auf sie eingegangen werden, obwohl einige Nationen, wie die Makassaren und Javanen, darunter sind, die sehr tückisch und einem gar leicht eines versetzen können, wenn man sich nicht in Obacht nimmt.

So vielerlei Nationen nun unter den Sklaven sich befinden, so vielerlei verschiedene Gebräuche trifft man unter ihnen an. Nicht nur in äußerlichen Sachen, sondern auch was den innerlichen Menschen betrifft. Denn was das äußerliche Wesen angeht, so waschen sich die meisten des Tages sehr oft, gleichwie die Mohammedaner, deren Religion viele anhängen. Andere essen keinen Speck, wie die Makassaren. Noch andere essen gar nichts, was Leben empfangen kann, wie die Bengalen, und unterscheiden sich also sehr viel hierin untereinander.

Was aber den Charakter angeht, darin ist die Differenz sehr groß, da einige kühn und verwegen, wie die oben erwähnten Javanen und Makassaren sind, andere sind heimtückisch und schelmisch, wie die Balinesen und Ambonesen. Noch andere sind frech und geil, wie die Leute aus Madagaskar und alle anderen Afrikaner. Doch wer wollte alle Unterschiede nacheinander beschreiben, da dieselben unzählig sind?

Alle diese Menschen scheinen von Natur von den Hottentotten nicht nur der Farbe nach sich zu unterscheiden, da jene meistens pechschwarz sind, einige wenige asiatische Nationen ausgenommen. Diese sind von Natur braun, wie ich vormals schon gesagt habe. Der Hauptunterschied besteht darin, daß die Hottentotten mit einem freien Gemüte begabt sind, während im Gegenteil die Sklaven einen recht knechtischen Geist besitzen, kraft dessen sie schon von Natur zur Knechtschaft gewidmet und gleichsam prädestiniert sind. Denn sobald sie nur geboren werden und zur Arbei fähig sind, spannt man sie schon davor und läßt ihnen in ihrem eigenen Vaterland wenig Ruhe. Dieses geschieht denjenigen, die hier geboren werden, nicht, besonders wenn die Holländisch-Ostindische Kompanie über sie zu gebieten hat. Denn man vergönnt ihnen, ihre jüngsten Jahre mit Spielen und anderem kindischen Zeitvertreib zu verbringen. Die Kompanie hält ihnen einen besonderen Schulmeister und eine Schulmeisterin, bei welchen die Knaben und Mägdlein, jede getrennt, nicht nur das Lesen, sondern auch ihr Christentum erlernen müssen, dieweil sie alle, soviel sie deren hat, getauft werden. Es meldet zwar Herr Böving in seiner Beschreibung von den Hottentotten, daß man nur etliche tauft, allein es findet solches Vorgehen insoweit statt, wenn er nicht der Kompanie, sondern der Bürger Sklaven hätte beschreiben wollen, von welchen es allerdings wahr ist.

In dem gemeinen Umgang sind diese hingegen den Hottentotten weit vorzuziehen. Nicht wegen ihrer Ehrlichkeit, welche bei den meisten wohl hingeht, sondern vielmehr deshalb, weil sie sich reiner und sauberer als jene aufführen. Denn da die Hottentotten sich niemals waschen, so tun es diese nur um so mehr; sie werden auch meist von ihren Herren dazu angehalten, ja wegen des geringsten Vergehens mit Stockschlägen dahingewiesen, ein andermal besser zuzusehen. Dergleichen Unterschiede könnten zwischen den beiden Nationen noch unzählige namhaft gemacht werden. Vielleicht wird sich aber zu anderer Zeit bessere Gelegenheit dazu anbieten.

Dieses habe ich nur deswegen angeführt, damit man den Unterschied zwischen beiden Nationen, den Hottentotten und Sklaven, ersehen möge, aus welchem auch dieser erbliche Haß, von welchem jetzt geschrieben werden soll, seinen Ursprung nimmt. Dieser ist nunmehr so tief eingewurzelt, daß er wohl ewig zwischen beiden bleiben wird, wenn nicht eine sonderbare Fügung einmal vorkommt, durch welche sie wieder vereinigt und ausgesöhnt werden.

Der Grund, glaube ich, rührt daher: Wenn die Sklaven von ihren Herren weglaufen und sich in das freie Feld begeben, so nehmen sie meistens ein gutes Gewehr nebst Pulver und Blei mit. Wenn sie nun nichts zu essen mehr haben, so legen sie sich ohne Zweifel auf das Stehlen und nehmen den guten Hottentotten manchen Hammel von der Weide weg. Will der Vieh- oder Schafhirt Lärm machen, so legen sie nur an und drohen, ihn zu erschießen. Dann muß dieser stillschweigen, und seine Kameraden gehen unterdessen mit dem ergriffenen Schaf davon.

Auch ist deren Sklaven Pflicht, den Gerichtsdienern oder Kaffern, wie man sie hier nennt, zu helfen und beizustehen, wenn ein Hottentotte an dem Kap etwas Übles tut und hernach sich mit der Flucht retten will. Denn sie vertreten ihm alsbald den Weg und halten ihn auf, daß er nicht hinter die Festung kann. Wenn nun die Gerichtsdiener kommen, so ergreifen sie ihn und bringen ihn gebunden in das Stockhaus, wo er nach verflossener Nacht wieder herausgenommen und entweder an dem Geißelpfahl mit einem dicken Strick oder aber mit gespaltenem spanischen Rohr über den

Buckel oder auf den Hinterbacken nach Verdienst bestraft wird.

Da nun diese und andere dergleichen Dinge mehr den Hottentotten sehr schmerzlich vorkommen und ihnen im Herzen weh tun, gleichwohl sie aber den Sklaven kein Leid zufügen dürfen, solange sie zu Hause bleiben, so hat die in ihrem Herzen beständig wachsende Rache einen solchen unversöhnlichen Haß erwirkt und ausgebreitet, daß es nicht auszusprechen ist. Ein anderes ist auch dieses, daß sie ihre Freiheit um Geld verkaufen und anderen Völkern als leibeigene Knechte dienen, die weder Tag noch Nacht Ruhe haben, sondern beständig nach eines anderen Wink und Willen Gehorsam leisten und gleich den Eseln Last tragen müssen. Dafür bekommen sie oft nicht mehr als einen Buckel voll Schläge nebst dem täglichen Essen und ihre Kleider.

Nach allem dem, wenn früher ein oder mehrere Sklaven weggelaufen sind, haben sie diese immer wandern lassen und sich wohl zufrieden gegeben, wenn ihnen nur nichts getan wurde. Wenn sie aber weit genug waren und ihr Gewehr entweder verloren haben oder es aber durch Regen und andere Feuchtigkeit verrostet und unbrauchbar geworden war, haben sie ihnen entweder den Rückweg versperrt oder sie aber noch weiter fortgewiesen oder endlich, wenn sie nicht von wilden Tieren zerrissen wurden, haben sie sie vom Leben zum Tod gebracht und sich hauptsächlich ihrer Meinung nach an ihnen revanchiert.

Weil niemals einer wiedergekommen ist, der sich etwas tief in das Land gewagt hat, hat man aus diesem Grund nicht ohne Ursache die Mutmaßung gehabt, als seien sie alle von den Hottentotten erschlagen worden. Ich habe aber an anderer Stelle schon erzählt, daß dies nicht immer zutreffend ist.

Wenn heutzutage ein solcher Sklave aufgehängt oder gerädert wird, stehen die Hottentotten allezeit dabei und freuen sich im Herzen darüber. Einesteils wegen der alten Feindseligkeit, andererseits aber, weil sie solche Leichtfertigkeit nicht leiden oder dulden können, sondern auch solche Leute selber sehr streng bestrafen, wie ebenfalls schon berichtet wurde. Wird endlich einer gegeißelt, so stehen sie dabei und lachen den schreienden Patienten wacker aus, derweil sie wohl wissen, daß er ihnen deswegen nichts tun darf.

DER 21. BRIEF

Von den gewöhnlichen Krankheiten der Hottentotten und auf welche Art und durch welche Mittel sie selbige kurieren

Es wird hoffentlich dasjenige, was ich bisher von dem Leben, Tun und Lassen der Hottentotten zu Papier gebracht und Ihm in Briefen zugeschickt habe, nicht unangenehm gefallen sein, unerachtet Er vielleicht manche Stunde damit zugebracht. Denn ich vertraue, Er werde sich dieserwegen über keinen Zeitverlust zu beklagen haben, weil unsere Abrede gleich anfangs dahin gezielt, Ihnen von diesen unbekannten Völkern, von welchen zwar viele etwas, aber sehr konfus, fälschlich und unrichtig entdeckt und geschrieben haben, einige zuversichtliche und gewisse Nachricht zuzuschicken.

Gleichwie ich aber viele, ja wohl die meisten Sachen, selbst mit Augen angeschaut, die ich bisher von diesen Nationen geschrieben, so wird Er auch hoffentlich an deren Gewißheit desto weniger zweifeln, je gewisser Er weiß, daß mein Aufenthalt schon lange genug hier gewesen ist.

Indem ich aber dieses schreibe, so fällt mir ungefähr etwas ein, welches ich schon früher erzählen wollte, wenn nicht die Vielfalt der Materie es verursacht hat, daß es bisher vergessen wurde. Ich habe nämlich in einem meiner Briefe erwähnt, daß die Hottentotten durchgehend breite Nasen hätten, welche jedoch nicht von Natur so gebildet wären, sondern aus einer anderen Ursache herrührten. Um nun ein so notwendiges Stück von der äußeren Beschaffenheit dieser Nation nicht mit Stillschweigen zu übergehen, will ich es hier einrücken, obwohl es sich zur nachfolgenden Materie nicht schicken möchte.

Ein Hottentottenkind, wenn es zur Welt geboren wird, hat eben eine solche Nase wie andere Menschen auch; allein weil sie diese für unanständig erachten, so drücken sie dem neugeborenen Kind mit ihrem Daumen alsbald das Nasenbein entzwei und verursachen dadurch, daß die Nase breit wird. Ich weiß dies wohl, da ich mehr als einen gesehen habe, der, weil er von einem europäischen Vater gezeugt wurde, auch eine dem Vater ähnliche Nase behalten hat. Dieses ist vielleicht deswegen geschehen, weil sie dadurch die Mutter eines Ehebruchs überführen wollten, da sie das Kind ihnen nicht gleich erachtet; außerdem ist auch die Mutter bald hernach nicht mehr gesehen worden, und ich habe nicht erfahren können, welches Ende ihr Leben genommen hat.

Unter denjenigen Seltenheiten, die ich von den Hottentotten noch abzuhandeln in diesem Briefe gesonnen bin, werden allerdings die Krankheiten und Arzneien vorgestellt werden müssen, die unter diesen Völkern vorfallen und kuriert werden. Mir scheint, es ist eine sehr wichtige und besondere Materie, die zu untersuchen mich zwar sehr viel Mühe gekostet, aber nichtsdestoweniger deswegen angenehm ist, weil es sich daraus abermals erhellt, daß sie nicht dumm oder unvernünftig handeln, sondern sehr wohl zusehen, wie sie einem Kranken wieder helfen können.

Daß sie etwas, obgleich weniges, von der Medizin verstehen und gleich den Bauern in Europa ihre Hausmittel wissen und gebrauchen, wenn ihnen oder ihren Nachbarn etwas fehlt, ist einigermaßen aus dem Zeugnis des Herrn Tachard zu ermessen, wenn er in seiner »Siamischen Reise« also schreibt: »Es haben uns glaubwürdige Leute versichert, daß sie auch in finsterer Nacht die Gewächse nur durch den Geruch unterscheiden. Da es viele sehr seltene Kräuter von allerhand Gattungen in ihren Feldern und

Wäldern gibt, so sind sie alle miteinander Kräuterverständige.«

Wie Herr Tachard beschreibt, kennen sie auch ein gewisses Steinmark, das nur in den Ritzen gewisser Felsen vorkommt, ziemlich hart und von dunkler Farbe ist. Ihnen hat die Erfahrung gelehrt, daß es eine wunderbare Tugend sei, den Frauen zu ihrer Niederkunft und ihren Kühen, Schafen und Ziegen zum Werfen zu verhelfen. Letzteres weiß ich gewiß, bei den ersteren wird es aber nur im allerhöchsten Notfall angewandt, wenn alle anderen Mittel bei den kreißenden Frauen nicht mehr helfen wollen. Ich habe von diesem Steinmark selbst ein Stück mit nach Hause genommen und es in warmem Wasser zerschmelzen lassen. Da wurde das Wasser dann nicht nur rötlich gefärbt und die grobe Materie fiel zu Boden, sondern es erzeugte auch einen unleidlichen Gestank, und deswegen mußte ich es zum Fenster hinausschütten.

Sie haben Bader oder Barbiere unter sich, die gar vernünftig, wenn auch ohne großen und weitläufigen Umschlag von erforderlichem Werkzeug, mit äußerlichen Schäden und Wunden und auch mit Schröpfen und Aderlassen und mit dem Hautabscheren umzugehen wissen. Ich habe es oft gesehen, daß, wenn einer über Magendrücken oder Bauchschmerzen, desgleichen über Brustbeschwerden geklagt hat, sie nicht gleich mit innerlichen Medikamenten dem Übel abzuhelfen getrachtet haben; sondern sie haben sich zuerst des Schröpfens bedient und dieses hat einer von denjenigen, die damit umzugehen wußten, auf folgende Weise verrichtet.

Er suchte nämlich vor allen Dingen ein Ochsen- oder Kuhhorn, von denen genug im Felde herumliegen, weil man sie hier, da niemand sie zu verarbeiten weiß, zu nichts gebrauchen kann. Dieses Horn schnitt er unten gleich und

A.B. Der Hottentotten Manier zu schrœpfen. p:

C. wiesie Aderlassen. p: 569.

schabte die scharfen Ecken weg. Danach wetzte er sein normales Messer auf einem Stein so scharf, wie es möglich war; saugte aber zuvor das Horn an dem Ort, an dem der Patient die Schmerzen fühlte, so fest, daß es ebenso steif darauf saß wie ein Schröpfkopf, wodurch das Fleisch mit der Haut unempfindlich wurde. Wenn dieses eine Zeitlang darauf gesessen hatte, riß er es wieder herunter, machte mit seinem gewetzten Messer etliche Schnitte in die Haut, die etwa einen halben Zoll lang waren, und saugte danach das Horn wieder darüber, welches so lange sitzen mußte, bis es voll Blut war und von selbst wieder herunterfiel.

Unterdessen mußte der Patient unverrückt auf seinem Rücken liegen bleiben und die härtesten Schmerzen ausstehen, weil das angezogene und nun feste Horn sich während dieser Zeit, die oft zwei und mehr Stunden währte, je nachdem, ob der Patient blutreich oder die Schnitte tief genug getan waren, den Bauch zusammenzog, so daß der arme Geschröpfte sich oftmals zusammenbiegen mußte oder das Horn herabreißen wollte.

Wenn das Horn schließlich herabgefallen und voll Blut gewesen ist, wird es nicht erneut aufgesetzt, sondern der Patient wird losgelassen und von ihm Nachricht erwartet, ob es geholfen hat oder nicht. Wenn er weiterhin Schmerzen hatte, so wird ihm innerlich ein Trank aus Kräutern verordnet und zubereitet. Verziehen sich die Schmerzen aber und brechen anderswo aus, so wird er zuerst mit warmem Fett wacker eingeschmiert. Hilft das auch nicht, so muß er sich auf neue an dem anderen Ort schröpfen lassen.

Wenn einer über Engbrüstigkeit klagt oder sonst vermeint, er sei zu vollblütig, so wird ihm geraten, er solle sich zur Ader lassen. Dieses wird zu anderen Umständen nicht verwendet. Wenn er sich dazu entschlossen hat, so kommt einer, der die Kunst versteht, und bringt ebenso viele Instrumente mit wie derjenige, der den anderen geschröpft hat. Denn er hat außer einem Riemen und seinem Messer nichts bei sich. Von diesen beiden benutzt er den ersten nicht, um die Ader abzubinden, damit das Blut desto besser laufe und springe, sondern er legt ein Band, wo er vermutet, daß das Blut wieder zurücktreten möchte.

Die Wissenschaft der Adern und des Laufs des Blutes muß ihnen gar sicherlich ihr sonderbares Schlachten, welches vormals schon beschrieben wurde, eingegeben haben. Es sei ihm aber, wie ihm wolle, so ist doch dieses gewiß, daß er mit seinem normalen und täglichen Messer, nachdem dessen Spitze abermals scharf gewetzt wurde, ein Loch in die Ader schneidet und soviel Blut herauslaufen läßt, wie er vermutet, daß es für den Patienten notwendig sei. Danach macht er das vorhin gelegte Band wieder los und streicht das gemachte Loch mit Fett zu, verbindet es selbst mit Salbei oder Blättern von einem anderen wilden Kraut und läßt das Loch also wieder zuheilen, welches auch innerhalb von zwei Tagen vollkommen erfolgt.

Sind nun dieses nicht recht einfältige Arten von Schröpfen und Aderlassen, deren Effekt doch unter ihnen so heilsam gefunden wird? Mich dünkt allezeit, daß sie von unserer Art des Schröpfens und Aderlassens weit abgehen und daher sehr verwunderlich sind.

Aber nicht nur mit dem Schröpfen und Aderlassen wissen sie auf solche Weise umzugehen, sondern auch, wie schon vorher gesagt, mit äußerlichen Wunden und Schäden, wovon denn die Ausschneidung des Hodens bei den Mannspersonen vormals beschrieben wurde und Beweis genug sein könnte, wenn man sonst keinen anderen hätte. Allein auch daran fehlt es bei anderen Wunden ganz und gar nicht.

Ich habe einmal einen gesehen, dem ein vergifteter Pfeil oben in den Fuß gedrungen war, gleich hinter den Zehen.

Nun habe ich ihn gefragt, wie sie denn solche Wunden kurieren könnten, so daß nicht nur die Wunde heilt, sondern auch der Verwundete wegen des in den Blutadern befindlichen Giftes keinen Schaden nehmen würde.

Dieser konnte mir alsbald ausführliche Nachricht von allen Umständen geben. Er berichtete, wie sie von dem gedörrten Schlangengift, womit ihre Pfeile vergiftet sind, zwischen zwei Steinen einen Teil zerreiben und diesen mit ihrem eigenen Speichel befeuchten, damit eine Salbe daraus würde. Danach ritzen sie sich vorne auf der Brust bei der Herzgrube so, daß frisches Blut herauskäme und strichen in dieselbe neugemachte Wunde von der beschriebenen Giftsalbe einen Teil, den übrigen Rest aber nehmen sie ein und verhindern dadurch, daß das Gift im Aufsteigen zu dem Herzen keine Wirkung tun könnte. Das Gift, das durch den Mund eingenommen worden wäre, würde die Wirkung hintertreiben und das andere Gift austreiben.

Damit die Wunde aber wieder genese, verwenden sie nach Säuberung derselben einige heilsame Kräuter, unter denen auch ihr Buchu wäre, außerdem die Dachablätter. Diese streuten sie hinein und verbänden alles mit einem Lappen Fell, wodurch die Schäden, die sie auf solche Weise bekämen, allezeit wieder glücklich kuriert würden. Selten würde einer über drei oder vier Wochen mit einem verbundenen Fuß gehen, wenn er sich selbst in acht nehmen würde und jeden Tag fleißig danach sehe. Es geschehe aber auch gar oft, daß einer, der liederlich mit der Wunde umginge, längere Zeit zu seiner gänzlichen Genesung und Heilung bedürfe.

Von Arm- und Beinbrüchen wissen sie nichts, haben auch niemals ein Beispiel gehabt, daß einem etwas ähnliches zugestoßen wäre. Bei Verrenkungen und anderen dergleichen Fällen aber benutzen sie lediglich das Schmieren und das stetige Hin- und Herbewegen, wovon die Glieder schließlich wieder in ihre rechte Positur kommen. Sie können aber nicht leugnen, daß dieses Schmieren, besonders wenn es etwas straff und steif geschieht, wie es allezeit ist, sehr weh tut, besonders weil sie durch diese Schmerzen gezwungen würden, den Leib schneller und heftiger zu bewegen und zu verrücken.

Schließlich ist auch dies ein schönes Kunststück ihrer Bader- oder Barbierkunst, daß sie ein Glied von den kleinsten und oft auch von anderen Fingern ablösen und wieder heilen, ohne die übrigen Gelenke zu lähmen oder zuzulassen, daß die Haut zurückweicht und vorne der bloße Knochen heraussteht. Dieses Ablösen geschieht wiederum ohne irgendein Instrument, sondern abermals mit ihrem alltäglichen Messer. Nachdem die Haut und Nerven mit einer Saite festgebunden worden sind, schneiden sie das Glied ab und stillen das Blut mit einem gewissen Mittel aus dem Saft von Mastixblättern nebst anderen Kräutern.

Ich erinnere mich, als ich von dieser Ablösung oben berichtet habe, daß ich versprach, an diesem Ort die Ursache anzuzeigen und zu melden, warum sie sich ein Glied ablösen ließen, weil doch die Meinung der Autoren so sehr verschieden und weit woneinander abweicht. Damit ich nun auch in diesem Stücke nichts schuldig bleibe, so soll hier mein getanes Versprechen gehalten werden und die Sache gründlich untersucht werden.

Von den zwei Meinungen, welche der Herr Böving in seiner Reisebeschreibung von den Hottentotten beibringt, geht die erste dahin, daß die Weiber solches an den Kindern ohne Unterschied selber täten und es darum abbissen, damit es nicht sterben möchte. Seine eigenen Worte lauten also: »Etliche hatten gestümmelte Finger: Die Ursache dessen soll diese sein, wenn ein oder zwei Kinder gestorben, so beißen die Mütter dem folgenden Kinde ein Glied ab in abergläubischer Meinung, es würde dieses alsdenn so leicht nicht sterben«.

Wenn aber dieses die Ursache wäre, und es die Weiber selbst täten, so würden sie nicht allezeit von dem kleinsten Finger das Glied abbeißen, sondern wohl von dem anderen oder dritten, je nachdem wie viele Kinder vorher gestorben wären. Es würde auch daraus folgen, daß es nicht nur den Weibern allein abgebissen wäre, sondern die Männer müßten auch solche verstümmelten Finger vorweisen können; und endlich würde die Haut so glatt nicht wieder zuheilen, daß man keinen hervorragenden Knochen gewahr werden sollte, wie es denn geschieht.

Diese Ursache ist ganz irrig und falsch. Herr Böving möge sie auch haben, von wem er will. Denn sie streiten selbst gegen die Erfahrung, da er mir keinen einzigen Mann mit verstümmelten Fingern zeigen kann, welches doch nach dieser Weise notwendig sein müßte, weil diejenige Geburt, die auf die vorhergehenden toten Kinder folgt, unmöglich allezeit eine Tochter sein kann. Es ist auch, wenn man die mütterliche Liebe bedenkt, welche sie zu ihren neugeborenen Kindern haben, nicht wohl zu glauben, daß sie eine solche Tyrannei an der so zarten Geburt begehen sollten; ja es ist im Grunde erdichtet und gegen alle Wahrheit, wer ihm auch immer diese Schnalle angehängt haben mag.

Dazu aber sind die Hottentotten selber geschickt genug und brauchen keinen Lehrmeister, besonders wenn sie einen Fremden vor sich haben. Denn ich weiß aus der Erfahrung zu reden und gedenke noch gar wohl daran, wie sie mich die ersten zwei Jahre bald hier bald dort mißzuleiten und zu betrügen gesucht haben. Unter anderem haben sie mir auch von diesem Gliedablösen nicht weisgemacht, daß es die Weiber selbst abbeißen, sondern vielmehr, daß es durch die

Männer, Barbiere oder Bader, wie man sie auch heißen will, deswegen geschehe, weil es ein Zeichen des Adels sei: Je mehr nun eine Frau Glieder an ihrem Finger zu wenig hätte, desto höher wäre ihr Stand und desto größer ihr Wappen.

Diesem Vorgehen habe ich freilich lange Zeit Glauben beigemessen, weil ich es nicht besser wußte oder erfahren konnte und ich nicht erwägte, was dabei notwendig überlegt hätte werden müssen. Denn auf diese Weise würde der Adel oder ein großes Wappen allein von den Weibern abstammen, und die Männer hätten nichts damit zu schaffen, sondern müßten zufrieden sein, wenn sie eine solche adlige Dame zur Gemahlin bekämen, von der sie anders nichts rühmen könnten, als daß sie von adligem Blut wäre, weil es ihre Finger auswiesen. Ich bedachte auch nicht, daß es auf diese Weise nur adlige Damen und keine adligen Fräuleins gäbe, sondern glaubte nur blind, was man mir als Neues vorgetragen und erzählt hatte, obwohl ich oft mit eigenen Augen sah, daß der ärmste Lumpenhund, der nicht einmal drei Schafe sein eigen nannte, eine solche adlige Dame zur Gemahlin hatte.

Eine andere Meinung bringt der Herr Vogel in seiner Ostindischen Reisebeschreibung. Er sagt nämlich, es müßte eine jede junge Dirne tun, wenn sie sich verheiraten wolle. Seine eigenen Worte lauten also: »Wenn sie verheiraten wollen, so gibet die Dirne dem Mann anstatt des Traurings einen fetten Scherf oder anderen Darm um den Hals, denselben träget er, bis er verfaulet und ihme vom Halse fället: Daneben muß die Dirne an ihrem kleinen Finger sich ein Glied ablösen lassen und es dem Manne zum Zeichen ihrer Treue geben«.

So falsch aber das erste mit dem Darm ist, wie schon früher angezeigt wurde, ebenso unrichtig ist es auch mit dem anderen, nämlich dem Gliedabhauen. Denn wenn dieses allezeit bei den Verheirateten geschehen würde, gäbe es nicht nur eine betrübte Hochzeit, weil die Braut mit einem verwundeten Finger der Hochzeit beiwohnen müßte, sondern es würde wohl auch notwendig daraus folgen müssen, daß nicht nur etliche, sondern alle Weiber, sie möchten sein wer sie wollten, solche verstümmelten Finger haben würden, welches abermals gegen die Erfahrung spricht. Man findet viele hundert Weiber, denen kein Glied an einem Finger fehlt. Daher hat auch der Herr Vogel, welcher doch sonst sehr wohl, obwohl kurz, von ihnen schreibt, hierin einen Fehltritt getan und die Sache nicht recht überlegt oder untersucht.

Von diesen Meinungen weicht des Herrn Böving andere Ursache gänzlich ab und tritt der Sache etwas näher, wenn er schreibt: »Es sollen auch einige Weiber die Traurigkeit über der Männer Tod mit Abbeißung eines Gliedes am Finger an den Tag legen«.

Ich sage, er rückt der Sache etwas näher, obwohl es sie nicht vollkommen trifft. Denn es ist dieses gewiß, daß es um der Männer willen geschieht. Ob es aber aus Traurigkeit und zur Bezeugung ihres Leides geschieht, welches sie wegen des Verlustes ihres geliebten Mannes empfinden, oder aber ob sie es um einer anderen Ursache willen tun, steht zu untersuchen.

Daß es aber nicht aus Traurigkeit geschieht, erhellt sich daraus, daß sie durch den Tod ihres Mannes nichts verlieren als allein den Beischlaf, dessen sie sich manchmal auch nicht allein zu erfreuen gehabt haben, wenn er noch eine oder zwei Weiber neben ihr geheiratet hatte. Beim Vermögen geht ihr der Sohn vor und nimmt solches zu sich, wenn er imstande ist, dieses zu verwalten; wenn nicht, so bleibt die Mutter als Obervormund als Verwalterin, bis der Sohn groß wird. An Essen und Trinken geht ihr gleichwohl nichts ab, weil der Sohn oder wenn kein Sohn vorhanden, derjenige, welcher die Güter erbt, die Mutter zu versorgen hat. Es muß daher eine andere Ursache des Gliederablösens geben, als die von Herrn Böving beigebrachte. Womit aber eine Frau ihr Leid über den Verlust ihres Mannes an den Tag legt und bezeugt, wird später noch gesagt werden, wenn ich die Begräbniszeremonie beschreiben werde.

Der oft gelobte Herr Tachard hat die allerbeste und wahrhafteste Meinung davon, die mit der Erfahrung und der Wahrheit am meisten übereinkommt, wenn er die Ursache des Gliedablösens mit folgenden Worten ausdrückt: »Wenn eine Frau ihren ersten Mann eingebüßet, muß sie nach der Hand sich ebenso viele Gelenke am Finger, bei dem kleinsten anhebend abschneiden lassen, als oft sie sich wieder verheiratet«.

Sieht er also nun wohl, mein Herr, warum dieses Ablösen geschieht, nicht um der vorhin genannten Ursachen willen, sondern wenn die Frau sich wieder verheiraten will, damit man eine gewesene Witwe von einer jungen und in der ersten Ehe lebenden Hottentottenfrau deutlich und erkennbar unterscheiden kann.

Um die Worte des Herrn Tachard ein wenig deutlicher zu erklären, verhält es sich mit der Sache also: Wenn eine Frau ihren ersten Mann verloren und sich wieder verheiraten will oder aber Freier bekommt, so ist ihr nicht erlaubt, denselben zu nehmen und Hochzeit mit ihm zu machen, es sei denn, daß sie sich vorher das vorderste Glied an ihrem kleinen Finger der linken Hand abnehmen läßt. Wenn dieses geschieht, so muß sie erst anders machen und dabei schlachten, damit die anderen Weiber einen Schmaus davontragen und gleichsam sie wieder unter die jungen Töchter zählen, welche wegen ihrer Jugend und Schönheit noch wohl eines Mannes wert sei. Findet sich nun ein Freier oder hat sich vorher schon einer eingefunden, so kann sie kühn und unverwehrt wieder heiraten, weil man an ihrer Hand schon erkennen kann, daß sie einen Mann bereits vor diesem gehabt hat.

Sollte aber auch dieser wieder sterben und sie zur dritten Ehe schreiten wollen, so muß das vordere Glied des folgenden Goldfingers mit eben den Umständen herunter- und weggeschnitten werden. Ja, wenn es zur vierten Ehe kommen sollte, so muß wieder ein Glied von dem folgenden Finger herunter: Und diese Zeremonie wird so fest und unverbrüchlich gehalten, daß keine Ausnahme dagegen einzubringen ist, derweil es von allen, sie seien hohen oder niederen Standes, Reiche oder Arme, verrichtet werden muß.

Aber genug von dem Gliederablösen, nachdem die wahre Ursache ausgemacht wurde. Nun ist noch übrig, daß ich noch mit wenigen Worten vermelde, wie sie sich auch das Haar abzuscheren verstehen. Nicht zwar, daß sie den Bart putzen ließen, wie es die Europäer im Gebrauch haben, denn dieser wächst ihnen nicht allzu lang und dick, sondern man sieht an dem Kinn nur etliche wenige wollähnliche schwarze Haare. Unter der Nase ist er zwar etwas dicker, wird aber doch nicht lang, sondern kraust sich wie die Wolle ineinander und bedarf daher nicht, daß er geschoren wird. Aber die Haare auf dem Haupte lassen sie sich bei gewissen Umständen dann und wann halb oder aber strichweise, niemals aber ganz und gar abscheren.

Die Ursachen sind kurzgesagt folgende: Wenn einer von unleidlichen Kopfschmerzen gequält wird, so läßt er sich, um dieselben zu vertreiben, die Haare an demjenigen Ort glatt wegscheren, wo er den Schmerz empfindet. Ist es nun im vorderen Teil, so wird ihm die Stirne weit nach hinten von den Haaren entblößt. Leidet der halbe Kopf, so muß der halbe Kopf glattgeschoren und überall Luft zur Ausdünstung geschaffen werden, damit die Schmerzen weichen und der Patient Ruhe bekommen möge. Nachdem die Haare abgeschoren sind, bleibt die Haut zwar immer noch schmierig und fett; damit die Schweißlöcher derselben jedoch schneller geöffnet und die Fettigkeit hinweggeschafft werden, bestreuen sie den geschorenen Teil dick mit Buchu in der Meinung, daß dieses viel zur Vertreibung der Kopfschmerzen beitrage.

Wenn schließlich jemand seinen Vater oder die Mutter oder auch einen anderen Freund oder Verwandten verloren und durch den Tod eingebüßt hat, wegen seiner Armut aber nicht imstande ist, ein Schaf oder etwas dergleichen zu schlachten und zu opfern, wie in dem folgenden Brief umständlich erzählt werden wird, so läßt er sich zum Zeichen, daß er Leid trage und über diesen oder jenen Tod bedrückt sei, die Haare striemenweise vom Kopf abscheren, wobei jeder Striemen etwa einen Zoll breit ist. Dieses geht um den ganzen Kopf herum, zwischen den abgeschorenen Teilen bleibt immer ein gleich dicker und mit Haaren besetzter Streifen stehen.

Zu diesem Haarscheren haben sie wiederum kein anderes Instrument als ihr alltägliches wohlgewetztes und geschärftes Messer, mit welchem sie gleichwohl die Haare so glatt wegscheren können, daß man glauben sollte, es wäre mit einem Barbiermesser geschehen. Sie machen den Kopf auch nicht naß und bedienen sich auch keiner Seife, sondern weil das Haar ohnedies wie Wolle ist und mit Fett so dick eingeschmiert, daß es klumpenweise wie die kotische Schafwolle aneinanderklebt, so bilde ich mir ein, daß es dadurch bereits etwas erweicht sei, so daß es glatt von der Haut weggeschoren werden kann.

Die Hottentotten haben also solche Bader und Barbiere unter sich, die auch ohne benötigte Instrumente Operationen ausführen können, die ein europäischer Chirurg ohne dieselben nicht nachvollziehen könnte. Ich glaube ganz sicherlich, daß, wenn sie nur die geringsten Handgriffe wüßten oder dergleichen Instrumente gesehen und zu gebrauchen verstünden, könnten sie einem wohlerfahrenen Bader oder Barbier nicht viel nachgeben, manchmal wohl auch den einen oder anderen in seiner Kunst beschämen. Wer wollte sie also für dumme Leute erachten?

So wenig es ihnen an solchen Leuten fehlt, die äußerliche Schäden, ja auch innere Krankheiten mit äußerlichen Mitteln zu vertreiben, zu heilen und zu kurieren wissen, ebensowenig fehlt es ihnen an solchen, die sich mit Fleiß auf die inneren Krankheiten gelegt haben, zumal mancher hottentottische Doktor, wenn er auch nicht so viel Aufhebens von seiner Kunst macht wie Arzt oder Marktschreier, auch nicht so viele Zeugnisse aufzuweisen hat oder begehrt, dennoch viele beschämen würde, wenn er von seiner Kunst mit ihnen reden sollte oder könnte.

Es ist zwar nicht zu leugnen, daß man lang anhaltende Krankheiten bei ihnen nicht antreffen wird, obwohl sie noch so schlecht leben und mit geringer Kost ihren Magen sättigen und anfüllen. Ich glaube, dieses kommt von der Güte der Luft und des ganzen Klimas her, da auch die Europäer von dergleichen Krankheiten nichts wissen. Ich habe auch oben schon gesagt, daß dieses bei ihnen zu bewundern sei, daß, obwohl sie von Kindesbeinen allezeit nackt einhergehen und außer den bereits beschriebenen Karossen nichts am Leibe haben, womit sie sich vor Regen und Wind schützen könnten, daneben noch meistens in der freien Luft sich aufhalten, da auch ihre Hütten oder Häuser nicht viel für die Wärme helfen. Dennoch werden sie wenig mit Schnupfen geplagt, von dem die Europäer doch sehr leicht angegriffen und überfallen werden.

Aber dies alles macht sie nicht von allen Krankheiten frei, sondern sie haben auch ihre Beschwerden ebensogut wie andere Menschen. Man sieht und hört es oft, daß dieser oder jener kränklich ist und viele auch durch Krankheiten abgemattet sind und sterben. Wie diese Krankheiten aber genannt werden müssen, habe ich als ein in der Medizin Unerfahrener von ihnen nicht erfahren können. Teils weil sie selbst mit der deutschen Bezeichnung nicht zurechtkommen können, teils auch, weil ich ihre Unterschiede, die sie in der Benennung derselben machen, nicht begreifen, verstehen oder beschreiben konnte. Sie nennen alles nach Art der Europäer Fieber und geben weiter keine Kennzeichen dieser oder jener Krankheit an aus Sorge, man möchte hinter die Kraft ihrer Kräuter kommen oder einen Spott mit ihnen machen.

Ich weiß aus Erfahrung von ihnen zu sagen, daß sie die Kraft der Aloe-Blätter sehr gut kennen, da sie einem, der etwa den Magen verdorben hat und daher über schlechten Appetit oder sonst etwas klagt, alsbald von diesen Aloe-Blättern, von denen es genug auf dem freien Felde gibt, eines holen und ihm davon einige Tropfen in einem Löffel voll warmer Suppe eingeben, damit er wacker geheilt werde. Will es nach einem Mal nicht besser werden, so warten sie nur ein paar Tage und geben ihm dann aufs neue wieder solche Tropfen ein, und diesmal so stark, daß er oftmals wohl zwei bis drei Tage lang Durchfall hat und alsbald aus dem Magen fortschafft, was diesen noch beschwert haben könnte.

Alle anderen innerlichen Krankheiten, welche sie, wie gesagt, unter dem deutschen Namen Fieber zusammenfassen, kurieren sie im allgemeinen mit sehr gutem und erwünschtem Erfolg durch präparierte Pulver und Tränke von wilden Salbeiblättern, Buchu, wildem Knoblauch, Eibischwurz, wildem Fenchel, wilden Feigen und anderen Blättern nebst vielen anderen Kräutern, deren Zusammensetzung sie unentwegt verändern und auf verschiedene Weise zurichten. Diese geben sie dann den Patienten ein und versichern ihnen dabei, daß es für ihren Zustand und ihre Krankheit das beste sei, daß sie es mit Fleiß gemacht hätten und es unfehlbar helfen würde.

Mit solchen Worten überreden sie die armen Kranken allezeit zum willigen Einnehmen, es mag helfen oder nicht. Mir ist ein Beispiel bekannt, daß einer namens Syncopas über Mattigkeit aller Glieder und andere innere Beschwerden gegenüber einem solchen Doktor geklagt hat, der ihm nicht einen, sondern viele dergleichen Tränke und Pulver gemacht und ihn auch dauernd überredet hat, diese einzunehmen. Dieses Zaubergut hatte auch den gewünschten Effekt gehabt und alles aus dem Leibe herausgetrieben, so daß er nicht viel anders aussah wie einer, der entweder den Aussatz oder die Franzosen-Krankheit am Halse hatte.

In solchem elenden Zustand kam er eines Tages an das Haus eines ihm wohlbekannten Europäers, in dem ich mich auch befand, und zeigte sich nur von ferne, weil jedermann einen Abscheu vor ihm hatte und haben mußte, wenn man ihn nur etwas anblickte. Denn sein Gesicht war mit Grind hier und dort dermaßen besetzt, daß man ihn fast nicht erkennen konnte. Am ganzen Leib war er voller Geschwüre und eiternder Blattern, so daß er nahezu wie ein Lazarus aussah. Als er nun ein wenig näher herbeitrat und man ihn anschauen konnte, fragte ihn die Frau des Hauses, woher er diese Pocken bekommen hätte. Er erklärte sich bereit und erzählte seinen ganzen Zustand, so daß man bald ein großes Mitleid mit ihm hatte.

Darauf gab ihm die Frau, weil er sagte, daß ihm seine Doktoren nicht weiterhelfen könnten, ein kleines Stückchen

Vitriol und sagte ihm, wie er es gebrauchen sollte. Nachdem er das erstemal seinen Leib damit gewaschen hatte, kam er alsbald gesprungen und sagte: »Frau, dieses Euer Zaubergut, so Ihr mir gegeben, mich damit zu waschen, beißt wie der Teufel selber. Was ist das, warum tut Ihr das«? Wir lachten alle darüber und sagten, es dient zu seiner Genesung und mahnten ihn, nur weiter fortzufahren. Er ging vergnügt von dannen und hielt damit an und war innerhalb von 14 Tagen von allem Grind geheilt.

Wiewohl es in der ganzen Welt keinen Doktor gibt, der alle Krankheiten heilen und die Siechenden wieder gesund machen kann, so gibt es auch keinen bei den Hottentotten, sondern viele sterben an ihrer Kur. Einige haben ein närrisches, abergläubisches und sündiges Mittel ausgedacht, wodurch sie probieren wollen, ob einer, der krank ist, wieder aufkommen wird oder an der Krankheit stirbt. Da ich dieses selbst nicht gesehen, will ich es meinem Herrn doch so gut ich es von glaubwürdigen Personen mitgeteilt bekommen habe, kurz beschreiben.

Wenn jemand krank ist und keine Arzneien anschlagen wollen, sondern der Patient von Tag zu Tag schwächer wird, so bedienen sie sich dieses Mittels, wenn sie wissen wollen, ob er am Leben bleibt oder sterben wird: Sie ergreifen ein lebendiges Schaf und ziehen diesem bei lebendigem Leibe die Haut ab, ohne daß ein Tropfen Blut dabei verloren wird. Wenn sie ihm das Fell abgezogen haben, so machen sie es von den Fesseln los und sehen zu, ob es davonläuft oder liegenbleibt. Läuft es davon, so haben sie die abergläubische feste Hoffnung, der Patient werde auch wieder davonlaufen und von dieser Krankheit nicht sterben. Bleibt es aber nach den aufgelösten Fesseln unverrückt liegen, so haben sie keine Hoffnung mehr, daß der Patient davonkommen werde, geben ihm auch nichts weiter als seine gewöhnliche Speise, bis er endlich das Leben einbüßt.

Weiteres weiß ich von den Krankheiten und Hilfmitteln der Hottentotten nicht hinzuzufügen, aber die Hoffnung, daß mein Herr damit vergnügt sein werde. Ich kann versichern, daß ich solches, was ich von ihren Krankheiten und Arzneimitteln gesagt habe, aus der Erfahrung schreibe, und es würde mir gar leicht fallen, einige Exempel weiter hinzuzufügen, wenn es die Not erforderte oder ich besorgen müßte, Er würde einen Zweifel an meinen Worten haben.

DER 22. BRIEF

Von den Begräbniszeremonien der Hottentotten, welche Umstände und seltsamen Gebräuche dabei zu beobachten sind

Die Zeremonien, welche die Hottentotten bei ihren Kindbetten, Hochzeiten und sonst im ganzen Leben bei allen Vorfällen und Gelegenheiten gebrauchen, habe ich Ihm nunmehr von Zeit zu Zeit deutlich und wahrhaftig geschrieben, soviel in meinem Vermögen gestanden. Ich habe deswegen manche mühsame, verdrießliche und oftmals gefährliche Reise getan, damit ich alles mit eigenen Augen ansehen und genau beobachten konnte. Haben Ihm diese wohlgefallen und einiges Vermögen gegeben, so kann Er sich meinerseits versichert halten, daß mich keine Mühe, kein Verdruß und keine Gefahr dauert, sie mag bei Tag oder Nacht vorgefallen sein, wenn ich nur meinen Endzweck bei Ihm erreicht und einige Vergnügung verschafft habe, die zur Fortdauer unserer alten Freundschaft gedeihen kann.

Wenn die Hottentotten sehen und spüren, daß es mit einem Kranken auf die Neige geht und der letzte Abdruck herbeikommen will, so machen die Umstehenden dem Patienten noch immer Hoffnung auf Besserung und vertrösten ihn auf den Doktor, der bald mit einem rechten starken Zaubertrank ankommen und ihn von den Beschwerden freimachen werde. Von Gott und seiner Hilfe wird niemals mit keinem Wort Meldung getan, auch nicht einmal gesagt, daß er sich an denselben halten, auf ihn hoffen und von ihm Errettung von dieser Krankheit erwarten solle; sondern allein der Doktor soll ihm helfen und von den Beschwerden befreien.

Andere, die um ihn herum sitzen und ihn sterben sehen wollen, fangen ein entsetzliches Geschrei, Heulen und Weinen an, dergestalt, daß man denken sollte, es müßte der Patient nur von dem Geschrei umkommen, obwohl doch oft eine unverhoffte Besserung eintritt. Wenn diese erfolgt und andauert, so bringt sie doch soviel zuwege, daß nach des gewesenen Kranken Vermögen Ochsen oder Schafe geschlachtet werden müssen und gleichsam zur Dankbarkeit für die wiedererlangte Gesundheit geopfert werden. Die Austeilung und der Verzehr des geopferten Viehs geschieht nach altem Gebrauch, und das Fleisch kommt den Männern zugute, wenn ein Mann oder Sohn krank gewesen, hingegen wenn eine Frau oder Tochter die Schmerzen erlitten, haben sich die Weiber desselben zu erfreuen.

Stirbt aber die kranke Person, so fängt das Heulen, Schreien und Weinen erst recht an und einem, der es nur eine halbe Viertelstunde anhören soll, muß der Kopf zerspringen. Denn es verursacht nicht allein dieses untereinander gemengte Getön ein erbärmliches Echo in den Ohren, sondern es wird auch selbiges durch das Ineinanderschlagen und Winden der Hände so vermehrt, daß man nicht weiß, wo man sich eiligst und schnell hinkehren soll, um von diesem grausamen Widerton befreit zu sein; zumal man ein solches Zetergeschrei beinahe eine Stunde weit hören und vernehmen kann.

Unterdessen aber lassen sie den Toten nicht lange über der Erde, auch nicht eine halbe Viertelstunde unverrückt liegen, sondern sobald der Atem außen bleibt und man vermutet, daß die Seele heraus sei, so bekommt jeder etwas zu tun. Denn einige müssen die Grabstätte aufsuchen und das Grab verfertigen. Andere müssen den toten Körper einbinden und abermals andere müssen als Leichenträger dienen, ja der ganze Haufen, Männer und Weiber, Junge und Alte,

Kinder und wer sonst in dem Kral wohnt, muß sich anschicken, der Leichenprozession beizuwohnen.

Diesen Punkt wird mein Herr nicht ausführlich verstehen können, wenn er nicht erläutert wird, weswegen folgende Anmerkungen hinzugefügt werden müssen. Sobald der Kranke Abschied genommen, wird allen Hottentotten in dem Kral, entweder von dem Capitain Befehl erteilt, oder aber die Hinterlassenen bitten sie, für den Verstorbenen einen bequemen Begräbnisplatz auszusuchen und das dazu Benötigte herbeizuschaffen, damit die Leiche wohl verborgen werden könne und vor den wilden Tieren verwahrt werde, die andernfalls wegen des Geruchs die Leiche leicht wieder ausscharren und auffressen könnten.

Denn da ihre Dörfer oder Krale nicht beständig an einem Ort bleiben, sondern bald hier bald dorthin versetzt werden, wo sie nämlich gutes Futter für sich und ihr Vieh finden, so ist leicht zu erachten, daß sie keinen beständigen oder gewissen Begräbnisplatz oder Kirchhof haben, wohin sie ihre Toten bringen und beerdigen. Es müssen daher die Alten und in dem Lande am besten bekannten Leute fort und einen bequemen Begräbnisplatz suchen. Nicht etwa, daß sie ein Grab in die Erde machen sollten, welches gar zuviel Mühe kosten würde, sondern sie suchen nur eine Höhle in den Felsen oder ein breites, von einem wilden Tier in die Erde gemachtes Loch und lassen den toten Körper dahinein bringen.

Dieweil aber diese weg sind und das Grab suchen, wird der erblaßte Leichnam alsbald, ehe er noch steif, kalt und starr wird, von seinem Lager weggenommen. Nicht aber, daß sie denselben waschen oder reinigen oder auch ihm Kleider anziehen wollten, welches alles sie in ihrem Leben nicht getan, geschweige denn, daß sie es nach dem Tode tun sollten; sondern vielmehr darum, damit sie den Verstorbenen noch biegen und so zusammenfügen können, wie es ihre Manier ist, die Toten zusammenzubiegen, damit sie in ihre Karoß bequem eingebunden werden können.

Die Sache verhält sich also: Sobald die Umstehenden merken, daß der Patient den Geist aufgegeben, so nehmen sie seine Karoß, die er in seinem Leben getragen hat, legen den verblichenen Körper darauf, biegen die Beine, daß die Knie über den Bauch und die Ellenbogen auf die Knie und die Hände unter dem Kopf oder bei den Wangen zu liegen kommen, nicht anders als ich mich erinnere, von diesem in anatomischen und anderen medizinischen Büchern gesehen zu haben wie die Kinder im Mutterleib liegen oder sitzen. Wenn er so zusammengebogen auf der Karoß liegt, so binden sie ihn entweder mit ihren vormals beschriebenen Stricken oder aber mit Riemen in die erwähnte Karoß ein, und zwar so, daß man von dem ganzen Körper nichts zu sehen bekommt,

Ist nun dieser Verstorbene wahrhaftig tot, so ist es gut für ihn selbst. Ist er aber nicht gestorben, sondern liegt er nur in einer Ohnmacht wie vielmals geschehen kann und auch oft geschieht, so gibt es für ihn aus solchen Banden keine Erlösung mehr, wenn er nicht in kurzer Zeit wieder zu sich selber kommt und nicht länger als 6 Stunden in solcher Ohnmacht verweilt. Denn sie haben den Gebrauch, keinen Toten über die besagte Zeit unbegraben liegen zu lassen, es sei denn, daß er in der Nacht oder gegen Abend seinen Abschied genommen. Diejenigen also, welche des Morgens oder Mittags sterben, werden abends begraben, die des Abends den Geist aufgeben, werden, wenn heller Mondenschein ist, die bevorstehende Nacht beerdigt; die aber in der Nacht abscheiden, müssen mit anbrechendem Tag zu Grabe gebracht werden gleich denjenigen, welche bei finsteren Monden des Abends gestorben sind.

Zu Trägern werden abermals entweder einige von dem Capitain beordert oder aber von den Hinterlassenen gebeten. Wieviel meinet Er aber, mein Herr, daß deren benötigt sind? Die Leiche ist nicht lang, sondern, wie beschrieben, ganz kurz zusammengesteckt. Sie kennen keinen Sarg oder Totenkiste. Mit Kleidern ist sie weiter auch nicht beschwert, sondern lediglich die eine schmierige Karoß ist darumgewickelt; auch die Riemen und Stricke sind nicht schwer, und es ist lediglich der bloße Leichnam zu tragen. Man findet gar wenig dicke Leute unter ihnen, obwohl sie sonst wohl bei Fleische sind; daher können drei bis vier Träger, von denen sie niemals mehr gebrauchen, einen solchen Körper gar wohl hinwegtragen, wenn er auch gleich 200 Pfund schwer wäre. Sie nehmen ihn unter die Arme und gehen damit fort, bis sie zu der Grabstätte kommen.

Nachdem sie also den toten Körper auf vorbesagte Weise in seine Karoß eingebunden und ihn darin wie in einer Totenkiste wohl verwahrt haben, so kommen die Träger und tragen ihn nicht zur ordentlichen Tür oder dem allgemeinen Aus- und Eingang seines Hauses hinaus, sondern, weil das ganze Haus nach der vormaligen Beschreibung desselben nur aus einem einzigen Zimmer oder Wohnplatz besteht, und es außer dieser Tür nicht die geringste Öffnung oder Fenster gibt, so machen sie hinten, genau dem gewöhnlichen Eingang gegenüber, eine gleich große Öffnung, nehmen eine darüber gezogene Matte hinweg und bringen ihn von hinten aus dem Hause hinaus.

Ich habe oft gefragt, warum sie dieses täten, warum sie den Verstorbenen nicht zur eigentlichen Tür hinausbrächten, durch welche er in seinem Leben aus- und eingegangen wäre. Allein die Antwort der Herren Hottentotten war allezeit diese: Es ist unser allgemeiner Gebrauch also und tun wir niemals anders.

A. Wie die Hottentotten ihre verſtorbene zuſamen
Leichen Proceſſion. D. Ihre Begräbniß Art.

binden . B . wie ſie denſelben beklagen . C . Ihre

Jedoch ich vermute, daß sie den Verstorbenen deswegen nicht zur eigentlichen Tür hinausbringen, weil er dann vor jedem Haus, das in dem Kral oder Dorf steht, vorbeigebracht werden müßte und über den Platz getragen werden, auf welchem sie, wie oben angezeigt wurde, ihre Schafe bewahren. Nun ist ihnen aber, wie schon oft erwähnt worden, vor dem Wiederkommen der Toten entsetzlich bange, und sie würden sich daher noch mehr fürchten, wenn er an ihren Häusern vorbeigetragen werden würde.

Unterdessen aber, während einige von ihnen mit dem Einbinden und dem Hinaustragen aus dem Hause beschäftigt sind, sitzen andere vor der Tür in einem runden Kreis, wie es ihre tägliche und ordentliche Gewohnheit ist, heulen, schreien, klagen, weinen und schlagen die Hände zusammen, rufen auch allezeit dabei »Bo! Bo! Bo!« welches in ihrer Sprache soviel bedeutet wie Vater! Vater! Vater! Die Frauen, die in einem anderen Kreis getrennt sitzen, wie solches oben schon erwähnt und dabei gesagt wurde, daß sie niemals bei den Männern sitzen mögen, machen es ebenso. Dieses Geschrei und Geklatsche gibt ein solches Echo, daß man es sehr weit hören und deutlich vernehmen kann.

Niemand von allen hat mehr das Herz, in das Haus des Verstorbenen zu gehen, noch denselben anzurühren; aus Sorge, es möchte des Verstorbenen Geist sich noch darin aufhalten und ihnen einen Schrecken, wenn nicht etwas Ärgeres, verursachen. Dieses dauert nicht nur so lange wie der tote Körper noch über der Erde ist, sondern es wagt sich nach der Zeit niemand mehr hinein, rührt es auch nicht mehr an, sondern sie lassen es öde stehen und getrauen sich nicht, etwas wegzunehmen.

Wenn nun die Zeit des Begräbnisses herannaht, so nehmen die oben erwähnten Träger den Körper und bringen ihn zu dem Grabe. Alles Volk, das in dem Kral oder Dorf ist, folgt mit Schreien, Weinen und Klagen, auch unter Zusammenschlagen und Winden der Hände, und aus vollem Halse rufen sie Bo! Bo! usw. Dieses gibt abermals ein entsetzliches und erbärmliches Echo, so daß man wohl wünschen möchte, weit von dannen zu sein, wenn nicht ihre artig dabei gemachten Gesichter und anderen närrischen Grimassen einen verursachen würden, daß man unter solchem Wehklagen zum Lachen bewogen wird.

Wenn sie bei dem Grabe sind, welches, wie schon gesagt, entweder eine Höhle in den Felsen oder ein in die Erde gemachtes Loch von einem Stachelschwein oder anderen wilden Tier ist, so stecken sie den toten Körper hinein, werfen auf denselben Ameisenhaufen, damit ihn diese bald aufzehren. Auf diese werfen sie dann große Steine und schließlich große umgefallene Bäume, wenn sie diese nur bekommen können. Es geschieht alles deswegen, damit die wilden Tiere den toten Körper nicht wieder ausscharren und wegschleppen können.

Wie sie es mit kleinen weggeworfenen Kindern sowie mit alten abgelebten Leuten halten, dieses habe ich schon anderwärts aufgeführt, und daher ist es nicht nötig, hier es zu wiederholen.

Nachdem der Verstorbene auf diese Weise begraben wurde, gehen sie in der gleichen Unordnung, wie sie gekommen, wieder nach Hause; d. h., sie laufen bald vor, bald hinten nach, ebenso wie eine Herde Vieh durcheinanderläuft und wiederholen auf dem ganzen Weg ihr voriges Geschrei mit daruntergemischtem »Bo, Bo, Bororo, Rhodo atsche«, und ich weiß selbst nicht, welche barbarischen Wörter sie nacheinander herkauen. Bisweilen rufen auch wohl die nächsten Freunde des Verstorbenen seinen Namen hundert und mehr Mal hintereinander aus und machen die seltsamsten Gebärden und Figuren dabei, daß ein Zusehen viel eher zum Lachen als zum Weinen und zu Mitleid bewegt.

Wenn sie wieder nach Hause gekommen sind, setzen sie sich nach oben beschriebener Manier wieder vor das Haus und wiederholen erneut das vorige Lied. Ich will sagen, sie schreien, heulen und wehklagen erbärmlich, schlagen auch die Hände gewaltig zusammen und rufen dabei »Bo, Bo, Bo, Bororo« usw., welches wieder eine gute Stunde währet, und beklagen also den Toten auf das heftigste.

Es ist aber damit noch nicht getan, sondern dieser Jammergesang währt manchmal wohl drei, vier, ja sieben bis acht Tage, je nachdem nämlich, welch große Liebe seine Freunde und Nachbarn zu dem Toten gehabt haben.

Ungefähr eine Stunde, nachdem sie von dem Begräbnis zurückgekommen, entsteht bei allen ein allgemeines Stillschweigen.

Alsdann steht der Allerälteste des ganzen Krals auf, tritt mitten in den Kreis der Männer und Weiber, nimmt das kleine Stückchen Fell, welches sie über ihrem Glied tragen und bekanntermaßen Kulkroß nennen, hinweg und pißt mit seinem eigenen Wasser alle rundum Herumsitzende an. Ich erstaunte, als ich dieses das erstemal sah, über solch unverschämte Tat und war willens wegzulaufen, um nicht nicht noch größere Irregularitäten zu sehen. Doch meine Begierde, alles wohl zu wissen, hinderte mich an meinem Vorhaben. Deswegen blieb ich und sah den ganzen Akt an, bis sie voneinandergingen.

Nachdem sie mit Urin bewässert waren, ging dieser alte Hottentotte in das Haus des Verstorbenen, und zwar durch die normale Tür hinein und durch die hinten gemachte wieder hinaus, nahm von der Herdstatt eine Handvoll Asche und bestreute damit alle rund um ihn Herumsitzenden in weiten Kreisen. Diese rieben diese Asche und den

Urin mit ihren Händen in ihren Leib so dicht hinein, daß man wegen des vielen Fettes, womit sie ihre Leiber allzeit zu beschmieren gewohnt sind, keines von jenen unterscheiden konnte. Einige, nachdem sie aufgestanden und in den Kral gegangen waren, welches wiederum mit Schreien, Rufen und Wehklagen geschah, nahmen Kuhmist und bestrichen damit ihre Arme, Leib und Beine.

Alle diese Zeremonien sind seltsam und bemerkenswert und daher verlangte mich sehr, auch die Ursachen derselben zu wissen. Das Naßmachen mit Urin, sagen sie, bedeutet soviel, als ob der Älteste, welcher dieses tut, allen anderen für den letzten Ehrendienst Dank sagte, welchen sie dem Verstorbenen erwiesen hätten. Als ich aber einwendete, warum er es nicht mündlich täte, welches ja füglicher wäre, als er so schändlich sein eigenes Glied allen und jeden, Großen und Kleinen, Jungen und Alten, zeigte, wurde mir von ihnen doch nichts anderes zur Antwort gegeben, als daß es eine alte Gewohnheit wäre, welche kein Hottentotte zu verändern das Herz haben würde, wenn er nicht seines Lebens überdrüssig werden wollte.

Das Bestreuen mit Asche, sagen sie ferner, habe zweierlei Ursachen. Die erste wäre diese, daß sie damit anzeigen wollten, daß alle Hottentotten sterben müßten, welche, nachdem sie einige Zeit in der Erde gelegen hätten und hernach wieder ausgegraben würden, nichts als Asche, Beine und Erde wären. Daher wollten sie alle Anwesenden lehren, daß sie über den Reichtum ihres Viehs nicht aufgeblasen und stolz sein sollten, sondern gedenken, daß nach dem Tod jedem gleiches Recht zukäme. Die andere Ursache wäre, daß der alte Hottentotte und sonst keiner vollkommene Macht dazu hätte, weil er ihnen damit gleichsam den Segen kraft seines Amtes mitteilte.

Es ist leicht zu erachten, daß gegen diese zwei Ursachen viele Einwendungen vorzubringen sind. Insbesondere fragte ich sie, ob nicht die erste von den Christen herstammte und die andere falsch, ungereimt und mit ihrem Gottesdienst nicht übereinstimme. Ich konnte aber nichts anderes erfahren, als daß dieses unter den Hottentotten allezeit so gebräuchlich gewesen wäre und bei den Christen hätten sie dergleichen gar nicht gesehen. Es hätten auch ganz alte Leute ihnen diese Ursachen in ihrer Sprache statt eines Beweises erzählt. Sie könnten also nichts daran ändern.

Das Beschmieren mit Kuhmist, sagen sie schließlich, bedeutet, daß sie sich allezeit des Verstorbenen erinnern mögen, welchen Grund ich auch deswegen glauben mußte, weil dieses niemand anderes als diejenigen tun, die so entsetzlich stark und lang, wie vorher gesagt wurde, schreien, weinen, heulen und die Hände zusammenschlagen und auch des Verstorbenen Namen oder die Worte Bororo usw. oft hintereinander hernennen zum Zeichen, daß sie den Verstorbenen in seinem Leben besonders liebgehabt haben.

Nach diesen Zeremonien gehen sie auseinander, und die Beerdigung hat ein Ende, derweilen sich jeder wieder in sein Haus begibt und demjenigen obliegt, was er zu verrichten hat. Die Hinterbliebenen aber suchen so lange bei einem oder anderen Herberge, bis sie ein neues Haus gebaut haben. Denn in das alte gehen sie nicht mehr aus Gründen, die schon genannt wurden.

Die Leichenzeremonien haben aber noch nicht ihr endgültiges Ende, sondern dieses wird noch beobachtet, daß sie am anderen Tag nach dem Begräbnis alle miteinander ihre Häuser abbrechen und mit Sack und Pack davonziehen. Nur das Haus, in dem der Verstorbene gewohnt hat, lassen sie stehen und rühren nichts davon an aus Furcht, der Tote möchte wiederkommen und sich nach seinem Haus und der darin gehabten Habe umsehen; auch, wenn sie diese mitnehmen und unter ihre andere Habe stellen, sie wacker plagen, ängstigen und quälen. Es ist nicht auszusprechen, wie bange ihnen vor Gespenstern ist. Man kann sie sehr bald verjagen, wenn man ihnen glaubhaft macht, daß es an diesem oder jenem Ort Gespenster gäbe, die umgehen, die Leute betören und was sonst mehr sein kann.

Ehe sie aber abbrechen und wegziehen, müssen sie noch anders machen; d. h., sie müssen opfern oder schlachten, je nachdem ob sie reich sind, einen Ochsen oder mehrere Schafe. Dieses müssen sie auch an demjenigen Ort verrichten, wo sie sich wieder niederlassen.

Das Vieh müssen die Hinterbliebenen hergeben und es gleichsam als Opfer für den Verstorbenen spendieren, damit die anderen etwas zu schnabulieren haben und zur Belohnung für ihre gehabte Mühe bekommen. Es müssen auch die nächsten Anverwandten schlachten und so verfahren; dieses deswegen, damit jeder bezeuge und nachweisen kann, wer von der Familie sei und Leid trägt.

Sie verzehren das Fleisch vollständig nach altem Brauch, aber das Netz von dem geschlachteten Vieh, besonders aber von einem Schaf, müssen sie dem hinterlassenen Mann oder, wenn dieser tot ist, seinem ältesten Sohn übergeben. Dieser darf es nicht essen, sondern bestreut es dick mit Buchu, dreht es hernach oder wickelt es wie einen Strick ineinander und bindet es um seinen Hals, an welchem es so lange hängen bleiben muß, bis es herunterfault, wobei sie auf den Gestank nicht achten.

Gleiches müssen auch die anderen Freunde bei ihrem Schlachten beachten, die ebenfalls durch das Umhängen eines solchen Netzes beweisen, daß sie trauern und dieses anstatt eines Trauerflors tragen. Es ist aber merkwürdig, daß diese Netze so schnell nicht verfaulen oder abgetan werden, obwohl sie von der Sonne sehr durchlöchert werden.

Nach diesem Schlachten ziehen sie schließlich am anderen Tag fort und schlagen ihr Lager an einem anderen Ort auf, welcher, wenn noch gute Weide vorhanden war, gar so weit von dem alten nicht entfernt ist. Ich habe wohl gesehen, daß sie oftmals nur eine halbe Stunde weit davongezogen sind. Wenn sie sich niederlassen, geht das Schlachten aus obigem Grund alsbald wieder an. Diejenigen aber unter den Freunden, die arm sind und nichts zu schlachten haben, lassen sich, wie ich schon berichtet habe, die Haare so abscheren, daß oben auf dem Wirbel eine Platte und danach rundum den ganzen Kopf lauter schmale Striche abgeschoren werden. Zum Zeichen, daß sie genauso trauern wie jene, die die Netze um den Hals haben.

Dies also sind die Gebräuche, die sie bei der Beerdigung der Toten haben. Ich habe sie meinem Herrn kurz, aber hoffentlich doch deutlich und vor allem wahrhaftig vorgestellt, woraus Er genugsam ersehen kann, daß diese einfältigen Leute recht alberne Gebräuche haben. Doch ich will darüber nicht urteilen, sondern gleichwie von dem ganzen Lebenswandel und allen Sitten und Gebräuchen der Hottentotten, also auch von diesem, Ihm das Urteil überlassen.

Hätte ich mehr von ihnen erfahren und wahrnehmen können, hätte ich meinem Herrn auch mehr schreiben können. Weil mir aber dieses nicht möglich war und ich nicht mit Unwahrheiten oder nur obenhin gehörten Sachen mißleiten wollte, so halte ich es für besser, es bei dem, was meine Augen fast alles gesehen oder Augenzeugen mir erzählt haben, bewenden zu lassen und also der ganzen hottentottischen Lebensbeschreibung jetzt ein Ende zu machen.

Prospect von dem Vorgebürge der Guten Hoffnung.
TAB.
Tafel-Berg
Teufels-Berg
Löwen-Be